生涯规划与管理

主　编　杨秀英　公丕国
主　审　杨　宇
副主编　刘旭颖　郝艳君　陈鹏飞　韩　鑫

北京理工大学出版社
BEIJING INSTITUTE OF TECHNOLOGY PRESS

内容简介

本书紧扣当代大学生生涯规划和管理的核心问题,从生涯意识唤醒、生涯测评与探索、工作世界探索、生涯决策与规划、生涯管理与行动、促进学习到激发潜能、就业指导,通过丰富的内容,使大学生在对主、客观因素与环境等条件分析的基础上,准确进行自我定位,合理设定自己的生涯发展目标,提高自己的管理能力,促进学习,最后激发个人潜能,不断完善自己。

本书脉络清晰,难易程度适当,各类题型设计合理,可以作为高等院校的生涯规划教材,也可供有生涯规划需求者学习、参考。

版权专有　侵权必究

图书在版编目(CIP)数据

生涯规划与管理 / 杨秀英,公丕国主编. --北京:北京理工大学出版社,2022.6

　　ISBN 978-7-5763-1377-2

Ⅰ. ①生… Ⅱ. ①杨… ②公… Ⅲ. ①大学生-职业选择 Ⅳ. ①G647.38

中国版本图书馆 CIP 数据核字(2022)第 098203 号

出版发行 /	北京理工大学出版社有限责任公司
社　　址 /	北京市海淀区中关村南大街 5 号
邮　　编 /	100081
电　　话 /	(010)68914775(总编室)
	(010)82562903(教材售后服务热线)
	(010)68944723(其他图书服务热线)
网　　址 /	http://www.bitpress.com.cn
经　　销 /	全国各地新华书店
印　　刷 /	北京广达印刷有限公司
开　　本 /	787 毫米×1092 毫米　1/16
印　　张 /	18
字　　数 /	423 千字
版　　次 /	2022 年 6 月第 1 版　2022 年 6 月第 1 次印刷
定　　价 /	90.00 元

责任编辑 / 李　薇
文案编辑 / 李　硕
责任校对 / 刘亚男
责任印制 / 李志强

图书出现印装质量问题,请拨打售后服务热线,本社负责调换

前言

生涯规划与管理，通过激发大学生职业生涯发展的自主意识，促使大学生树立正确的就业观、职业观，理性地规划自身未来的发展，并努力在学习过程中自觉提高职业能力和生涯管理能力。

本书紧扣当代大学生职业生涯规划与管理的核心问题，以实际教学案例大学生存在的生涯困惑案例为引导，有机整合生涯理论、后现代理论，注重学以致用，从生涯意识、生涯测评与探索、生涯平衡、生涯适应、生涯分析与决策、生涯管理与行动、促进学习、激发潜能、就业指导方面入手进行讲解和阐述。

本书具有如下特点。

（1）内容组织上，本书紧扣大学生职业生涯规划与管理主题，唤醒学生的生涯意识，引导学生通过测评了解自己，了解外部世界及社会需求，理解不同社会角色，谋求平衡发展，学会适应，通过科学分析和决策，促进行动和学习，逐步发掘自己的潜能和优势。通过系统学习，大学生在态度、知识和技能三个层面达到以下目标。

态度层面：大学生能够树立起职业生涯发展的自主意识，树立积极正确的人生观、价值观和就业观念，把个人发展和社会发展相结合，确立职业的概念和意识，愿意为个人的生涯发展和社会发展主动努力。

知识层面：大学生基本了解职业发展的阶段特点，较为清晰地认识自己的特性、职业的特性以及社会环境，了解就业形势与政策法规，掌握生涯认知、生涯探索、生涯规划与管理方面的基本知识。

技能层面：大学生能够具有自我探索技能、信息搜索与管理技能、生涯决策技能、求职技能等，通过课程提高各种通用技能，比如沟通技能、问题解决技能、自我管理技能和人际交往技能等。

（2）体例设计上，尽可能做到满足教师和学生的需求，每一章辅以知识导图，并以小组破冰活动或生涯案例、故事为引导，有机融合生涯理论、个人或团体活动及生涯故事分享，每章以核心知识点的视觉呈现图（即视觉笔记）结束。特别说明一下，本书中所有案例均为编者根据教学实际整理而成，且案例中人名均为化名。

（3）功能设计上，力求理论性与实践性兼容，整合生涯理论、后现代理论，同时，提供大量测评量表，有利于教师的理论教授与互动教学，有利于学生学以致用。同时提供了教案、PPT等教学资源。

本书的编者来自沈阳工学院、沈阳工业大学、成都理工大学工程技术学院等高校，他

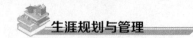

们具有十几年的教学和指导经验,本书由杨宇教授担任主审,负责全书的审核;杨秀英教授、公丕国教授作为主编,主要负责全书框架体系、知识要点、书写风格的确立及部分内容的编写,副主编刘旭颖、郝艳君、陈鹏飞参与了本书的编写,其中第一章至第五章、第八章由刘旭颖编写,第六章、第七章分别由郝艳君、陈鹏飞编写;文前、目录、参考文献以及部分附录由韩鑫编写。

在本书编写过程中,我们参阅了国内外大量的研究成果和文献资料,在此,谨对作者致以诚挚的谢意!同时,对北京理工大学出版社的大力支持表示感谢!

对于生涯规划与管理,我们关切之、深爱之、笃行之,希望通过我们的努力实现助人自助。本书如有疏漏之处,敬请各位同仁、专家及广大读者批评指正。

编　者

2021 年 10 月

目 录

第一章　生涯意识唤醒 (001)
　　第一节　识读大学 (002)
　　第二节　如何从高中生向大学生转变 (008)
　　第三节　初识职业生涯规划 (014)
　　视觉笔记 (024)

第二章　生涯测评与探索 (025)
　　第一节　你喜欢什么——职业兴趣探索 (026)
　　第二节　你适合什么——性格探索 (036)
　　第三节　你擅长什么——职业能力探索 (050)
　　第四节　你看重什么——职业价值观探索 (057)
　　视觉笔记 (064)

第三章　工作世界探索 (065)
　　第一节　工作世界认知 (066)
　　第二节　探索工作世界的方法 (076)
　　第三节　职业环境分析与评估 (090)
　　视觉笔记 (093)

第四章　生涯决策与规划 (094)
　　第一节　何为决策 (095)
　　第二节　认知信息加工理论 (105)
　　第三节　确定职业生涯目标 (111)
　　第四节　职业生涯行动方案的拟定 (124)
　　第五节　撰写职业生涯规划书 (127)
　　视觉笔记 (137)

第五章　生涯管理与行动 (138)
　　第一节　自我管理能力 (139)
　　第二节　情绪管理 (141)
　　第三节　压力管理 (152)
　　第四节　时间管理 (162)

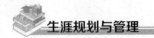

  视觉笔记 ……………………………………………………………………（176）
第六章　促进学习 ……………………………………………………………（177）
  第一节　认知学习理论 …………………………………………………（178）
  第二节　如何促进学习 …………………………………………………（183）
  视觉笔记 ……………………………………………………………………（194）
第七章　激发潜能 ……………………………………………………………（195）
  第一节　后现代主义理论 ………………………………………………（196）
  第二节　自我效能感 ……………………………………………………（204）
  第三节　生涯信念 ………………………………………………………（210）
  视觉笔记 ……………………………………………………………………（219）
第八章　就业指导 ……………………………………………………………（220）
  第一节　就业准备 ………………………………………………………（221）
  第二节　求职材料制作方法与技巧 ……………………………………（229）
  第三节　面试技巧与方法 ………………………………………………（235）
  视觉笔记 ……………………………………………………………………（242）
附　录 …………………………………………………………………………（243）
  附录1　职业倾向自我探索测评量表（SDS）…………………………（243）
  附录2　MBTI职业性格测试（简化版）………………………………（254）
  附录3　职业能力倾向测试 ……………………………………………（262）
  附录4　舒伯职业价值观自测量表 ……………………………………（268）
  附录5　施恩职业锚测试 ………………………………………………（271）
  附录6　压力测试表（PSTRT）…………………………………………（275）
  附录7　我喜欢的生活方式 ……………………………………………（277）
  附录8　人生价值清单 …………………………………………………（279）
参考文献 ………………………………………………………………………（280）

第一章 生涯意识唤醒

🔔 生涯寄语

凡事预则立，不预则废。言前定则不跲，事前定则不困，行前定则不疚，道前定则不穷。

——《礼记·中庸》

吾十有五而志于学，三十而立，四十而不惑，五十而知天命，六十而耳顺，七十而从心所欲，不逾矩。

——孔子

生涯之学，即应变之学。

——金树人

🔺 知识导图

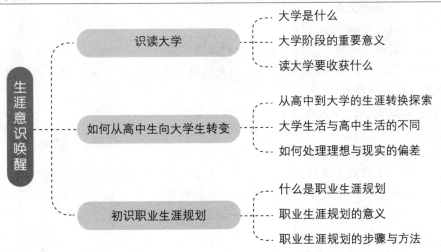

案例导入

在大学生生涯认知调查中，一位大一同学认为："刚进大学感觉很新奇但是也有一些茫然。首先，现在所学的专业是被调剂的，对专业不了解，不知道学什么、怎么学；其次，自己对未来的职业规划没考虑过。还有一个问题始终困扰着我——为什么上大学？"一位大二同学这样说："初入大学的兴奋过后，随即而来的是不知所措，然后是长期深陷的迷茫。前路如何，没有头绪。"一位大四同学在回顾自己的大学生活时反思："其实刚步入大学殿堂时，除了新奇，我十分迷茫，甚至可以说失去了动力。从高考的压力中解放出来，想得更多的是放松而不是朝着未来努力。这个千变万化、绚烂多彩的世界，有太多的东西吸引着我，让我跃跃欲试，有时候时间在抉择之间就悄悄溜走了。到最后，光有一身蛮劲，却不知道该往何处使。"

亲爱的同学，刚刚进入大学时你是否也有迷茫的感受呢？即将毕业的你是否也有面对职场的不知所措呢？本章内容将通过生涯畅想等活动，帮助大家识读大学、适应大学生活，明确目标，激发生涯意识，了解何谓职业生涯，做好自己的职业生涯规划。

第一节 识读大学

生涯案例

为什么要上大学？

很多家长和孩子都有过这样一段对话：

家长："孩子，你要好好学习！"

孩子："我为什么要好好学习呀？"

家长："才能考上大学！"

孩子："我为什么要上大学呢？"

家长："因为上大学了，你才能找个好工作！"

上大学，只是为了找份好工作吗？究竟为什么要上大学？以下内容是笔者近年来在课堂上得到的一些回答。

"十年寒窗苦读，不就是为了考大学吗？考上了就上呗！"

"没有个本科毕业证怎么找工作啊！"

"除非考不上大学，考上了怎么能不上呢？"

"上大学能学习到更多的知识，尤其是专业知识。大学是知识的天堂。"

"大学是人生一段重要的经历，不上大学会有遗憾！"

"我刚满18周岁，不上学，去工作太早了吧！"

……

那么，你为什么要上大学？请把你的答案认真地写在横线上。

> 从大家对"为什么上大学"这个问题给出的答案中,我们可以读出憧憬与期待。我们先来了解以下几个问题,助益于思考"我为什么上大学"的问题。

一、大学是什么

(一)独立的起点,升华的舞台

进入大学,你终于放下高考的重担,开始认真追逐自己的理想、兴趣,这时你离开家庭生活,真正独立参与团体和社会生活;这时你不再单纯地学习或背诵书本上的理论知识,真正有机会在学习理论的同时亲身实践;这时不再有老师和父母安排你学习和生活中的一切,你有足够的时间自由处理生活和学习中遇到的各类问题。因此,大学是你实现独立的标志。步入这个阶段,理当树立一个全新的理念:独立自主,自我规划,逐步确立今后的发展方向和路径。告别依赖于"事事有人管"的过去,变"要人管"为"自己管"。大学里的一场讲座、一本书、一席语重心长的教导之言,或许会改变一个人的命运。

(二)幼稚与成熟的"转换站"

大学四年是一个人一生中知识储备、思想成熟、性格完善的关键期。大学学习和中学学习有很大不同。大学的学习更主动、独立、开放,更注重学习能力和创造性潜能的开发,以及人格修养和生活能力的提高。大学学习突出专业性和实践性,尽管有老师授课和指导,但要想在大学里学有所成,主要靠自己去探寻、钻研、实践,"师傅领进门,修行在个人"说的就是这个意思。德国哲学家卡尔·雅斯贝尔斯(Karl Jaspers,1883—1969)认为,大学应始终贯穿这一思想观念:大学生就是独立自主、把握自己命运的人。真正的大学生聆听不同的看法和建议,然后得出自己的判断;真正的大学生会利用大学这个平台,靠着自己的选择和严格的学习找到适合自己发展的道路;真正的大学生会利用大学四年这段黄金岁月,在与人交往中成长,但仍保持其个性。

(三)人生追求的精神家园

大学,最吸引人也最为人津津乐道的就是大学精神。什么是大学精神?它是在某种大学理念的支配下,经过所在大学历代人的努力,长时间积淀而成的稳定、共同的理想和信念,是大学的独特气质和精神文明成果,是大学文化的精髓和核心所在。大学精神既深藏于大学之中,又游离于大学之外,它为大学注入了生命活力。我国教育学者杨东平说:"人才辈出,大师云集,主要是一种制度文明的产物,不是急功近利的政策能够催化出来的。"大学虽不能直接赋予我们职业、财富和幸福,但大学精神却会潜移默化地滋润我们的精神、信念、信仰,而且这种熏陶常常是持续终身的。

二、大学阶段的重要意义

(一)大学阶段是专业人才定向发展的关键时期

大学教育的任务是向大学生传授从事专业工作需要的各类基础知识并培养其专业技能,培养方向是高级专业人才。随着现代科学技术的发展,社会对专业人员的素质要求越来越高,大学阶段的专业培养具有决定性、关键性的意义。

（二）大学阶段是树立人生观和价值观的关键时期

大学生正处于人生关键的十字路口，人生观和价值观的选择对于大学生的前途和命运关系重大。大学生对人生的看法尚未成熟，没有形成系统，存在着诸如人生目标的狭隘性、价值观的自我性和人生态度的随意性等问题，因此，大学生需要加强自我修养。人生观和价值观的树立是大学生必然会遇到的一个重大课题，应当慎重对待。

科学人生观、价值观的形成涉及诸多因素，以对社会的认识为基础，以对人生意义的评价为关键，以对生活的情感为支柱，以崇高的社会理想的实践为核心。高等学校优越的教育条件和环境，为大学生人生观、价值观的确立与定型提供了良好的外部条件。

（三）大学阶段是塑造优良品格的重要时期

实现人生价值，不仅需要丰富的知识和突出的才能，还需要良好的品格修养。品格即人的品质性格和有关道德的行为，如坚定的信念、强烈的追求、顽强的毅力、高度的责任感、良好的自制力、充分的信心、严格的纪律性、突出的创造性、崇高的道德等，都是优良的品格要素。大学生毕业之后走上工作岗位时，将面临许多困难和问题，如果没有良好的品格修养，就难以适应复杂的外部环境，难以取得事业上的成就。

（四）大学阶段是青年社会化的重要时期

在青年的社会成熟过程中，社会以一定的文化、价值观、行为规范、生产和生活技能、法律、道德、习俗等陶冶青年，使之为社会所接纳。成为社会一员的过程就是青年的社会化。

社会化有广狭二义。广义的社会化是指人的一生都要接受社会观念、社会文化和社会规范的陶冶，要承担不断学习、不断调适的任务，要有跟上时代发展的步伐并不断超越自我的不懈努力和现实表现。狭义的社会化是个人学习社会知识、各种规范和技能，学习参与社会生活并成为合格社会成员的过程。青年社会化属于狭义的社会化。大学生所处的青年期，是社会化的最重要时期，是初次社会化趋于完成的时期。

三、读大学要收获什么

读大学比拿到文凭、能够就业更加重要的，是培养出独立人格。我们从小到大都在学校与老师设定的单行道里面冲锋，大学毕业后要考虑自身的生存和发展问题，最有可能找到自己的阶段，就是这个学习压力不太大、机会很多、经济压力未至、角色冲突还未出现的大学时期。如果大学四年你都活不出自己的样子，以后这项任务会越来越难，代价会越来越沉重。

所谓的独立人格，第一是了解自己的感受，能在社会、父母、家庭的各种价值主张下，有自己独立的感觉和判断。第二是在不断地与人交往和完成任务中，逐渐意识到自己的优势，并且有意识地寻找平台和机会进行发挥。第三是对于除了学生以外的其他生命角色有所了解，如社会人、朋友、同事、上下级、伴侣……

这个过程极不容易，需要反复试错，在成功与失败，在恍然大悟与一无是处中摇摆，这种痛感、快感，只有真正经历过的人才会知道。这个过程没有教科书，也没有标准答案。大学，学些长大了要用到的东西。用四年时间，成为一个你自己喜欢的人。请记住，值得去的地方永远没有捷径。

（一）学到"四会"

联合国教科文组织提出了面向 21 世纪教育的四大支柱，即学会学习（learning to know）、学会做事（learning to do）、学会共处（learning to live together）、学会生存（learning to be）。大学时期恰是广大青年学会学习、做事、与人共处、生存与发展的人生黄金时期。

1. 学会学习

当今时代是终身学习的时代，学会学习是当代人生存和发展的必备利器，它已成为人们开启这个时代的通行证。正如美国未来学家阿尔文·托夫勒（Alvin Toffler，1928—2016）所言："未来的文盲不再是不识字的人，而是没有学会学习的人。"那么，大学生应该如何学习呢？

首先，同学们要培养自学能力。根据自己的兴趣及发展需求，主动通过各种途径去获取知识、构建自身合理的知识结构。自学能力包括阅读能力、文献检索能力，以及运用已有知识解决问题的能力。

其次，要拓宽学习渠道。学在课堂内，学在围墙内；向身边不同职业的人学习，向具有不同专业背景和不同人生阅历的人学习；通过网络、讲座、协会、兼职、实习、竞赛、创业、旅行等方式增加阅历和知识。

最后，一定要学会时间管理，能够合理支配自己的时间。大学四年的时间说多不多，说少不少，关键取决于你想用时间做什么，怎么分配时间。我们一定要注重自己时间管理能力的提升。例如，根据所学课程、身体状况、学习效率、兴趣和爱好，妥善安排每天的日程和作息，高效利用时间。

2. 学会做事

学会做事是指用一种善始善终的态度，认真对待和处理各种事务，坚持不懈，并力求不断完善。"做事"是相对于"学习"而言的，属于实践的范畴。对于大学生而言，学会做事主要从以下三方面入手。

第一，学以致用，提高分析和解决问题的能力。"纸上得来终觉浅，绝知此事要躬行。"从课堂、书本、讲座等途径获得的知识，只有运用到实践中帮助分析和解决问题，才算真正学会、学懂、学通，要在做中学、在学中做，如果学了不会用，那么继续学，直到会用为止。

第二，积极参加校园文化活动，锻炼自己。大学校园文化丰富多彩，诸多活动成为大学生"认识自我、展示自我、发现自我、成长自我"的重要平台。大家可以根据自身兴趣和特长加入各种社团，既可以开阔视野、增长见识、激发灵感，又能结识朋友、扩大人脉、提高各种能力以适应大学生活。

第三，广泛参加校外实践活动，加快个体社会化进程。大学生通过社会兼职、青年志愿服务、暑期"三下乡"等社会实践活动，增进对社会的了解，提高适应社会、服务社会的能力。这些活动有利于锻炼大学生的实际工作能力，并从中发现自己的不足，及时学习提高；有利于完善大学生的性格和意志品质，加快个体的社会化进程。

3. 学会共处

学会与他人一起共事、一起生活，也是一个人的重要技能。西方现代人际关系教育的奠基人戴尔·卡耐基（Dale Carnegie，1888—1955）说过："一个人的成功15%取决于他的专业技术知识，85%取决于他与人相处和沟通协调的能力。"大学生要学会与人相处及共事，应注意以下三个方面。

第一，待人接物要真诚。美国学者安德森研究了影响人际关系的品格，排序在前面、受喜爱程度最高的六个品格是真诚、诚实、理解、忠诚、真实、可信，这些品格或多或少与真诚有关；排在后面，受喜爱程度最低的几个品格，如说谎、假装、邪恶、不老实等，也都与真诚有关。真诚受人欢迎，不真诚则令人远离。

第二，处理好人际关系。每个大学生都要面对相对复杂的人际关系，要处理好与家人、朋友、室友、同学、辅导员、老师等的关系，要真诚包容、尊重差异，要多交流、学会欣赏，多互相体谅、帮助，要学会微笑、感恩，做到谦虚谨慎、言行一致。

第三，多参与集体活动。团队合作能力更多的是通过课外的集体活动来培养，如社团活动、校园文化活动、社会实践小组活动、创新创业团队活动等。企业在招聘大学生时越来越看重其团队意识，特别是其协作完成工作任务的过程。团队合作能教会我们如何与他人分工合作、融洽相处，从而提高协作能力，增强群体意识和集体荣誉感。

4. 学会生存

头脑风暴

（1）试想一下，假如除了一身必备衣物和随身的1元钱外，你一无所有且无熟人求助。在此情况下，你会有哪些方法和途径，完成为期1周的城市生存挑战？

（2）各小组汇总组员的方案后进行讨论，得出最有创意也方法最多的生存方案。

（3）全班进行大讨论，看看哪个小组的方案最多且最有创意。

生存是人类的本领，发展是人类的追求。大学生可从以下三方面学会生存与发展。

首先，提高生活自理能力。远离父母的呵护，学会照顾自己和妥善打理个人生活，是大学生在步入社会前必须学会的第一课。要学会准时作息，安排好一日三餐；要学会收拾房间、整理物品；要学会适应各种气候、环境；还要学会理财，管理好日常花销等。

其次，提高实践能力。在竞争激烈的当代社会，大学生要想发展生涯能力，获得自身发展的本领，大学期间能力与素质的培养是非常重要的，它包括扎实的专业知识与技能，丰富且灵活的可迁移技能，还有自我管理技能，包括情绪管理、时间管理、压力管理、情感管理等方面的素质与能力。

最后，提前了解与适应职场。适当的校内和校外兼职，有助于大学生提前了解职场环境与要求，并且可以将理论知识学以致用，锻炼个人多种能力，同时也可以实现一定程度的经济独立。

学会学习、学会做事、学会共处、学会生存是一个有机整体，相辅相成、相互促进，其中，学会生存是目标，学会学习、学会做事、学会共处是学会生存的手段和内容，四者之间是相互渗透、互为条件、互相促进的。

（二）提升"六商"

"六商"包括情商、智商、财商、职商、心商和逆商，具体如图1-1所示。

图1-1 "六商"

1. 情商

情商（Emotional Quotient，EQ），又称情绪智商。它是一个与智商相对应的概念，指个体监控自己及他人的情绪和情感，并识别、利用这些信息指导自己的思想和行为的能力。情商通常包括认识自身情绪、管理自身情绪、自我激励、认知他人情绪及人际关系管理五个方面的能力。

2. 智商

智商（Intelligence Quotient，IQ），即智力商数，它是人们认识和改造世界的各种能力的总和，包括认知、思维、语言、观察、计算和应变能力。可以说，智商主要反映人的理性能力。大学期间可以多进行阅读与表达、数字计算、空间想象、逻辑推理、概念记忆等方面的培养和练习。

3. 财商

财商（Financial Quotient，FQ），即金融智商，是指人们认识、创造和管理财富的能力，包括：创造财富及认识财富倍增规律的能力；驾驭财富及应用财富的能力。财商是通过精神世界与商业悟性的养育、熏陶和历练出来的。对财商的培育，其目的是树立正确的金钱观、价值观与人生观。因此，财商已经与智商、情商被人们视为现代社会并列的三大能力，而财商、智商、情商形成的最佳时间段是青少年阶段。

4. 职商

职商（Career Capability Quotient，CQ），即职业智商，是职业胜任力的量化标准。职商代表着个体在创业、就业、从业等职业活动中各种胜任素质（包括智力的和非智力的素质）的综合水平，以及与同类群体相比较而言所处的位置。它由知识技能、心态及方法论三个维度构成。也就是说，良好的职商并不仅仅是指你所掌握的知识技能的扎实程度，它同时会考量你在职场和团队中是否具备面对困难却专注如一的心态，是否能够灵活地应对和处理工作中的各种问题，是否能够与他人携手合作共同进步，是否能够发现自己喜爱且擅长的事情并踏踏实实做下去等。

5. 心商

心商（Mental Intelligence Quotient，MQ）是维持心理健康、缓解心理压力、保持良好心理状况和活力的能力。若一个人心商不高，久而久之心灵就会扭曲，产生心理疾病，甚至发展成精神疾病。世界卫生组织所指的心理健康是：心理和社会适应能力等方面的健全与最佳状态，和谐的人际关系，正确的自我评价和情绪体验。热爱生活、正视现实、人格完整是心理健康的内涵。心商的高低，是心理健康的主要指标，它直接决定了人生过程的苦乐，主宰人生命运的成功与否。

6. 逆商

逆商（Adversity Quotient，AQ），全称逆境商数，也译为挫折商或逆境商。它是指人们面对逆境时的反应方式，即面对挫折、摆脱困境和超越困难的能力。大量资料显示，在市场经济日趋激烈的今日，大学生职业及创业成功与否，不仅取决于其是否有强烈的职业与创业意识、娴熟的专业技能和卓越的才能，在更大程度上取决于其是否具备面对挫折、摆脱困境和超越困难的能力。因此，大学期间，大学生应该把逆商培养作为着力点，使自己在逆境中能形成良好的思维反应方式，增强意志力和摆脱困境的能力。

第二节　如何从高中生向大学生转变

无论大学之前经历了什么，也无论是怎样来到大学的，那些都已经成为过去，进入大学后，人生从此翻开了新的一页，站到了新的起跑线上。新的跑道上，没有了随时的监督，也没有了高频度的考核，更没有固定的终点。大学生需要有一个属于自己的理想作为目标来指引接下来的行动。基于自己的理想，大学生才有可能做出有效的选择，这些选择，有课程的选择，有时间的分配，还有更多的自我决策等。大学生活中，目标取向的自我管理方式，一方面增加了学生对时间的分配，另一方面也带来了相应的自我责任。所以，及时意识到自我管理的重要性，可以有效增强自我的适应能力。

一、从高中到大学的生涯转换探索

（一）生涯转化之盾

从高中到大学，人生发生了新的转折，对过去经历的总结，有助于更好地了解自己，也有助于更好地发展未来。生涯转换之盾分为两个部分，一个是对高中生活的回顾，另一个是对大学生活的期待，如图1-2所示。

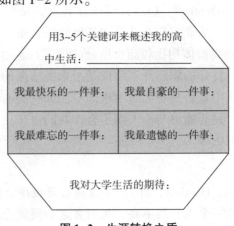

图1-2　生涯转换之盾

同学们在填完图1-2后，在小组内部进行交流与分享。然后，请同学们思考：

(1) 通过对高中生活主要经历的回顾，有哪些发现？

(2) 以上四件事情之间有哪些相似或者相关之处？

(3) 在与组员的分享与交流中，有哪些收获？

（二）生涯理想之旅

高中学习的目标似乎就是"考上大学"，这个目标曾经激励着同学们为之刻苦努力。而今，大家已步入大学的校门，这个目标已经成为过去，而对未来，同学们需要有新的目标来指引自己的行动。

现在，请认真思考：你为什么要上大学？通过大学，你要实现的目标有哪些？

(1) _____

(2) _____

(3) _____

请同学们带着对大学生活的期待与憧憬，遵循个人成长路径体验"理想之旅"，重新探索自己的人生理想与目标。

(1) 很小的时候，我的理想：_____

(2) 天真烂漫的童年时代，我的理想：_____

(3) 初中的花季雨季里，我的理想：_____

(4) 高中的激情岁月里，我的理想：_____

(5) 现在，来到大学里，我的理想：_____

(6) 以上这些理想的共通之处是：_____

认真分析上大学的最初目标和理想的自我探索是否有交集，请把交集牢牢记在心里，这是为之努力的初心所在。

(1) 通过以上思考与分析，我发现：_____

(2) 基于现实，我想到实现自己理想的具体计划有：_____

(3) 在理想实现的过程中，我渴望获得的支持是：_____

二、大学生活与高中生活的不同

进入大学，就意味着离开父母、离开家乡、离开曾经熟悉的老师和同学，但也意味着进入成长的新征程。校园里都是陌生的，不同于以往的求学之路，对大学环境的认识和熟悉应该算是大学新生的第一课，不论是校园生活环境还是生活内容，和中学相比都有了很显著的变化。这种变化主要体现在以下几个方面。

（一）生活环境和生活方式不同

大学生活和中学生活的第一个变化就体现在生活方式上。大学生离开父母，在校园中作为一个独立的个体安排自己的生活，生活的自主性明显加强，衣食住行和生活当中的琐事都需要自己安排和处理，没有可依赖的对象，需要自己保证合理、规律的作息。对于一些独生子女或者从未独立生活的学生，这是他们进入大学后第一个要跨过的坎，特别是对于一些刚刚离开父母全方位呵护的同学来说，将会是一种新的考验和挑战。由于大家来自五湖四海，有着不同的生活习惯和饮食习惯，异地求学的同学通常会有一定的不适感。中学时代，大部分的同学过着"三点一线"的生活，生活的重心都在学习上，为了升学也没有太多的业余时间。进入大学后，除了课程设置中安排的课堂教学，其余的很多时间可以自行安排。可以说，大学的生活方式就是自主、自立和自律的。

（二）教学方式和学习方式不同

进入大学，同学们将接受新的教学理念与教学方法。大学虽然崇尚个性化发展，但学习还是大学这个阶段的重要部分，大学的教学方式、教学理念及教学手段都和中学时代有很大的不同。中学时代，无论是学校、教师，还是学生本人，都无法摆脱升学的压力，所以往往采用"填鸭式"教学，教师会安排好学习进度和学习任务，学生的自主性很差，要做的就是尽可能地把教师教授的知识都掌握好，以"题海"方式训练应试速度。而大学教育是一种专业性的教育，学习的信息量大，更强调学生的主动性，也更加注重学生学习兴趣的挖掘及素质能力的提高，是从"要我学"转变为"我要学"，也只有这样，才能在大学期间完成真正意义上的学业提高。大学教师也会自由地发挥自己的专业所长，为同学们打开更广阔的视野，提供更广泛的知识。

同时，互联网技术的普及使得翻转课堂（Flipped Classroom，指重新调整课堂内外的时间，将学习的主动权从教师转移给学生）、慕课（Massive Open Online Courses，MOOC，即大规模开放在线课程）等网络教学课堂成为可能。教师会减少在课堂上讲授课程内容的时间，以便有更多时间与学生交流；学生需要在课前完成自主学习，比如观看课程视频、阅读电子教材、在网络上与其他同学讨论、查阅相关资料等。这些资源是否能充分发挥作用，还是以同学们的自觉性和主动性强弱息息相关的。

（三）人际交往不同

高中时期的学生生活都是以学习为主的，人际交往基本也是围绕学习，大多数局限在家长、老师及同学圈子里，但到了大学，来到了陌生的环境，大学生首先要面对的便是人际交往。交往对象的范围会慢慢扩大，不仅仅局限在本班、本年级，而且会涉及校内、校外等。交往的内容也会逐渐丰富，学习、社会工作、文体活动及个人的情感都可能是大学生人际交往的内容。人际交往能力是大学阶段需要培养的能力。

（四）奋斗目标不同

高中阶段的奋斗目标往往比较聚焦，多数人的高中生活就是为了考大学。但进入大学，奋斗目标会逐渐多元化与个性化：考研、出国、创业、财富自由、顺利毕业、就业找个好工作、丰富人生阅历……每个大学生都可以通过自己的努力，在丰富的校园生活中找到自己的奋斗目标，而不仅仅局限在学习上。

三、如何处理理想与现实的偏差

大一新生进入大学后，往往会产生这样的困惑：现实中的大学为何与想象的不一样？为何大学生活的实景图与想象中的愿景图存在差别？所就读的大学并不是自己的目标大学，怎么办？甚至有人抱怨，"一直以为大学是天堂，来了才知道是我们异想天开"。

大学生在入学前为什么会有"大学如天堂"的幻想呢？我们在中学特别是高考前，常会听到老师和家长安慰和鼓励我们说:"再辛苦一段时间,考上大学就解放啦,就自由了。"但事实是,希望越大,失望也会越大。与中学和社会相比,大学可以说是处于一种半社会化的状态。一方面,来自五湖四海的年轻人聚集在一起,大家的语言、性格、兴趣、专业各不相同,没有了父母在生活方面的呵护,也少了师长耳提面命般的指导和教诲,多了一些自由。另一方面,这种自由是相对的,因为,大学首先是一所学校,如中学一样,有规章、有纪律,所以,被要求、被限制也就成了必然。让更多的中学生对现实中的大学有理性的认识可避免消极情绪的滋生,有助于学生更好地适应大学生活。因此,可以通过以下两种方法积极处理理想与现实的偏差。

(一)用"成功五问"调整心态,积极行动

"成功五问"是教练技术的一种工具,它可以让我们换一个角度、换一种心态,更积极地接纳与适应现实,并且采取更主动、有效的行动去实现目标。理想与现实的差距是客观存在的,既然我们无法改变不可控的事实,那就努力调整好自己的心态,做到欣然地接纳和从容地应对。

成功五问包括:

(1)我最想要什么?

(2)我要怎么得到?

(3)我现在做的是否有利于我想要得到的?

(4)我愿意为此付出什么样的代价?

(5)我如何持之以恒?

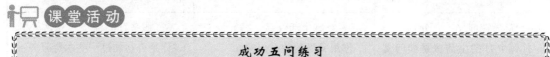

成功五问练习

请在下列横线上,写下让自己遗憾的一件事。

_____

_____

然后用"成功五问"进行自问自答练习。

(1)我最想要什么?

答:

(2)我要怎么得到?

答:

(3)我现在做的是否有利于我想要得到的?

答:

(4)我愿意为此付出什么样的代价?

答:

(5)我要如何持之以恒?

答:

（二）利用"生涯九宫格" 修好九门"必修课"

大学四年如何不空虚、不瞎忙，如何做到优秀与卓越？这是追求上进的大学生共同的困惑。

请看表1-1所示的"生涯九宫格"自我评估表，它是由台湾著名生涯规划师金树人教授创立的。它告诉大学生，在大学期间，每个人都有九门"必修课"，并且这九门课是有排序的。只有把这九门必修课都修好了，大学生涯才能呈现彩虹般的灿烂。

表1-1　"生涯九宫格"自我评估表

学习进修（___分）	职业发展（___分）	人际交往（___分）
1. 课程表上要求的课程有哪些？ 2. 除了课程表的内容，你还需要学习什么？ 3. 基于自己未来的目标职业，你还需要积累什么？ 4. 你的学习习惯怎么样？	1. 你理想职业的要求是什么？ 2. 在实际大学生活中，什么事情占用了你大部分的时间？ 3. 你现在干得怎么样？	1. 你感觉难以应对的人有哪些？ 2. 哪些场合会让你感到不自在？ 3. 为了将来更好地适应社会，你打算从搞好与哪些人的关系开始？
个人情感（___分）	**身心健康（___分）**	**休闲娱乐（___分）**
1. 你怎么看待爱情、友情等？ 2. 你建立并维系亲密关系的能力如何？ 3. 重要他人对你的影响有哪些？	1. 你有没有坚持运动的习惯？ 2. 适合你的运动方式有哪些？ 3. 你如何保持自己的心情愉悦？ 4. 你如何处理焦虑、压力、沮丧等不良情绪？	1. 你有哪些兴趣爱好？ 2. 你业余时间会做哪些事情让自己有创造感和成就感？ 3. 除了学习、工作之外，你做什么来愉悦自己？
财务管理（___分）	**家庭生活（___分）**	**服务社会（___分）**
1. 你每个月的生活费是如何支出的？ 2. 你是否了解过理财知识？ 3. 你是否尝试过为自己增加一些收入？ 4. 财富在你未来的生涯发展中比重如何？	1. 你跟父母的关系怎样？ 2. 你是否从内心接纳与尊重自己？ 3. 你父母的观点、行为和想法是如何影响你的？你如何科学地看待和合理地应对父母的观点、行为和想法？	1. 你是否参加过一些志愿服务？ 2. 你怎样理解一个大学生的社会责任感？ 3. 你怎样看待社会公益组织？

同学们可以用"生涯九宫格"对自己的大学生活现状进行自我评估，也可以用它来进行大学生活的安排与规划。第一行中的三格分别是学习进修、职业发展与人际交往。金树人教授认为，只有将这最重要的三件事都做到60分以上，你的生涯发展现状评分方可达到"合格"级别，若这三格中任何一格达不到60分，总评即为"不合格"；中间一行的三格分别是个人情感（包括亲情、友情、爱情等）、身心健康、休闲娱乐，三者是提升大学生活品质的保障，只有这三件事及前三件事都及格了，你的生涯发展现状评分才可达到"优秀"级别；最后一行的三格是财务管理、家庭生活及服务社会，这三件事与前面六件事，全部做到及格以上了，你大学阶段的生涯发展现状就可进阶到"卓越级别"。

生涯体验

用生涯九宫格进行生涯现状的自我评估

请同学们根据表1-1中每一格里设计的问题,自行评分,然后评估一下,自己当下的大学生涯发展评估值是"合格""优秀"还是"卓越"?

评估之后,请大家结合个人大学生活的目标对这九个方面的要求,本着"缺哪补哪"的原则,用表1-2所示的"生涯九宫格"行动计划表,为自己的大学四年进行行动规划。

思考一下,在填写生涯九宫格的过程中及填写之后,你有怎样的发现与感受?

表1-2 "生涯九宫格"行动计划表

学习进修	职业发展	人际交往
行动计划——	行动计划——	行动计划——
(1)	(1)	(1)
(2)	(2)	(2)
(3)	(3)	(3)
(4)	(4)	(4)
个人情感	身心健康	休闲娱乐
行动计划——	行动计划——	行动计划——
(1)	(1)	(1)
(2)	(2)	(2)
(3)	(3)	(3)
(4)	(4)	(4)
财务管理	家庭生活	服务社会
行动计划——	行动计划——	行动计划——
(1)	(1)	(1)
(2)	(2)	(2)
(3)	(3)	(3)
(4)	(4)	(4)

第三节 初识职业生涯规划

一、什么是职业生涯规划

（一）职业生涯规划的内涵

所谓职业生涯规划，是指个人结合自身情况以及机遇和制约因素，为自己确立职业目标，选择职业发展路径，制订教育、培训和发展计划等，并为自己实现职业生涯目标而确定行动方案。规划的实质是选择追求的目标和实现目标的最佳方案。因此，职业生涯规划的实质就是，结合自身情况及各种制约因素，为实现职业目标制订一个完备的行动方案。简而言之，就是指个人为自身的职业发展所进行的策划和准备。

职业生涯规划最早起源于1908年的美国。有"职业指导之父"之称的弗兰克·帕森斯（Frank Pasons，1854—1908）针对大量年轻人失业的情况，成立了波士顿职业指导局，首次提出职业指导的概念。到了20世纪五六十年代，舒伯等人提出了"生涯"的概念，舒伯的生涯发展理论将生涯的过程视为从出生到死亡，包括成长期（0—14岁）、探索期（15—24岁）、建立期（25—44岁）、维持期（45—65岁）和退休期（65岁以上）。20世纪80年代初，为了综合阐述生涯发展阶段与角色彼此间的相互影响，舒伯创造性地描绘出一个多重角色生涯发展的综合图形——生涯彩虹图，形象地展现了生涯发展的时空关系，更好地诠释了生涯的定义。生涯彩虹图有如下特点。

1. 横贯一生的彩虹

在生涯彩虹图中，横向层面代表的是横跨一生的生活广度。彩虹的外层显示人生主要的发展阶段和大致估算的年龄：成长阶段（约相当于儿童期）、探索阶段（约相当于青春期）、建立阶段（约相当于成人前期）、维持阶段（约相当于中年期）以及退出阶段（约相当于老年期）。在这五个主要的人生发展阶段内，各个阶段的年龄划分有相当大的弹性，应视个体的不同情况而定。

2. 纵贯上下的彩虹

在生涯彩虹图中，纵向层面代表的是纵贯上下的生活空间，由一组职位和角色所组成。舒伯认为，人在一生当中必须扮演九种主要的角色，依次是：儿童、学生、休闲者、公民、工作者、夫妻、家长、父母和退休者。各种角色之间是相互作用的，一个角色的成功，特别是早期的角色如果发展得比较好，将会为其他角色打下良好的关系基础。但是，在一个角色上投入过多的精力，而没有平衡协调各角色的关系，则会导致其他角色的失败。每一个阶段对每一个角色投入程度可以用颜色来表示，颜色面积越多表示该角色投入的程度越多，空白越多表示该角色投入的程度越少。作用主要是对自身未来的各阶段进行调配，进行各种角色的计划和安排，使人成为自己的生涯设计师。生涯彩虹图实例，如图1-3所示。

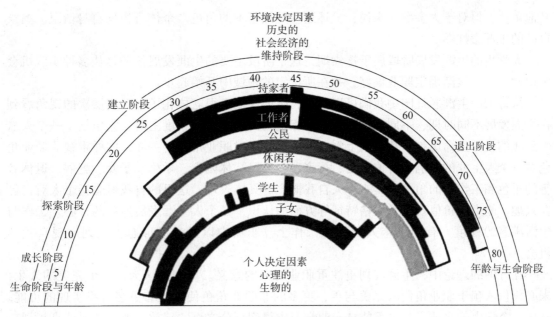

图 1-3 舒伯的生涯彩虹图实例

图 1-3 为某位来访者为自己所勾画的生涯彩虹图。在半圆形最中间一层，儿童的角色在 5 岁以前是涂满颜色的，之后渐渐减少，8 岁时大幅度减少，一直到 45 岁时开始迅速增加。此处的儿童角色，其实就是为人子女的角色，这个角色一直存在。早期个体享受被父母养育照顾的温暖，随着成长成熟，慢慢开始同父母平起平坐，而在父母年迈之际，则要开始多花费一些心力来陪伴、赡养父母。

第二层是学生角色。在这个案例中，学生角色从四五岁开始，10 岁以后进一步增强，20 岁以后大幅减少，25 岁以后便戛然而止。但在 30 岁以后，学生角色又出现，特别是 40 岁出头时，学生角色竟然涂满了颜色，但两年后又完全消失，直到 65 岁以后。这是由于处于现代科技发展日新月异的时代，青年在离开学校之后，为满足工作或其他方面的需求，会以多种学习方式来充实自我，学生角色在 35 岁、40 岁、45 岁左右凸现。

第三层是休闲者角色。这一角色在前期较平衡地发展，直到 60 岁以后迅速增加。平衡工作和休闲是一项非常重要的任务，特别是在快节奏、高效率的社会中，正如图 1-3 中的空白也构成画面一样，休闲是我们维持身心健康的一种重要手段。

第四层是公民。本案例角色从 20 岁开始，35 岁以后得到加强，65~70 岁达到顶峰，之后慢慢减退。公民的角色，就是承担社会责任、关心国家事务的一种责任和义务。

第五层是工作者的角色。该当事人的工作角色从 26 岁左右开始，颜色阴影几乎填满了整个层面，可见当事人对这一角色相当认同。但在 40 多岁时，工作者的角色完全消失，对比其他角色，不难发现，这一阶段，学生角色和家长角色都有不同程度的增强。两三年后，学生角色消失，家长角色的投入程度恢复到平均水平，而工作者的角色又被颜色涂满，直至 60 岁以后开始减少，65 岁终止工作者角色。

第六层是持家者角色，这一角色可以拆分为夫妻、父母、（外）祖父母等角色。此处持家者的角色从 30 岁开始，头几年精力投入较多，之后维持在一个适当水平，退休后又增强了这一角色。76~80 岁几乎没有了持家者的角色。虽然个体的生涯过程中还可能承担其他角色，但对于大多数人来说，上述这些是最基本的角色。个体可根据自身情况，描绘自己的生涯彩虹图。

大学生的生涯发展阶段属于探索期，这个阶段主要的生涯发展任务是从多种实践机会中探索自我，逐渐确定职业偏好，并在所选定的领域中开始起步。

从舒伯的生涯彩虹图中我们可以看到，生涯规划变得立体化了，以多层次的视角看到在个人发展不同时期、不同角色的意义和相互间的影响。从长度上看，它包括了一个人从生到死的全部生命历程；从空间上看，并不局限于对职业角色的关注，同样重视非职业角色对一个人生涯的影响。舒伯认为，持家者、公民、休闲者、学生、子女、配偶、退休者等的角色和工作者的角色都是一个人自我概念的具体表现。这里的自我概念指个人对自己在兴趣、能力、价值观以及人格特征等方面的认识，是个人生涯发展历程的核心。工作与生活满意的程度，有赖于个人能否在工作上、职场中以及生活形态上找到展现自我的机会。

在舒伯的理论中，生涯规划更注重职业对人的意义。该理论认为，一个完美的人生，未必仅仅依赖于职业角色的完美与否，更多的非职业角色使人生有更多自我实现的可能。好比一个学生的兴趣，如果不能从专业学习中得到百分之百的释放，那么就要认真规划一下自己的休闲角色，从而获得更多的自我实现。关于非职业角色对生涯发展的意义，金树人先生的描述很生动、贴切，他说："生涯辅导是将休闲视为生涯当中与教育、职业不可分割的部分。宛如一幅画中，留白的部分也同时构成全幅画的精髓；又似一盆插花，空间的部分也是花道的精华。"

大学阶段正处于职业生涯中的探索期，对于大学生群体来说，职业生涯规划有着更具体、更重要的内涵：在大学阶段，应当客观、全面地认识自己的能力、兴趣、个性和价值观，了解各种职业、行业、环境的需求趋势和影响因素，确立职业生涯发展目标，选择实现这一目标的职业方向，制订出行之有效的实施方案，包括相应的学习和培训计划，并做到及时反馈和修订。

生涯体验

绘制人生彩虹图

现在，我们来绘制自己的人生彩虹图，如图1-4所示。

请思考自己过去、现在以及未来可能承担的生活角色，在图1-4上标注年龄阶段和扮演的角色名称，然后在你某个年龄所扮演或希望扮演的角色区域，利用彩笔和文字区分出对这些角色的理解。

要点：

（1）角色扮演的成功视个人的生理、心理因素及当时的社会环境等外在情境因素而定，该角色越成熟，所绘制的色带应越饱满。

（2）生命中各阶段所扮演的角色，延续的时期可用色带的长度来表示。

（3）可用不同的颜色来代表对该角色的喜好。

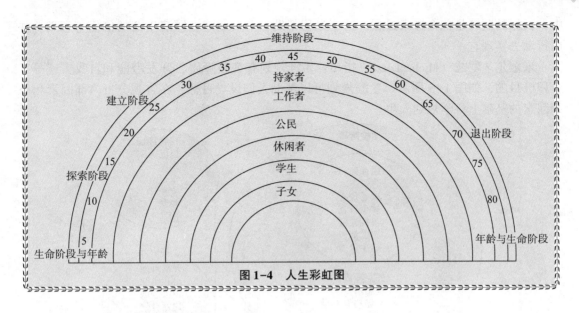

图1-4 人生彩虹图

（二）职业生涯规划的类型

按照规划的时间维度，职业生涯规划可以划分为短期规划、中期规划、长期规划和人生规划四种类型。

（1）短期规划，即2年以内的规划，主要是确定近期目标，规划近期应完成的任务，如计划两年内熟悉新公司的规则，融合到企业文化中，花一定的时间与同事、领导沟通，向过来人学习。

（2）中期规划。中期规划一般涉及2～5年的职业目标和任务，是最常用的一种职业生涯规划。例如，3年后要成为部门经理，完成相应的业绩，以及为实现此目标而参加培训。

（3）长期规划，即5～10年的规划，主要是设定较长远的目标，以及为实现此目标应采取的具体措施。

（4）人生规划，指整个职业生涯的规划，时间长达40年左右，设定整个人生的发展目标和阶梯。

个人职业生涯规划从短期到中期再到长期，直至整个人生规划，就如同上台阶，需要一步步地上。但在实际操作中，时间跨度太长的规划由于环境和个人自身的变化难以把握，而时间跨度太短的规划意义又不大。所以，一般人们把个人职业规划的重点放在2～5年的中期规划，这样既便于根据实际情况设定可行目标，又便于随时根据现实的反馈进行修正或调整。

二、职业生涯规划的意义

生涯规划是一个人规划自我生涯发展历程的思维模式、路径方法和有效工具，是一个过程。规划的功能在于为生涯设定目标，并找出达成目标所需采取的步骤。目标可以为人生带来希望和意义，奥地利心理学家维克多·埃米尔·弗兰克尔（Viktor Emil Frankl，1905—1997）凭借生命的意义成为奥斯威辛集中营中少有的幸存者之一，并开创了心理治疗中的意义疗法。他说："你不要去问生命，你应该要回答生命对你的质询。"在生涯规划中，目标的制订是一个探索过程，这个过程帮助一个人逐渐去厘清生命的价值与意义，并用行动去实现它。

米歇尔·罗兹（Miche Lozzi）指出：生涯规划有突破障碍、开发潜能和自我实现等三个积极目的，如图1-5所示。生涯规划可以帮助人们设立目标，在客观分析内部因素和外部因素的基础上科学规划人生。

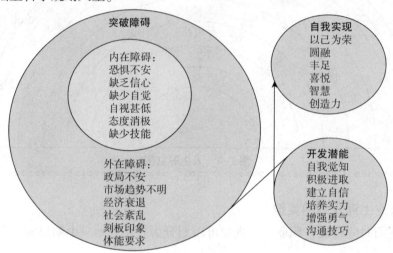

图1-5　生涯规划的三个积极目的

（一）正确认识自我，确定职业目标

职业生涯规划可以帮助个人进行自我全面的分析，从而认识自己，了解自己的特点和兴趣，评价自己的能力、优势和不足。在设计和规划的过程中，通过对客观环境的分析，可以明确职业发展的方向，正确选择职业目标，并运用适当的方法，采取有效的措施，克服职业生涯发展中的困难和障碍，使自己的才能得到充分发挥，从而获得事业上的成功，实现人生的理想。

（二）充分了解社会，提升个人竞争力

物竞天择，适者生存。当今社会处在变革的时代，到处充满激烈的竞争。要想在这场激烈的竞争中脱颖而出，立于不败之地，职业生涯规划是最强大的武器和法宝。生活在象牙塔内的大学生们，常常因缺乏对社会和外部职业世界的了解，而不能适时、合理地调整职业目标和行动计划，进而在职业竞争中处于劣势。

在职业生涯规划的过程中，同学们需要不断地获取外部信息，包括职业、组织、社会等多方面的信息。获得的外部信息越多，心理上的准备也就越充分，在规划自己未来发展的时候，就能够根据社会的需要并结合眼前利益和长远发展，有的放矢。

（三）实现自我价值，成就美好人生

马斯洛的需求层次理论指出，人的需求是由低级向高级层次推进的，即生理需求→安全需求→友爱和归属的需求→受尊敬的需求→自我实现的需求。所有这些需求可以通过职业活动来实现。也就是说，同学们可以通过一份适合的职业来获得生理、安全、友爱、归属、尊敬的需求，但同学们更需要通过从事一份职业来发挥自己的潜力，实现自我价值。不过仅仅有一份工作，并不能保证实现所有的需求。由于社会的快速变迁，竞争的不断加剧，许多即将踏入社会的同学手忙脚乱，不知何去何从。有效的解决方法只有一个，那就是进行职业生涯规划。正确的职业生涯规划，能为实现自我价值创造机会，并扬长补短，最终迈向成功。

生涯规划的终极目的是帮助个体实现自我，实现人生的圆满与幸福。通过生涯规划，帮助个体在生涯发展的不同阶段，不断明确自我角色与任务，澄清并理解生涯的价值与意义，做好生涯内外部需求的平衡与决策，不断评估并优化生涯发展的路径与行动策略，做到自我实现与超越，从而实现生涯的幸福。

生涯体验

撕纸游戏

生命不是掌握在别人手里的，它只有一个主人，那就是你自己。

生命最宝贵之处，并不在它的长度，而在它的广度和深度。

生命是一段旅程，最值得回味的，不仅是目的地，更是路上的风景。

现在的你，是三年前的你所决定的。三年后的你，是现在的你所决定的。现在，请按图1-6所示，做一个游戏。

（1）请准备一个1厘米宽的纸条，这个纸条的全部长度代表你的一生。

图1-6 我的一生

（2）先撕去自己作为大学生已经度过的岁月，大约1/5。

（3）再撕去退休后的时间，大约1/5。

（4）然后撕去代表从步入工作到退休期间的时间，大约1/3。

（5）然而，还要撕去1/3的睡眠时间，撕去吃饭、清理个人卫生的时间，撕去交朋友、体育锻炼的时间，撕去看电视、玩游戏的时间……现在，看看你的纸条还剩多少？

现在，让我们来计算：大学4年全部的1 380天，其中，4个寒假+3个暑假+4个10天长假=355天（-26%），约176个双休日=352天（-25%），还有一半黑夜，余336天（-24%）。在这336天中再去掉你发呆、郁闷、抱怨、茫然……还剩下多少天呢？

（6）现在剩下的纸条就是能够进行职业准备的时间，拿着手中的小纸条，你都想到些什么？

由此，你明白了什么，又有哪些感悟呢？

_____

_____

三、职业生涯规划的步骤与方法

生涯体验

我的旅游计划

安静下来，找到自己呼吸的节奏，想想自己一直想拥有的一次旅游是什么样的，并为自己制订一个详细可行的旅游计划。

这个旅游计划包括：

（1）旅游计划的具体内容？

（2）你制订这个计划经过了哪几个步骤？你将如何落实这个旅游计划？

（3）这个过程与职业生涯规划有哪些相似之处？

找个同学或朋友，与他交流一下你的旅游计划。

其实，生涯规划并不难，它和制订一份旅游计划有很多相似之处。如目标的制订、实现的过程，都和一个人的兴趣爱好和自身条件等相关，对目标和过程的选择没有绝对的好坏之分。不同的路有不同的风景，所以在旅游行程的选择上，没有哪条路是绝对好的，只有对某人某时比较合适的路。个人的生涯规划也是如此。对目的地信息的了解，可以让行程更有把握。无论对信息有多么细致的了解，也要有遇到风险和意外的心理准备。你能否如愿以偿地实现目标，这在很大程度上取决于你是计划的推动者还是依赖别人或环境，依赖别人或环境常让人陷入抱怨而无所作为。

具体而言，一个系统的生涯规划应当包括觉知与承诺、认识自己、认识工作世界、决策、行动、再评估/成长六个步骤，如图1-7所示。

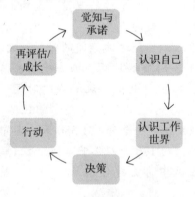

图1-7 生涯规划步骤

1. 觉知与承诺

在这个阶段，你需要了解生涯规划的重要性和作用，并愿意花时间来规划自己的生涯。但也要提醒自己：生涯规划是一个过程，是一种面对生涯发展的态度，它未必能立竿见影，马上为自己带来理想的工作，就好像我们所播下的种子，未必能马上发芽一样。所以，对生涯规划要有合理的预期。

2. 认识自己

系统化的生涯规划是一个"从内而外"的过程。因此，在生涯规划时，首先要认识自己，诚实地自问：我有哪些人格特质？我的兴趣是什么？哪些东西是我生命中不能缺少的？我最看重什么？我的哪些技能是与众不同、赖以为生的？

3. 认识工作世界

工作世界信息和自我信息是生涯规划中重要和基础的部分。对工作世界的了解具体包括：专业与职业的关系，工作世界的宏观发展趋势，具体职业对工作人员的要求、条件和待遇等，继续教育方面的选择，等等。

4. 决策

决策是综合整理和评估信息的部分，在决策时有可能因信息不全而重新回到前面两个步骤，具体内容包括：综合与评估信息、目标设立与计划、处理决策过程中的各种问题（如生涯信念、障碍）。

5. 行动

行动是将全部的探索和思考落实的阶段，通常包括具体的求职过程、制作简历、面试。学生要通过行动来实现自己设立的工作目标。也有可能在与现实的接触过程中，你对自己有新的发现，由此对生涯发展有新的思考。所以，虽然为了方便学习，将生涯规划人为地割裂成不同的步骤，但无论在哪个步骤，自我与外部信息的探索都不会停止，不要忽略这些部分带给你的新启示。

6. 再评估/成长

当学生在实践中迈出生涯的重要一步——进入工作世界时，随着外部环境的变化，他们或许会继续沿着过去的规划前进，也有可能发现过去规划已不适合自己，或者发现过去的规划并不尽如人意。这就需要再次进行生涯探索，修正生涯规划。所以说，生涯规划是一个循环的过程，需要一辈子来探索。本部分具体内容包括：走进职场、管理生涯规划档案。

思考与解答

1. 我是一个刚上大一的学生，虽然觉得生涯规划是应该学习和有用的，但毕竟我离找工作还很远，现在学习是否有点早了？

答：大一进行生涯规划并不早，按照舒伯的生涯发展理论，大一应该是生涯规划的探索期。这个时期需要个人通过基于个人兴趣和特点的实践活动初步探索自己未来感兴趣的职业发展方向。因而对大一的学生而言，需要好好思考和规划自己应当如何度过大学四年，为未来获得理想工作做准备。通过生涯规划中的自我探索，大一学生可以更好地了解自己，有计划、有目的地参加社会实践活动。大学与高中相比，自主选择和可能参加活动的机会多了很多。了解自己、知道自己需要和愿意培养的方向可以避免陷入选择的盲目当中，帮助自己更合理地安排学习、实践、休闲生活。虽然大一的时候还未涉及找工作，但是要开展丰富的生活、获得实践的机会，依然需要很多信息和获得机会的技巧。因此，不仅生涯规划中的自我探索、决策等技巧，信息探索、如何求职等技巧对大一学生也是有实际帮助的。更重要的是，如一个学生从大一时开用生涯规划的思维来思考自己的现在与未来，到毕业时会更从容地为自己进行选择。

2. 我是一个大四的毕业生，正忙于找工作，现在关心的是如何才能找到一份好工作，这时再探索什么工作适合自己是否太晚了？

答：对于个人的生涯规划而言，任何时候开始都不会晚，不同阶段会有它的意义和用处。当毕业生面临找工作的压力时，常常会感到焦虑，此时要静下心来做自我探索并不容易。此时进行生涯规划不妨先从最"实用"的部分开始，比如能力的探索，了解自己能干什么，可以帮助自己更好地制作简历和应对面试。毋庸置疑，工作世界的探索和简历制作、面试技巧都是可以立即用上的技巧，但从生涯发展的长远来看，当你能够静下心来的时候，最好还是全面地进行生涯规划，因为毕竟毕业求职是职场的开始，脚下的路还很长。

3. 生涯规划是要有计划地安排自己的发展，但是人生可能照计划按部就班吗？

答：生涯规划可以说是个人的生涯发展的长期计划，但并不等于一个人做了这个规划，一辈子按着这个计划进行就成功了。因为无论个人还是环境都会发展、变化，没有人能保证五年前做的生涯规划完全符合当前自己的发展，每隔半年到一年的时间个人需要对自己的发展进行回顾和审视，看看自己的生涯规划是否需要有所调整。总之，生涯规划是发展的、动态的、一辈子的事情。生涯规划的意义并不仅仅在于制订一个长远的发展计划，它更多的是让人们懂得如何把握生涯，如何在尊重自己的基础上更好地发展自己，具体的方法是什么。生涯规划不是用一个计划去限制人生的发展，而是让人们在更加了解自己的基础上勇于探索，更大程度地实现自我。

课后思考

我上大学的目的：_____

我在大学期间的学习目标：_____

这学期，除了上课，我希望参加的活动：_____，

_____，_____。

课后练习

测一测你的生涯适应力

每个人在发展自己的生涯时，都有不同的优势，没有人擅长所有的事。请根据自己的实际情况进行选择，在表 1-3 所示的量表中评定你在每项能力上的发展程度。

表 1-3　生涯适应力自测表

能力项	不强	有点强	强	很强	非常强
1. 思考我的未来会是什么样子的	1	2	3	4	5
2. 知道现在的选择会塑造我的未来	1	2	3	4	5
3. 为未来做准备	1	2	3	4	5
4. 知道我必须做出的教育和职业选择	1	2	3	4	5
5. 计划如何实现我的目标	1	2	3	4	5
6. 为实现我的目标制订计划	1	2	3	4	5
7. 保持乐观	1	2	3	4	5
8. 自己决策	1	2	3	4	5
9. 为我的行为负责	1	2	3	4	5
10. 执着于自己的信念	1	2	3	4	5
11. 依靠我自己	1	2	3	4	5
12. 做适合我的事	1	2	3	4	5
13. 探索周围环境	1	2	3	4	5
14. 寻找成长的机会	1	2	3	4	5
15. 在决策前考量各种可能的选择	1	2	3	4	5
16. 观察别人处事的不同方式	1	2	3	4	5
17. 深入探究我所关心的问题	1	2	3	4	5
18. 对新的机遇感到好奇	1	2	3	4	5
19. 高效执行任务	1	2	3	4	5
20. 认真把事情做好	1	2	3	4	5
21. 学习新技能	1	2	3	4	5
22. 逐步发展我的能力	1	2	3	4	5
23. 克服障碍	1	2	3	4	5
24. 解决问题	1	2	3	4	5

计分方法：1~6 题的总分是你在生涯关注方面的得分；7~12 题的总分是你在生涯好奇方面的得分；13~18 题的总分是你在生涯控制方面的得分；19~24 题的总分是你在生涯自信方面的得分。这样你就可以分别得到这四个方面的分数了。得分越高，说明你在这个方面表现越好。

欢迎你在学完本书内容后再进行一次测试，看看自己在哪些方面有了提高、在哪些方面变化不大，然后思考并和小组的成员讨论可以做些什么提高这些方面的能力。

视觉笔记（图1-8）

图1-8 视觉笔记

第二章 生涯测评与探索

生涯寄语

知人者智，自知者明。胜人者有力，自胜者强。

——老子

知识导图

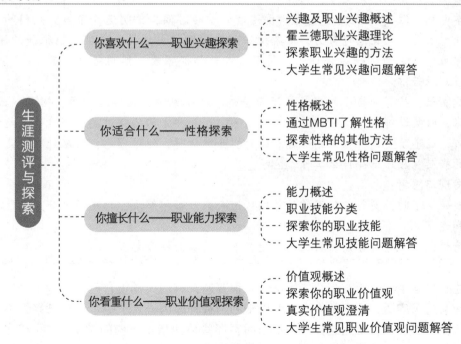

"人，认识你自己"是古希腊德尔菲神庙前一块石碑上的箴言，它成为历代思想家探讨的话题。苏格拉底曾以哲学家的智慧诠释过"我是谁"，老子也有"知人者智，自知者明"的观点，尼采则认为"想要知道你自己是个什么样的人，只要看一看你自己喜欢什

么"。其实，对每个人来说，认清自我都是一项重大的人生课题。在职业生涯发展过程中，只有准确地了解"我喜欢做什么""我适合做什么""我擅长做什么""我看重什么"，才能为确定自己的最佳职业道路奠定良好基础。

通过本章的学习，同学们能够认识认知自我对于职业生涯规划的重要性，对自己的职业兴趣、人格特征、素质能力、工作价值观具有基本认知，并将其与专业、职业相匹配。

第一节　你喜欢什么——职业兴趣探索

生涯案例

案例一： 婧婧像许多大学生一样，在高考填报志愿选择专业的时候是懵懵懂懂的，不知道选什么专业好。别人告诉她"选你自己喜欢的"，她却发现说不清楚自己喜欢什么。于是，她听从家长的意见，选了"女孩子比较适合"的会计专业。她对自己所学的专业谈不上非常喜欢，但也不讨厌。她很在意别人对她所学专业的看法，如会计学专业是否有前途、就业前景如何、工作环境怎样等。每当这时候，她都会陷入困惑和迷茫，疑惑所学的专业究竟是否适合自己，不知道什么样的职业才是自己最喜欢的。

案例二： 黎明喜欢文学，擅长写作，他的梦想是成为一名作家。可是黎明的父母认为学电脑、做IT精英才有前途。于是读大学的时候，黎明选择了当时热门的计算机专业。但是，无论怎样努力，他都没法喜欢学数学、计算机等理论性很强的课程，学习起来非常吃力，一些科目还挂科了，成天郁郁寡欢。黎明对自己有些丧失信心了，感到很苦恼。

案例三： 吴哲为自己的兴趣广泛而苦恼。从小到大，他学过绘画、唱歌、武术、打篮球，收集过邮票，研究过昆虫、兵器……在某些方面还得过奖。可这些兴趣都维持不久，过不了多久就被丢到一边。面对职业选择时，他很困惑：到底什么才是自己真正的兴趣？应该选择什么工作？

发现与思考：

婧婧、黎明、吴哲三位同学的苦恼从何而来？如何解决？你是否也产生过这样的困惑和迷茫呢？

请你谈一下怎样才能将自己的兴趣与未来的职业结合起来。

上述三位学生的经历在当今的大学生中很普遍，有的人觉得自己的兴趣十分模糊，有的人兴趣又过于广泛，还有的人兴趣明确却因为种种原因进入了一个与自己兴趣不相符的专业。沃伦·巴菲特总是用这样一句话来回答那些请他指示方向的学生："我和你没有什么差别。如果你一定要找一个差别，那可能就是我每天有机会做我最爱的工作。如果你要我给你忠告，这是我能给你的最好忠告了。"能有机会学习自己喜欢的专业、在自己感兴趣的领域发挥才干的人是幸福的。无数成功者的事迹告诉我们，只有热爱才能点燃内心的激情，最大限度地调动潜能，成就理想的事业。

一、兴趣及职业兴趣概述

(一) 兴趣

《中国大百科全书（心理学卷）》对兴趣的定义是：人们力求认识某种事物和从事某项活动的意识倾向，具体表现为选择性态度和积极的情绪反应。从这个定义可以看出，兴趣的性质是一种态度与情绪，一种在特定对象中感受到的自觉自愿、乐此不疲、积极的情绪与精神状态，这种情绪感受成为人们内心动力和快乐的来源。

关于兴趣的真正含义，研究比较多的是积极心理学的代表人物之一米哈里·希斯赞特米哈伊（Mihaly Csikszentmihalyi）。他提出了著名的"心流（Flow）"概念，在"心流"状态下，人们没有考虑所做的事情可能带来什么样的回报或担心自己的表现如何，只是整个人都忘情地投入其中，享受从事这个活动过程本身带来的快乐。这种体验也被称为沉浸体验，人们在做感兴趣的事情时会有很多的沉浸体验。他的著作如《专注的快乐》《当下的幸福》《创造力》都在讨论真正的兴趣以及兴趣对幸福感、创造力提升的作用。

总体上讲，真正的兴趣有以下核心特征。

(1) 兴趣是让我们开心的事情。

(2) 兴趣指向活动本身，偏向过程而不是结果。

(3) 兴趣是那些我们可以不断克服困苦，愿意重复做并且乐享其中的事情。

> **课堂活动**
>
> (1) 思考一下，你是否在某个事物或活动中体验过这种自觉自愿、乐此不疲的情绪感受呢？
>
> (2) 邀请每位同学在组内进行交流与分享。

(二) 职业兴趣

职业兴趣即对某类职业或工作的积极态度，它是个人成功的推动力。兴趣与工作满意度、职业稳定性和职业成就感之间存在着明显的关系。

从兴趣的发生和发展来看，"有趣—乐趣—志趣"构成了职业兴趣的三个层次，如图2-1所示。

第一个层次为有趣，也称感官兴趣，通常短暂、多变、不稳定。例如，有的人今天想学画画，明天想学跳舞，后天又想学游泳，等等。这一阶段的兴趣与人们对事物的新奇感和外界刺激相关联，兴趣会随着新奇感的逐渐消失而自然逝去。

第二个层次为乐趣，也称自觉兴趣，是我们把兴趣从感官刺激推进到学习与思考，然后培养出能力，从而产生"兴趣—能力—兴趣"的循环，生成相对更专一、持久、稳定和深入的自觉兴趣。例如，我们惊叹星空的美丽（感官兴趣）后，开始思考与研究行星、恒星、银河等，从而对天文学产生兴趣。乐趣对工作而言就是享受工作的快乐，大部分科学和艺术都是人们乐趣的成果。歌德说："如果工作是一种乐趣，人生就是天堂。"

第三个层次是志趣，当一个人的乐趣与他的理想、奋斗目标和价值需求结合起来时，乐趣便转变成志趣。巴菲特在2011年投资IBM之前研读过IBM成立50年来所有的年度报告；丁俊晖18岁成为英国锦标赛冠军时，练习台球的时间超过1.75万个小时；莫扎特6岁第一次写协奏曲，在这之前，他父亲已经指导他练习钢琴超过6 500个小时。这些世界级高手在乐趣之上，已经发展出一种更加强大而持久的兴趣去对抗成长路上的重复和倦怠，这就是志趣，兴趣发展的高级阶段。志趣不仅有感官刺激与能力保障，而且具有强大的内在发动机——志向与价值观。志趣可以使人们坚定地追求某种职业，并为之奋斗一生，是事业成功的重要因素。

图 2-1　职业兴趣的三个层次

（三）兴趣对职业生涯的影响

由于兴趣爱好不同，人的职业兴趣也有很大的差异。有人喜欢具体工作，例如，室内装饰、园林、美容、机械维修等；有人喜欢抽象和创造性的工作，如经济分析、新产品开发、社会调查和科学研究等。职业兴趣对职业生涯规划及职业选择的影响主要表现在以下三个方面。

1. 兴趣是职业选择的重要依据

职业兴趣理论研究表明，从长期来看，职业选择其实是个体人格的表现，每个人都有自己合适的职业。兴趣是人格的重要组成部分，是职业选择时的重要参考，可以使人集中精力去获得喜欢的职业知识，启迪智慧并创造性地开展工作。大学生正处于职业生涯发展的探索期，在这个阶段，应探索自己兴趣何在，并逐渐将兴趣具体化、特定化，然后在实践中不断提升能力，为职业选择提供依据。

2. 兴趣可以提高工作效率，充分发挥个人才能

在日常生活中，我们也能经常看到由兴趣激发的行动动力。喜欢绘画的你，进入画室就忘记了时间；爱好读书的他，捧起好书便如饥似渴……兴趣是快乐之源、是追求成功的强大动力。据相关研究，如果一个人对某一项工作有兴趣，则能发挥他全部才能的80%～90%，并且长时间地保持高效率的工作，而不感到疲倦。但一个人若对工作没有兴趣，则只能发挥其全部才能的20%～30%，并且容易筋疲力尽。因此，兴趣是激发个体强烈职业动力的动机，可以调动人的全部精力，让人以敏锐的观察力、高度的注意力、深刻的思维和丰富的想象力投入工作，促进才能的发挥，并提高工作效率。

3. 兴趣是增强个人的职业适应性、保证职业稳定、职场成功的重要因素

兴趣是心理上和情感上的动力和支撑力，在感兴趣的职业岗位上更易取得工作成绩，

享受到成功的愉悦,从而更积极地参加职业活动,勇于排除干扰,提高职业水平,强化职业能力。兴趣也是大学生职业生涯适应的一个基本方面,它可以为职业生涯提供有效的信息。兴趣主要用于预测你的工作满意度和工作稳定性,工作满意度是职业生涯适应的一个重要标志。在其他条件相似的情况下,从事自己感兴趣的职业不但让自己干劲十足,而且能够令工作单位感到满意,并使工作具有长期性和稳定性。

> **课堂活动**
>
> (1) 绘制我的生涯兴趣星空图。
> (2) 将生涯兴趣星空图填至如图 2-2 所示的兴趣金字塔,并与组员进行交流与分享。
>
>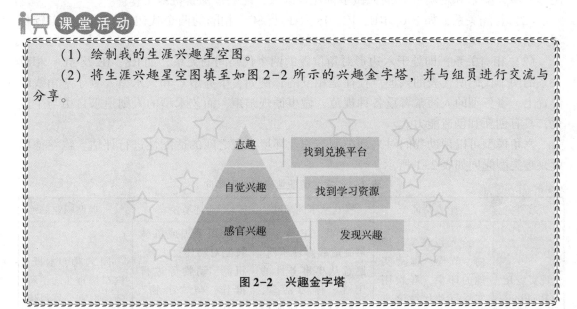
>
> 图 2-2 兴趣金字塔

二、霍兰德职业兴趣理论

(一) 兴趣类型

美国心理学家约翰·霍兰德(John Holland)博士在 20 世纪 70 年代提出了职业兴趣理论。该理论认为,职业选择是人格的一种表现,某一类型的职业通常会吸引具有相同特质的人,这种人格特质反映在职业上,就是职业兴趣。

霍兰德将大多数人的兴趣归为六种类型:现实型(Realistic Type,简称 R)、研究型(Investigative Type,简称 I)、艺术型(Artistic Type,简称 A)、社会型(Social Type,简称 S)、企业型(Enterprising Type,简称 E)和事务型(Conventional Type,简称 C),同时也将社会中的职业归纳成以上六种类型。每个人会追求与自己同类型的工作环境,这类环境能契合自己的个性,施展自己的能力,展示个人的价值,也能使人胜任职业角色和更好地解决问题。六种兴趣类型按照首字母顺序排列成一个六边形,如图 2-3 所示。

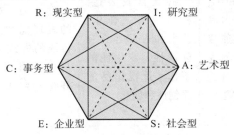

图 2-3 霍兰德兴趣六边形

（二）六种类型之间的关系

霍兰德所划分的六大类型并不是并列、有着明晰边界的。每种类型与其他类型之间存在不同的关系，大体可分为三类。

（1）相邻关系，如 RI、IA、AS、SE、EC 及 CR。相邻关系的两个代码的共同点较多，例如，事务型 C 和现实型 R 的人做事都比较细致，能够按部就班地工作。

（2）相隔关系，如 RA、RE、IC、IS、AE 及 SC。相隔的两个代码之间的相同点较相邻关系少。

（3）相对关系，即处于六边形对角位置的两个代码间的关系，如 RS、IE 及 AC。相对关系的两个代码所代表的兴趣点往往是相反的，例如，事务型 C 和艺术型 A 处于对角线的位置上，事务型的人通常看重各种规范，做事循规蹈矩，而艺术型的人则追求自由与个性化，具有创新和创造能力。

六角模型可以帮助我们对兴趣类型与职业环境类型之间的适配性进行评估。霍兰德职业兴趣类型倾向如表 2-1 所示。

表 2-1　霍兰德职业兴趣类型倾向

类型	个人特征	喜欢从事的活动	职业环境要求	典型职业
现实型 R（Realistic）	给人以诚实、坦白、节俭、脚踏实地的印象，喜欢用实际行动代替语言表达，重视具体实际的事务	用手、工具、机器制造或修理东西。愿意从事事务性的工作、体力活动，喜欢户外活动或操作机器，而不喜欢在办公室工作	使用手工或机械技能对物体、工具、机器、动物等进行操作，与"事物"工作的能力比与"人"打交道的能力更为重要	园艺师、木匠、汽车修理工、工程师、军官、外科医生、足球教练员
研究型 I（Investigative）	思想家而非实干家，独立、温和、头脑聪明、思考理性，有逻辑，重视知识学习，重视方法，能提出新的想法和策略	喜欢探索和理解事物，学习研究那些需要分析、思考的抽象问题，喜欢阅读和讨论有关科学性的论题，喜欢独立工作，对未知问题的挑战充满兴趣	分析研究问题、运用复杂和抽象的思考创造性地解决问题的能力；谨慎缜密，能运用智慧独立地工作；一定的写作能力	实验室工作人员、生物学家、化学家、心理学家、工程设计师、大学教授
艺术型 A（Artistic）	有创意，重视自我表达、自由和美，有丰富的想象力和创造力，乐于独立思考和创作，不喜欢受人支配；对美的事物有敏锐的直觉	喜欢自我表达，喜欢文学、音乐、艺术和表演等具有创造性、变化性的工作，重视作品的原创性和创意	创造力，对情感的表现能力，以非传统的方式来表现自己；相当自由、开放	作家、编辑、音乐家、摄影师、厨师、漫画家、导演、室内装潢设计师

续表

类型	个人特征	喜欢从事的活动	职业环境要求	典型职业
社会型 S（Social）	个性温暖、友善、乐于助人，有服务精神，容易与人相处，在团体中乐于与人合作，有责任感，喜欢和大家一起完成工作，不爱竞争，重视公正、平等、理解	喜欢与人合作，热情关心他人的幸福，愿意帮助别人成长或解决困难、为他人提供服务	人际交往能力，教导、医治、帮助他人等方面的技能，对他人表现出精神上的关爱，愿意承担社会责任	教师、社会工作者、牧师、心理咨询师、护士
企业型 E（Enterprising）	精力充沛，个性积极，社交能力强，善于沟通协调，看重经济和社会地位，有冒险精神，在工作上表现出强烈的上进心，希望受人注意；做事有组织、有计划，行动力强	喜欢领导和支配别人，通过领导、劝说他人或推销自己的观念、产品而达到个人或组织的目标，希望成就一番事业	说服他人或支配他人的能力，敢于承担风险，目标导向	律师、政治领袖、营销商、市场部经理、电视制片人、保险代理
事务型 C（Conventional）	较为保守、谨慎、值得信赖；注重细节、有条理；做事按部就班；不喜欢竞争、创新和冒险	喜欢固定的、有秩序的工作或活动，希望确切知道工作的要求和标准，愿意在一个大的机构中处于从属地位，对文字、数据和事务进行细致有序的系统处理以达到特定的标准	文书技巧，组织能力，听取并遵从指示的能力，能够按时完成工作并达到严格的标准，有组织、有计划	文字编辑、会计师、银行家、办事员、税务员和计算机操作员

课堂活动

（1）房车度假营的材料。

有几个人在某森林公园里偶遇一处房车度假营。

A仔细欣赏完房车构造后，心想：家里那辆即将报废的面包车又可以派上用场了，我想这项改造工程对于我应该不是一个太大的难题！

B则觉得这个房车度假营太适合朋友聚会了，他马上发微信朋友圈，邀约众好友下周六一起到这里开心一天！

C则不紧不慢地绕着每一辆房车仔细观察，耐心询问：这房车外装修用的是什么材料？隔音、防火、防水等功能如何？使用寿命有多长？有没有更好的材料可代替？……

（2）分组讨论与分析一下这三个人可能的职业兴趣类型，并得出最终结论。

（三）个人与环境的适配

霍兰德提出："个人兴趣类型和职业环境之间的适配将增加个人的工作满意度、职业稳定性和职业成就感。"占主导地位的兴趣类型可以为个人选择职业和工作环境提供方向。可以使用霍兰德类型来了解自己的兴趣，并根据它来探索及理解工作世界。通过自我探索活动或测评工具得出自己的兴趣代码后，就可以对照找出与之相匹配的职业，从而了解有哪些适合于自己的工作领域。

需要说明的是，在实际生活中，同时拥有相对的两种兴趣类型（如霍兰德代码为RSE，R与S在六角形模型上处于对角线位置）的人并不少见。在寻找与这样的兴趣类型完全匹配的工作时往往会出现困难，因为同一个工作环境很少会包含相对立的两种情况（如既提供大量与人打交道的机会又提供大量个人单独工作的机会）。这种情况下，可以考虑从事包含自己某种兴趣类型的工作（如 RE 或 SE），而在业余生活中寻找在工作中未能满足的兴趣。

另外，人们常常因为客观条件的限制而感到难以单纯从事自己喜欢的工作。有不少大学生在选专业时由于缺乏对自我和专业的认知而未能选择与自己兴趣类型适配的专业，或由于父母的意见而被迫选择了与自己兴趣类型截然相反的专业。在现实情况下，能够改换专业的毕竟是少数人。许多大学生常常因此而感到痛苦，希望通过考研等手段换专业的人不在少数，甚至有人在就读研究生以后退学重新参加高考换专业。那么，面对这种情况，"适配"是否还是一个恰当的、可行的目标呢？

实际上，现实中的适配可以通过多种方式灵活实现。首先，专业与职业并不是简单的一对一关系，同一个专业其实有相当多的职业可以选择。因此，专业类型的不适配，并不一定意味着职业类型的不适配。比如，一个希望当律师帮助弱势群体的大学生，她最高的兴趣类型可能是社会型（S），而法律专业常见的职业（如律师）第一位的兴趣类型则是企业型（E）。这时候，她可能感到自己所学的专业与自己的兴趣不完全匹配。但如果她将来从事"青少年法律援助"之类的工作，则完全可以满足她社会型的兴趣（助人）并很好地与她的专业知识相结合。

其次，专业类型可以与兴趣类型相结合，哪怕是相对的两种类型也是如此。比如，一个喜爱文学（艺术型兴趣较高）而学习计算机专业（实用型）的大学生，可以考虑在毕业后去计算机专业领域的杂志社工作，这样就可以将自己艺术型的兴趣与实用型的专业结合起来，在一定程度上满足自己的兴趣。

再次，当我们倡导在职业选择上寻求个人兴趣与职业环境之间的适配时，"完全"适配只是一个理想目标。现实中，我们做不到百分之百的适配，但不必因此而放弃对个人兴趣的重视。我们的职业至少应当在一定程度上体现我们的兴趣，而其余的部分可以在生活中的其他方面、通过其他活动（如业余爱好、志愿活动、辅修专业等）来实现。

最后，即使是一个人从事与自己的兴趣类型不适配的工作，也没必要沮丧。具体的工作实际上千变万化，很难用简单的类型来划分。比如，机械修理这样实用型的工作，也可以在其中加上社会型的元素，将它作为一项为客户提供满意服务的职业来从事。由于从事某一职业的典型人群通常都趋向于特定的兴趣爱好，这既是他们的长处也可能是他们的弱点。而一个与职业环境不太适配的人，则有可能成为这个群体中独树一帜的人，作出一些独特的贡献。当然，这个人也需要理解并接受这样的现实：在这个职业环境中可能会感到格格不入。

三、探索职业兴趣的方法

下面是一些帮助大家进行自我兴趣探索的练习和活动，请仔细阅读每个练习的指导语，按要求进行。

（一）SDS 测评

请完成附录 1 的"职业倾向自我探索测评量表（SDS）"。

（二）我的经历

我们使用"自陈法"来探索自己的兴趣偏好。请向自己发问，思索并记录下答案，这些问题能帮助我们回顾自己所经历的事情，总结兴趣所在。

问题 1：从小到大，你担任过哪些职务？你喜欢的是哪些职务？不喜欢的是哪些？请说明为什么？

问题 2：你最敬佩的人有谁？他们有什么特点是你最欣赏的？他们对你产生了什么影响？

问题 3：你最喜欢看哪一类的影视作品和书刊？这些影视作品与书刊中哪些内容最吸引你？

问题 4：除了单纯的放松娱乐外，你最喜欢看哪几类电视节目？节目中是什么吸引着你？

问题 5：你喜欢浏览哪类网站或短视频？它们属于哪个专业领域？（排除仅仅为了放松或娱乐。）

问题 6：大学课程中你最喜欢哪些科目？为什么？

问题 7：闲暇的时候，仅从兴趣出发，你想做什么或学习什么？为什么吸引你？

问题 8：请列举三种你现在或曾经非常感兴趣的职业（排除所有现实的考虑）。这些工作的哪些特征吸引你？

问题 9：生活中某些时刻，我们会因为全神贯注于做某件事而忘了时间。什么样的事会让你如此专注？

问题10：请你回忆三个做某件事情时令你感到快乐（满足）的经历。请详细地描述这三个画面，是什么令你感到如此快乐（满足）？

_____

上述题目的答案中，有没有什么共同点？是否可以归纳出几个关键词？

_____

思考这些关键词与霍兰德哪些类型相对应。

（三）兴趣岛

恭喜你！你获得一次免费度假游的机会，有机会去以下六个岛屿中的一个。唯一的要求是你必须在这个岛上居住至少半年的时间。请不要考虑其他因素，仅凭自己的兴趣按顺序挑出你最想前往的三个岛屿。

一号岛屿R：自然原始的岛屿。岛上保留原始森林，自然生态保持得很好，有各种野生动物。岛上居民生活状态还相当原始，他们以手工见长，自己种植花果蔬菜、修缮房屋、打造器物、制作工具，喜欢户外运动。

二号岛屿I：深思冥想的岛屿。岛上人迹较少，岛上有多处天文馆、科技博览馆以及科学图书馆等。岛上居民喜好观察、学习、探究、分析，崇尚和追求真知，常有机会和来自各地的哲学家、科学家、心理学家等交换心得。

三号岛屿A：美丽烂漫的岛屿。岛上充满美术馆、音乐厅、街头雕塑和街边艺人，弥漫着浓厚的艺术文化气息。当地的居民擅长传统的舞蹈、音乐与绘画，许多文艺界的朋友都喜欢来这里找寻灵感。

四号岛屿S：友善亲切的岛屿。岛上居民个性温和、友善、乐于助人，社区均自成一个个密切互动的服务网络，人们重视互相合作，重视教育，关怀他人，充满人文气息。

五号岛屿E：显赫富庶的岛屿。岛上的居民善于企业经营和贸易，能言善道，以口才见长。岛上的经济高度发展，处处是高级饭店、俱乐部、高尔夫球场。来往者多是企业家、经理人、政治家、律师等，曾数次在这里召开财富论坛和其他行业巅峰会议。

六号岛屿C：现代井然的岛屿。岛上建筑十分现代化，是进步的都市形态，以完善的户政管理、地政管理、金融管理见长。岛民个性冷静保守，处事有条不紊，善于组织规划，细心高效。

选择同一岛屿的人交流一下自己为什么选择这个岛屿，看看大家有什么共同的兴趣爱好，并归纳为关键词。根据大家的交流给自己的小组命名并选取一个标志物，在大白纸上制作一张本小组的宣传图。每个小组请一位代表用两分钟时间展示自己小组的图，并在全班分享一下自己小组成员共同的特点。

我最向往长期居住的三个岛屿：_____

我们的岛屿名称：_____

岛屿标志物及其含义：_____

岛屿关键词：_____

这个活动的理论来源于著名的生涯辅导理论家霍兰德先生，这六个岛屿实际上代表着霍兰德提出的六种兴趣类型。完成这个活动后，你会得出自己最有兴趣的前三个类型，亦即你的霍兰德代码，并对六种类型的基本特征有所了解。

(1) 把以上三项探索活动的结果填入表2-2中，并仔细对照，看看有什么新发现。

(2) 将这些新发现填入最后一行，然后在小组内部交流与分享。

表2-2 兴趣探索

探索活动	探索结果	R型	I型	A型	S型	E型	C型
SDS测评							
我的经历							
兴趣岛							
综合与发现							

四、大学生常见兴趣问题解答

(1) 我好像对什么都没有特别的兴趣，怎么办？

答：每个人都会有自己的喜好。也许你只是压抑得太久了，习惯了听从他人的意见甚至是安排，遵循社会通行的"对错"和"有用"标准，而不敢轻易去开心地"玩"。兴趣是要在各种体验式的"玩"当中，感受快乐与满足之后才被发现的。你也许需要大胆尝试与体验，并尊重自己在体验中收获的内心感受，聆听自己的心声。兴趣需要能力的支持，在实践中提升能力，从而巩固自己的兴趣。

(2) 我的兴趣太多，兴趣六边形六个代码连起来的图形面积非常大，该如何选择？

答：首先需要认清你对感兴趣的事情的持久度。如果是真的持久热爱，也许你本来就是一个多才多艺的人，因为这样的人有着非比寻常的才能与创造力。我们熟知的一些大师如爱因斯坦、达·芬奇、马克思等，都有着非常广泛的兴趣爱好。你所要考虑的只是如何有效管理你的时间，尽可能多地发挥你的才能。但如果你对事物的兴趣只是三分钟热度，甚至喜新厌旧，涉猎广泛但都只是蜻蜓点水，那你需要从下列三个方面找原因，一是你还没找到能真正激发你热情的东西，你需要更多的尝试；二是你的兴趣都只是停留在感官兴趣层面，因此你需要在一件事情上多一些投入然后提升能力，从而培养自觉兴趣，以获得稳定而持久的兴趣；三是可能存在心理方面的原因，使你难以对任何事物产生持久的兴趣，若是这样的话你可以找一位心理咨询师谈谈。

(3) 我现在所学的专业不是我的兴趣所在，除了考研、转专业还有别的出路吗？

答：职业生涯规划并非建议同学们"非感兴趣的专业不学，非感兴趣的工作不做"。其实社会上许多职业对于专业的限制并没有那么严苛、死板。同一种专业可以从事多种不同的职业，而从事同一种职业的人也可能来自不同的专业。现在跨专业就业非常普遍，复合型人才越来越受到关注，在我们保证本专业学习正常进行的前提下，将更多的课余时间投入自己喜欢的领域。

相信金树人教授提出的职业兴趣的"落地生根"概念，会带给同学们一些启发。金教授在研究中发现，不少人的卓越成就并非一直按照自己的兴趣学习、工作而获得，而是在自己不太感兴趣的学习领域获得了专业的知识与技能，再将这些专业知识与技能应用于自己感兴趣的领域，最终取得了一直致力于自己感兴趣的专业领域的人们难以取得的成果。例如，一位酷爱文学（职业兴趣类型为A）的植物学（职业兴趣类型为R）学生，毕业后到一家植物研究所工作，他对《红楼梦》这部文学名著情有独钟，利用两年的业余时间研读全书多遍，利用自己的植物学知识写出了一篇颇有分量的红学论文，受到业内专家的高度重视及好评。

第二节 你适合什么——性格探索

世界上没有两片完全相同的叶子，人的性格亦如此。在现实生活中，我们能从周围人身上看到各种各样的性格差异，如有的人活泼开朗，有的人沉默寡言；有的人动作敏捷，有的人行为迟缓；有的人善于独立思考，有的人喜欢人云亦云。可以说，性格影响着我们工作、学习、家庭等方方面面，它左右着我们的思想，主宰着我们的行为，决定着我们的命运。

生涯案例

> 王荣是法学院大一的新生，填报高考志愿的时候觉得当法官、当律师很威风，于是选择了法学专业。在学习中，她发现自己对所学专业感兴趣，而且成绩也不错，但她觉得法律这个行业比较适合健谈和理性的人，而自己不善言谈还比较感性，担心自己的性格会不利于今后在专业道路上的发展。
>
> 琳琳是个聪明活泼、成绩优异的大三学生，即将毕业，对于考研还是就业她一直犹豫不决：以自己的成绩考研应该不成问题，但是她希望早点踏入社会，投入更丰富的生活；如果找工作，自己的性格很内向，不善言辞，在人群中很难引起别人的注意。这样的性格是否影响职业发展？是否应该再读几年书，趁这段时间把性格改变一下？不过，性格能改变吗？
>
> **发现与思考：**
> 1. 你认为自己的性格与现在所学的专业适合吗？
> 2. 你对自己的性格满意吗？你认为性格可以改变吗？
>
> 王荣和琳琳的困惑在大学生中比较有代表性。一方面，她们不清楚从性格的角度考虑，自己适合学什么专业、做什么工作；另一方面，她们也常常对自己的性格有这样或那样的不满，担心性格影响未来发展，又不知道性格能否改变。要解决这些困惑，需要更清晰地了解自己的性格，认识性格和职业的关系。

一、性格概述

（一）性格

"内向""外向""活泼""沉静""优柔寡断"还是"雷厉风行"？你自己或身边人通常会用什么词来形容你呢？古希腊医生、哲学家希波克拉底（Hippocrates）在公元前4世纪首次提出"性格"这一概念，并区分了人的四种基本性格类型，分别为多血质、抑郁质、胆汁质和黏液质，虽然这种气质类型的分类方法不尽科学，但两千多年来还是得到了广泛的认可，也为近现代人选择合适的职业提供了一定的依据。随着现代心理学的发展，人们对性格的研究更加深入细致。

心理学家这样解读性格：我们的行为具有某种一致性，也就是说，我们天生具有某种适应能力，在生活中对自己、对他人、对事情表现出一致的适应方式，这就是我们的性格。性格具有独特性，在不同的情境中表现出特定的气质和特定的行为方式。

（二）性格与生涯发展的关系

"性格决定命运"是大家熟知的谚语，那么你是否明白其中的真正含义呢？一个人的性格对他的一生，尤其是对他的职业生涯的选择具有十分重大的意义。

课堂活动

签名

(1) 请同学们拿出一张空白纸，在纸上签下自己的名字。

(2) 请换一只手，再次在纸上签下自己的名字。

(3) 思考一下两次签名有什么不同的感受？请用几个词来形容一下，并说明为什么会有这样不同的感受？

当我们用自己常用的那只手签名时，通常会感到"得心应手"。但换成另一只手时，就会感到不习惯、别扭、费劲，不过，我们还是可以用这只手签名的。

我们在其他事情上也是如此，每个人有自己习惯的、擅长的一面，就如用右（左）手签名，我们习惯用哪只手没有对错、好坏之分，正如每一种性格都有自己的长、短板。因此，探索性格就是为了在成长过程中更好地了解自己，并有针对性地进行学习和训练，从而实现性格与职业的最佳匹配，在职业发展中更自如、更有自信，也更容易取得成就。比如，内向稳重的人从事项目研究类工作可能比从事公司公关类工作更合适。

性格的形成不仅受先天影响，而且在很大程度上也受到后天环境的影响，所以性格具有可塑性，并不是必须先具有某种性格特征才能从事相对应的职业。长期从事某种特定职业会使从业人员按照职业的要求不断改变自己原有的性格进而形成一些新的性格特点。这些变化会让人更适合这一工作，发现自己意想不到的潜力。人的性格是非常复杂的，它与职业的关系也不是固定静止的，在生涯规划中，寻求性格和职业的"契合"就是探索要达到的目标。

二、通过 MBTI 了解性格

（一）MBTI 简介

MBTI 的理论基础来源于瑞典心理学家荣格（Carl Jung）有关知觉、判断和人格态度的观点，由凯瑟琳·布里格斯（Katherine C. Briggs）和她的女儿伊莎贝尔·迈尔斯（Isabel Briggs Myers）研究发展成心理测评工具，因此该理论称为 Myers-Briggs Type Indicator，简称 MBTI。

世界上关于划分性格类型的理论有很多种，MBTI 是目前国际上使用最为普遍的性格类型系统,具有较高的信度和效度。它被广泛应用于自我探索、职业发展、人才选拔、团队建议、管理培训、恋爱与婚姻咨询、教育(学业)咨询及多元文化培训等方面,现已成为企业员工进行职业定位和制定职业发展规划的主要手段之一。

(二)MBTI的四个维度

MBTI衡量的是个人的类型偏好(Preference),或称作倾向。所谓偏好,"是一种天生的倾向性,是一种特定的行为和思考方式"。这些偏好并无优劣之分,却形成了人与人之间的不同。它们各自识别了一些人类的正常和有价值的行为,也可能成为误解和偏见的来源。MBTI用四维度偏好二分法来评估一个人的类型偏好,每个维度均由两个方向组成,分别是:外倾-内倾(E-I)、感觉-直觉(S-N)、思维-情感(T-F)、判断-知觉(J-P)。

下面对四个维度进行解释,读者在阅读时不妨进行自评,看看你在每个维度中属于哪个偏好。

1. 第一维度:外倾-内倾(E-I)

根据个人的能量更集中地指向哪里,分为外倾型与内倾型两种类型,如表2-3所示。心理学以人自身为界,将世界分为外部世界和内部世界。外倾型的人倾向于将注意力和精力投向外部世界,热衷于个体间或群体间的交往,常常被外界的人和物吸引,喜欢大量的活动;内倾型的人则将注意力和精力集中于自身的内部世界,喜欢独处或小群体间的社交,通常会避免成为关注的焦点。两种类型的区别是广泛而明显的,个体在自己偏好的世界里会觉得自在和惬意,到相反的世界中则会感到不安与疲惫。

表2-3 MBTI维度解释(外倾E-内倾I)

外倾E(Extroversion)	内倾I(Introversion)
注意力和能量主要指向外部世界的人和事,从与人交往中获得能量	注意力和能量集中于自己的内心世界,从对思想、回忆和情感的反思中得到活力
(1)关注外部环境	(1)关注自己的内心世界
(2)喜欢用谈话的方式进行沟通	(2)更愿意用书面形式沟通
(3)通过谈话形成自己的意见	(3)通过思考形成自己的意见
(4)用实际操作或讨论的方式学习	(4)用思考、在头脑中"练习"的方式学习
(5)表情丰富、外露,兴趣广泛	(5)谨慎、不露表情,兴趣专注
(6)好与人交往,善于表达	(6)安静而显得内向
(7)先行动,后思考	(7)先思考,后行动
(8)在工作和人际关系中都很积极主动	(8)当情境或事件对他们具有重要意义时会采取主动

E-I维度,即能量倾向的维度
你更喜欢将自己的注意力集中于何处?你从何处获得及发泄心理能量?

> **课堂活动**
>
> （1）请同学们组成6人一组的小组，在小组中分享自己偏向内倾还是外倾，并说出如此判断的理由。
>
> （2）请自认为是外倾的同学和内倾的同学分成两组，相互谈一谈对方给你的印象，相处的时候需要对方做什么，自己应注意什么，能从对方那里学习什么。
>
> （3）通过对讨论过程的观察，你觉得哪些同学可能是外倾，哪些可能是内倾，为什么？（如果你没有在一个团体学习的环境中，那么请找个与你相反维度倾向的朋友讨论上述几项内容。）
>
> （4）想想自己是内倾还是外倾呢？确定你的第一个维度。

外倾的人习惯于社会交往活动，愿意与人打交道，而内倾者则多安静、保守，喜欢独处或习惯一对一的人际交往。一个外倾的人需要通过参加外界活动或不同的人打交道来积蓄能量，而内倾者则只有独处后能量才会更足。所以，在以上的练习中，可以通过发言的先后顺序及热烈程度等看出他们的偏好。例如，外倾的人通常会先发言，而且一次也许会表达多个不同主题，因为他们听、说、想同时进行；而后发言者通常为内倾者，且他们大多一次表达一个主题，但探讨深入，他们更习惯先听、后想、再说。

在工作中，和人打交道的事情往往让外倾的人更有活力，安静独处的时间则令内倾的人更好地发挥才能。讨论问题时，外倾的人通常首先发言，而且观点很多，内倾的人则一般在深思熟虑后才发表意见，且内容深刻。内倾者通常不会抢在第一时间发表意见，往往给人留下的印象是没有什么想法，这会让一些内倾者感到自己缺乏表现的能力，进而缺乏自信。其实，这只是不同的性格有不同的行为方式而已。

值得注意的是，MBTI中所讲的内倾和外倾不同于我们日常所说的"内向"和"外向"。在习惯中，人们认为外向的人善于和人打交道，能言善辩；内向的人不善言辞，缺乏交际能力。MBTI中所谈的外倾、内倾，是以能量朝向角度来区分的，内倾者并非不能说，只是他们谈话的内容更多朝向内而已，内倾者不愿意和不同的人打交道，但不代表他们人际关系能力差。所以，在进行内倾、外倾探索时，应当注意区别这些不同。

2. 第二维度：感觉-直觉（S-N）

根据个人收集信息的方式不同，分为感觉型与直觉型两种类型，如表2-4所示。

表2-4 MBTI维度解释（感觉S-直觉N）

S-N维度，接收信息的维度。你如何获取信息？	
感觉S（Sensing）	直觉N（iNtuition）
用自己的五官来获取信息。喜欢收集实实在在的、确实已出现的信息。对周围所发生的事情观察入微，特别关注现实 （1）着眼于当前的实际情况 （2）喜现实、具体、明确	通过第六感洞察世界。喜欢看整个事件的全貌，关注事实之间的关联。想要抓住事件的模式，特别善于看到新的可能性 （1）着眼于未来的可能 （2）富于想象力和创造性、喜学新技能

续表

感觉 S (Sensing)	直觉 N (iNtuition)
（3）关注真实的、实际存在的事物 （4）观察敏锐，注重细节 （5）经过仔细周详的推理一步步得出结论 （6）通过实际运用来理解抽象的思维和理论 （7）相信自己的经验 	（3）关注数据所代表的模式和意义 （4）重可能性，不喜细节 （5）靠直觉很快得出结论 （6）希望在应用理论之前能对之进行澄清 （7）相信自己的灵感 

课堂活动

看图说话

（1）请同学们观察以下图片 3~5 秒的时间。

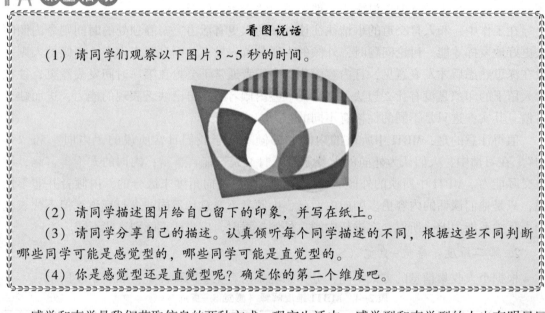

（2）请同学描述图片给自己留下的印象，并写在纸上。

（3）请同学分享自己的描述。认真倾听每个同学描述的不同，根据这些不同判断哪些同学可能是感觉型的，哪些同学可能是直觉型的。

（4）你是感觉型还是直觉型呢？确定你的第二个维度吧。

感觉和直觉是我们获取信息的两种方式，现实生活中，感觉型和直觉型的人也有明显区别。比如，面对一只小白兔，感觉型的人会说："这只兔子通体雪白，它的眼睛是红色的，耳朵直立着，皮毛摸起来光滑细腻。"直觉型的人会说："它灵动、活泼，就像一只小精灵。"如果你在问路，感觉型的人会说得非常详细，走大约多少米，或者多长时间，在有个什么标志的地方应该怎么转弯，然后再怎么走等；而直觉型的人会告诉你要朝哪个方向，走一会儿就到了。差异出现的原因则是感觉型的人倾向于用五官来获取精确的信息；而直觉型的人通常用第六感来获取信息，他们更注重事情的含义、象征意义和潜在意义。

在职场中，感觉型的人更关注事情的细节和事实，如应用类的工作，而直觉型的人更喜欢新的问题和可能性，如理论类的工作；感觉型的人可能会觉得直觉型的人太富幻想、不切实际，而直觉型的人则会认为感觉型的人保守、缺乏变通、抵触革新。其实二者在工作中发挥所长，可以很好配合：直觉型的人因为较重远景和全貌，适于做策划的工作；而感觉型的人注重细节和现实，适用于做实施、执行的工作。

3. 第三维度：思维-情感（T-F）

根据个人做决定的方式不同，可分为思维型与情感型两种类型，如表2-5所示。

表2-5　MBTI维度解释（思维T-情感F）

T-F维度，即信息处理的维度。你是如何做决定的？	
思考T（Thinking）	情感F（Feeling）
通过分析某一个行动或选择的逻辑后果来决策，会将自己从情境中分离出来，对事件的正反两方面进行客观的分析。从分析和确认实践中的错误并解决问题中获得活力。目标是要找到一个能应用于所有相似情景的标准或原则 （1）好分析，用逻辑客观方式决策 （2）运用因果推理 （3）坚信自己观点正确，不考虑他人意见 （4）清晰、正义，不喜欢调和主义 （5）爱讲理，可能显得不近人情 （6）工作中少表现出情感，也不喜欢他人感情用事 （7）公平意味着每个人都能得到平等的待遇	喜欢考虑对自己和他人来说什么是重要的。从对他人表示赞赏和支持中获得活力。目标是创造和谐的氛围，把每一个人都当作独特的个体来对待 （1）主观和综合，用个人化的、价值导向的方式决策 （2）善于体贴他人、感同身受 （3）衡量决定对他人产生的后果和影响 （4）和谐、宽容，喜欢调节 （5）富于同情心，可能会显得心肠太软 （6）喜欢工作场景中的情感，从赞美中得到享受，也希望得到他人的赞美 （7）公平意味着每个人都被作为独特的个体来对待

课堂活动

请根据以下案例，思考并分析后面的问题。

公司员工小李作为某方面的专业人士为公司作出了很多贡献。公司恰好有个不错的项目，如果能够负责该项目的话个人将有很大的成长，因此小李向公司表达了自己希望负责此项目的想法，但是公司将项目交给了一位刚入职不久但专业上略胜小李一等的新员工。公司只考虑了更高的专业水平意味着可能的高质量，而未考虑小李之前的贡献。

你认为进行此工作安排的公司领导是思考型还是情感型的人？为什么？

如果你在职场中遇到了小李的情境你会有何感受，如何处理？

想一想你是情感型还是思考型呢？

思考和情感这两个功能是关于人们如何处理获取的信息的。决策时,思考型的人以事为主,情感型的人以人为主。思考型的人通常是直接的、分析性的,他们用大脑做决定;而情感型的人更坚信自己的价值观,并习惯于用心灵来做决定。需要说明的是,此处的"情感"并不等于"情绪化",它也可以是符合逻辑的,只是依据不同而已。例如,本案例中,如果小李是思考型的人,他可能因失去这个机会而感到遗憾,但也认同公司的做法,因为毕竟这样可能会把项目做得更好。但是,如果小李是情感型的人,他可能会感到公司对员工冷酷无情,不考虑员工的感受,从而对公司产生疏离感。由此可以看出,思考型的人重在解决问题,而情感型的人更关注感受、建立关系。

在工作中,情感型的人很看重所做事情的价值是否符合自己的价值观,愿意追求心灵层面的东西,他们更喜欢和谐的工作环境,乐意为人服务;思考型的人讲究逻辑性,他们更喜欢分析、解决问题,尤其愿意和概念、数字或者具体事物打交道,找到客观的标准和原则是他们的乐趣。

4. 第四维度:判断-知觉(J-P)

根据个人感到舒适的生活方式,可分为判断型与知觉型两种类型,如表2-6所示。

表2-6 MBTI维度解释(判断J-知觉P)

J-P维度,即行动方式维度。你如何与外部世界打交道?	
判断J(Judging)	知觉P(Perceiving)
喜欢将事情管理得井井有条,过有计划的、井然有序的生活,喜欢做决定,完成后继续工作。喜欢按照计划和日程安排办事,从完成任务中获得能量 (1)结构化和组织化 (2)坚持"工作原则":工作第一,玩乐其次 (3)喜欢组织管理自己的生活,按部就班 (4)喜欢制订短期和长期计划 (5)建立目标,准时完成 (6)把时间看作有限的资源,认真对待最后期限	喜欢灵活、自发的生活方式,愿意去体验理解生活而不是去控制它。详细计划或最后决定会使他们感到被束缚。愿意对新的信息和选择保持开放态度,足智多谋。善于调节自己适应当前场合的需要,并从中获得能量 (1)弹性化和自发化 (2)坚持"玩乐原则":先享受,再完成工作 (3)开放、灵活、随意 (4)好奇,喜欢收集信息而不是得出结论 (5)随着新信息的获取,不断改变目标 (6)认为时间是可更新资源,而最后期限是可以调节的

生涯体验

考前的抉择

假设现在是周五下午，你在本周日上午要参加大学英语六级考试。这是你最后一次参加这个考试了，而你感觉自己有不少东西还没准备好，因此打算今晚和周六哪里都不去，再好好复习一下。但是，你接到一个好友的电话，她/他从外地来了，你们已经好久没见面了，他邀请你今晚去看他，他周六早上就要离开。请问，你该怎么办？改变计划陪好友，还是向好友解释后坚持原定计划？

发现与思考：

请同学们说说自己的决定和想法。认真倾听每个同学的发言，判断哪些同学是判断型、哪些同学是知觉型？

判断和知觉是关于人们在与外界发生关系的过程中是如何做决定的。判断型的人喜欢将事情管理得井井有条，习惯过一种井然有序的生活。他们做事往往一板一眼，目的性较强。而知觉型的人喜欢灵活、随意、开放的生活方式，愿意保持开放的思想，喜欢在具有挑战性的问题面前寻找自己的灵感，但是在此之后，往往会失去兴趣，缺少完成任务的自制力。例如，彦彦和雅萌两名同学都喜欢追剧，每次下载一部剧，雅萌总会列个简单的计划，从头到尾一集不落地看完，如果赶上功课多，即使熬夜也会看完；而彦彦往往先快速地从头到尾把剧情过一遍，再根据感觉仔细地看那些自己特别感兴趣的桥段，如果功课太忙就先不看了，等忙过那段时间后再随便打开一集看，也觉得很过瘾。对比判断型与知觉型性格特征，基本上可以判断雅萌的性格属于判断型，彦彦的性格属于知觉型。

在工作中，知觉型的人可能会接太多的事情却难以完成，但往往很灵活、善于抓住机会。对他们来说，面对新的环境或情境去适应和理解它远比管理它要来得有趣；而判断型的人常拘泥于计划和秩序，如果计划被打乱会非常烦躁。在他们眼中，有系统的工作和秩序是最重要的。在学习、生活和工作中，判断型和知觉型的人要学会互相欣赏和相互包容：判断型的人既要欣赏知觉型的人"享受生活，活在当下"的乐观态度，又要容忍他们的时间观念不强的缺点；知觉型的人既要欣赏判断型的人做事果断，也要容忍他们面对计划改变时的不安。

在MBTI测评结果中，一个人在每个维度上只能是一种偏好，如一个人是内倾的就不可能是外倾的，是知觉型的就不会是判断型的。但是，这并不代表一个人是内倾的就没有丝毫外倾的特征，这就好像右利手的人不代表他的左手是完全没有用处的，很多时候需要左右手配合。性格也是如此，一个人如果是内倾，就意味着在绝大多数情况下其自然反应是内倾的，但是也有外倾的时候，在特别的情境下，甚至可能主要表现为外倾。所以，测评结果的类型所指并不是"非此即彼"，而是"主要"表现。了解MBTI类型的目的是区分每个人性格的不同，所有类型没有好坏之分。

在完成了MBTI四个维度的练习后，你是否已经能初步判断出自己在每个维度上的偏好？请在横线上写下自己的MBTI类型：

（三）MBTI 性格类型与职业的匹配

为了方便理解，前面将 MBTI 的各个维度进行了单独的介绍，但这并不等于可以从单个的维度去理解人的性格。人的性格非常复杂，每个维度都会彼此影响。因此，将四个维度结合起来，组合成 16 种性格类型，以各个维度的字母表示类型，具体为 ISTJ、ISFJ、INFJ、INTJ、ISTP、ISFP、INPF、INTP、ESTP、ESFP、ENFP、ENTP、ESTJ、ESFJ、ENFJ、ENTJ，如表 2-7 所示。

MBTI 16 种性格类型的职业匹配只是代表这种性格类型适合的若干职业，而非全部职业，切不可认为自己只能选择这些职业。认识自己的性格类型，可以让我们更好地了解自己，了解自己的行为特点，从而根据自己的特点学习、工作和解决问题，但并不希望它成为约束你不做某事或不选择某种事业的借口。没有完全适合某种性格的职业，也没有完全不适合某种性格的职业，我们需要在目前的职业上不断完善自己的性格，与所从事的职业达到一种不断发展的良性循环状态。

表 2-7　MBTI 16 种性格类型特点及职业倾向表

类型	特点	职业倾向	典型职业
ISTJ	沉静、认真，借由集中心志、全力投入、值得信赖而取得成功。讲求实际，注重事实，能够合情合理地去决定应做的事情，而且坚定不移地把它们完成，不会因外界事物而分散精力。以做事有次序、有条理为乐——不论在工作上、家庭上或者生活上。重视传统和忠诚	管理者、行政管理人员、执法者、会计或者其他能够让他们利用自己的经验和对细节的注意完成任务的职业	会计、行政管理、天文学家、预算分析员、房地产代理商等
ISFJ	沉静、友善、谨慎、有责任感，能坚定不移地承担责任。做事不辞辛劳，追求准确无误。忠诚、替人着想、细心；往往记着所重视的人的种种微小的事情，关心别人的感受。努力创造一个有秩序、和谐的工作和家居环境	教育、健康护理（包括生理、心理）、宗教服务领域的职业，或者其他能够让他们运用自己的经验亲力亲为帮助别人的职业，这种帮助是协助或辅助性的	设计师、护士、社工/咨询师、家政人员等
INFJ	探索意念、人际关系、物质拥有欲的意义和它们之间的关系，希望了解什么可以激发人们的动力，对别人有洞察力。尽责，能够履行自己坚持的价值观念。有一个清晰的理念以谋取大众的最大化利益。能够有条理地、果断地去实践自己的理念	宗教、咨询服务（包括个人、社会、心理等）、教导/教学，艺术领域的职业，或者其他能够促进他们情感、智力或精神发展的职业	心理咨询师、诗人、作家、社会科学工作者、建筑设计师、网站编辑等

续表

类型	特点	职业倾向	典型职业
INTJ	有创意的头脑,有很大的冲劲去实践自己的理念和达到目标。能够很快地掌握事物发展的规律,从而想出长远的发展方向。一旦承诺,便会有条理地展开工作,直到完成为止。有怀疑精神,独立自主。无论为自己或为他人,都有高水准的工作表现	科学技术、计算机、法律领域的职业,或者其他能够让他们运用智力创造和技术知识去构思、分析和完成任务的职业	首席财政执行官、知识产权律师、精神分析师、建筑师、管理顾问、综合网络专业人员、各类科学家等
ISTP	容忍、有弹性,是冷静的观察者,但有问题出现时,能迅速行动,找出可行的解决方法。重视效率,能够分析哪些东西可以使事情进行顺利,能够从大量资料中找出实际问题的重心。重视事件的前因后果,能够以理性的原则把事实组织起来	熟练工种、技术、农业、法律、军事领域的职业,或者其他能够让他们动手操作、分析数据或事情的职业	计算机程序设计员、软件开发员、军人、药剂师、律师助理等
ISFP	沉静、友善、敏感和仁慈,关注目前周遭所发生的事情。喜欢有自己的空间,在做事时能把握自己的时间。忠于自己所重视的人。不喜欢争论和冲突,不会强迫别人接受自己的意见或价值观	健康护理(包括生理、心理)、商业、法律领域的职业,或者其他能够让他们运用友善、专注于细节的相关服务的职业	心理咨询师、测量师、时装设计师、室内装潢设计师、园艺设计师等
INPF	理想主义者,忠于自己的价值观及自己所重视的人。外在的生活与内在的价值观相匹配。有好奇心,能够很快判断事情的可行性,能够加速对理念的实践。试图了解别人,协助别人发掘潜能。适应力强,有弹性。如果和他们的价值观没有抵触,往往能包容他人	咨询服务(包括个人、社会、心理等)、写作、艺术领域的职业,或者其他能够让他们运用创造力和集中于他们的价值观的职业	艺术家、心理学家、大学教授、营养学家、人力资源开发师、社会科学家、宗教教育工作者等
INTP	对任何感兴趣的事物都要探求合理的解释。喜欢理论和抽象的事情多于社交活动。沉静、满足、有弹性,适应力强。在感兴趣的范畴内,有非凡的能力去专注而深入地解决问题。有怀疑精神,有时喜欢批评,常常善于分析	科学、技术领域的职业,或者其他能够让他们基于自己的专业技术知识独立、客观地分析问题的职业	电脑软件设计师、系统分析人员、金融规划师、研究开发专业人员、战略规划师等

续表

类型	特点	职业倾向	典型职业
ESTP	有弹性、容忍，讲求实际，关注即时的效益。对理论和概念上的解释感到不耐烦，希望以积极的行动去解决问题。专注于"此时此地"，喜欢主动与别人交往。喜欢物质享受。能够通过实践达到最佳的学习效果	熟练工种，市场、商业、法律、应用技术领域的职业，或者其他能够让他们利用行动关注必要细节的职业	记者、旅游代理、投资人、保险经纪人、预算分析师、园艺设计师、摄影师、管理顾问等
ESFP	外向、友善、包容，热爱生命、热爱人，喜欢物质享受，喜欢与别人共事。在工作上，能运用常识、注意现实的情况，使工作富有趣味性。具有灵活性，易接受新朋友和适应新环境。与别人一起学习新技能可以达到最佳的学习效果	熟练工种，健康护理（包括生理、心理）、教学/教导、儿童保育领域的职业，或者其他能够让他们利用外向的天性和热情去帮助有实际需要的人的职业	团队培训人员、旅游项目经营者、演员、社会工作者、幼教老师、职业策划咨询师、旅游管理人员、导游、促销员等
ENFP	热情而热心，富于想象力，认为生活充满可能性。能够很快地找出实践和资料之间的关联性，而且有信心地依照自己所看到的模式去做。需要别人的肯定，又乐于欣赏和支持别人。做事即兴而富于弹性，时常信赖自己的临场表现和流畅的语言表达	咨询服务（包括个人、社会、心理等）、教学/教导、宗教、艺术领域的职业，或者其他能够让他们利用创造和交流能力去帮助、促进他人成长的职业	人力资源经理、事业发展顾问、广告创意顾问、演讲家、记者、设计师、卡通制作者等
ENTP	思维敏捷、机灵，能激励他人，警觉性高，勇于发言。善于引出在概念上可能发生的问题，然后很有策略地加以分析。善于洞察别人。对日常例行事物感到厌倦。甚少以相同方法处理同一件事情，能够灵活地处理接二连三的新事物	科学、管理、技术、艺术领域的职业，或者其他能让他们有机会不断应对新挑战的职业	投资顾问（房地产、金融、贸易、商业等）、艺术总监、产品开发人员、营销策划、主持人等
ESTJ	讲求实际，注重现实。做事果断，能够很快作出实际可行的决定。能够安排计划和组织人员以完成工作，尽可能以最有效率的方法达到目的。能够注意日常例行工作的细节。有清晰的逻辑标准，系统地跟着标准去做，也希望别人跟着去做。会以强硬态度去执行计划	管理者、行政管理人员、执法者或者其他能够让他们运用对事实的逻辑分析和组织完成任务的职业	公司首席执行官、军官、项目经理、数据库经理、预算分析师、药剂师、房地产经纪人、保险经纪人、教师等

续表

类型	特点	职业倾向	典型职业
ESFJ	有爱心、尽责、合作，渴望和谐的环境，而且有决心营造这样的环境。喜欢与别人共事以准确地、准时地完成工作。忠诚，即使在细微的事情上也能如此。能够注意别人在日常生活中的需要而努力满足他们。渴望别人赞美和欣赏自己所作的贡献	教育、健康护理（包括生理、心理）、宗教领域的职业，或者其他能够让他们运用个人关怀为他人提供服务的职业	劳工关系调解人、零售经理、商品规划师、团队培训人员、旅游项目经营者、演员、社会工作者、旅游销售经理等
ENFJ	温情、有同情心、反应敏捷、有责任感，高度关注别人的情绪、需要和动机。能够看到每个人的潜质，帮助别人发挥自己的潜能。能够积极地协助他人和组织的成长。忠诚，对赞美和批评都能很快回应。社交活跃，在一组人中能够惠及别人	宗教、艺术、教学/教导领域的职业，或者其他能够让他们帮助别人在情感、智力和精神方面取得成长的职业	电视制片人、新闻广播员、政治家、编辑、平面造型艺术家、按摩师、护士等
ENTJ	坦率、果断，乐于做领导者。很容易看到不合逻辑和缺乏效率的程序和政策，从而实施能够全面顾及的制度去解决一些组织上的问题。喜欢有长远的计划和一套确定的目标。往往是博学多闻的，喜欢追求知识，又能把知识传递给别人。能够有力地提出自己的主张	管理者、领导者或者其他能够让他们运用实际分析、战略计划和组织完成任务的职业	经理、高级主管、办公室主任、人事经理、法官、管理咨询顾问、政治家、公司首席执行官等

　　MBTI 性格类型理论及其应用揭示了不同类型的人所具有的不同的、本能的、自然的思维、感觉及行为模式，使我们明白为什么不同的人会对不同的事物感兴趣，为什么不同的人擅长不同的工作类型，可以帮助我们与不同类型的人相互理解、有效配合。同时，我们也应该注意：偏好、类型没有哪种是更好的，也没有哪种是更坏的，更没有对错之分。每种类型都是独特的，会在适合的环境中发挥自己的特点。认识自己的性格类型，可以让你更好地了解自己，理解自己的行为特点，根据自己的特点学习、工作和解决问题，但这并不意味着它可以成为约束你不做某事或不选择某种事业的借口。世界上没有百分之百适合某种性格的职业，也没有百分之百不适合某种性格的职业，懂得用己所长、整合资源，才是问题解决之道。性格认识旨在帮助我们更好地了解自己的行为和做事特点，理解他人为何与自己不同。评价的标准不止一个，人与环境的互动也很复杂，很难用某个标准来评价。所以，请注意，不要在工作中因性格类型而固化地看待甚至歧视某些人。

三、探索性格的其他方法

（一）自陈法

让被试者按一定的标准化程序和要求一次回答问卷中的大量问题，最后根据测验分数和常模来推知被试者的性格类型。

1. MBTI 职业性格测试（简化版），见附录 2

2. 卡特尔 16 种人格因素问卷（Cattell's 16 Personality Factor，16PF）

根据卡特尔提出的 16 种根源特质编制而成，共有 187 个题目，适用于具有阅读能力的 16 岁以上的人。后来又设计了分别适用于中学生、小学生、学前儿童的三种个性问卷。

3. 明尼苏达多项人格调查表（Minnesota Multiphasic Personality Inventory，MMPI）

由美国明尼苏达大学的两位教授编制而成，共有 566 个题目，包括 14 个分量表。它可以测量人格的各个特征，也可以鉴别癔症、强迫症、精神分裂症、抑郁症等。

4. 艾森克人格问卷（Eysenck Personality Questionnaire，EPQ）

由英国心理学家艾森克（H. J. Eysenck）等人编制而成，有适用于 7~15 岁儿童和 16 岁以上成人的两个版本。每个问卷包括四个分量表，即精神质量表、内外倾量表、情绪稳定性量表和效度量表。

（二）投射法

利用某些材料（一般是意义模糊的刺激），要求被试者对刺激材料进行解释，让他们在不知不觉中将自己的思想、态度、愿望和情感泄露出来，从而确定其性格特征的方法。最常用的投射测验有主题统觉测验（Thematic Apperception Test，TAT）和罗夏墨迹测验。

（三）评价法

写下自己的五个特质；然后分别找同学、朋友、家人等熟悉自己的人，请他也列出你的五个特质。看看他们对你的认识与你对自己的看法有什么异同，并和他们讨论这些异同。

"不识庐山真面目，只缘身在此山中。"我们眼中的"自己"，常和别人眼中的"自己"有一些甚至是很大的差距，一个人对自己的认识常常是有局限的。例如，小云一向觉得自己内向，待人不够热情，但她在同学的反馈中看到了"亲和""热情"这样的描述。小云在惊讶之余开始反思和重新审视自己，并和同学进行了沟通。她发现，其实自己并不像自己认为得那样内向与不热情，只是过于担心自己成为那样的人而已。明白了这点，小云在和人打交道的时候就轻松了很多，也更有自信了。

所以，对自己性格的了解，不要局限于借助 MBTI 或其他的性格测评。你身边有很好的资源来帮助你认识自己，不仅在性格方面，本章中提到的兴趣、能力等也是如此。当你疑惑你的 MBTI 类型有些描述与你不符合时，或许借助身边的资源可以更好地认清你自己。从另一角度讲，对性格、兴趣、技能等的结构性研究与描述都是为了让人可以更有思路去觉察自己，所以让这些研究与描述服务于你，而不是被它们约束。无论何时，允许自己有时间和空间从心里去感受自己是什么样的人或想成为什么样的人，而不是凭借外在的答案来判断自己。

四、大学生常见性格问题解答

（1）通过本节课程的学习，我还是不能确定自己的性格类型，怎么办？

答：①人在成长的过程中受到环境的影响，在适应环境的过程中，性格也会隐藏从而不易判断。因此，在探索性格的过程中，需要尽量去除环境因素，敏锐地察觉自己的第一反应，还原真实自然的状态，这种状态下的稳定态度与习惯化的行为方式才是性格。

②性格特征不太突出，即在某个维度上，两个极的分数较相近。但在 MBTI 理论中，每个维度上一个人只能是一种偏好，或者说，每个人在每个维度上都有一定的倾向。只是有的人这种倾向较明显，表现为人们常说的"个性鲜明"，而有的人"随和、灵活、个性不太鲜明"。不过如果我们仔细觉察，还是会发现自己的倾向性的。比如，情感型的人，思考的得分虽也挺高，但在生活中，只要可能，他还是更喜欢动用情感进行决策，或者说感性成分比理性成分更多一些。所以，测评及其他探索活动的结果，仅供参考，还需要自己结合生活体验去总结与觉察，只有自己才知道真正的性格类型。

③MBTI 只是帮助你了解自己的性格特点，据此扬长补短，而不是硬生生地将自己照搬到哪种性格类型中去，给自己贴标签。我们要做生活的有心人，带着性格理论的知识，自我觉察、自我反思，这样有助于让自己活得明白，并在逐渐了解性格的基础上，完善自己的人格。

（2）我和班里好几个同学都是一个性格类型的，可是我觉得我们并不完全一样。MBTI 只有 16 种类型，测评结果可信吗？

答：任何性格测试都不能百分之百地还原人的真实个性。MBTI 的研究是共性的研究，它将人的性格分为 16 大类。但是，人的复杂程度远高于任何一种理论概括和测评，我们无法详尽地描述某一个人非常个性的部分，而一对一的个体生涯咨询或心理咨询正是测评的良好补充。所以，如果你在自我探索后依然感觉难以进行生涯决策，还可以通过个体咨询的方式深入开展自我探索，更好地了解自己。

（3）我发现自己的性格类型不适合现在所学的专业，是否意味着我很难在自己所学专业领域取得成功？

答：不一定。我们进行性格探索，是为了看到自己的行为、做事的特点，这不是评判成功与否的标准。人都有适应环境的能力，只要努力就可能成功，只是你可能需要花费更多的精力。其实，专业对人的性格要求也没有那么绝对，特别是在分工越来越精细化的今天，一个专业对应的工作可以有很多类型，既有应用型，也有研究型，既有与人打交道的，也有专门处理数据或资料的。即使是同样岗位，其实对性格类型也同样没有绝对的、狭隘的要求。例如，管理一个团队时，NF 的人和 ST 的人就会各有特色，前者可能更注重团队的愿景与情感，后者更务实与理性，二者各有特色，都有可能是成功的团队领袖。性格只是职业成功所需的个人心理特质的一部分，要想确定个人未来职业方向，还需要综合个人的能力、兴趣、价值观等因素。

第三节　你擅长什么——职业能力探索

在日常生活和工作中，经常可以发现这样的现象：有些事情你做起来得心应手，而其他人做起来则力不从心；有些事情对他人来说轻而易举，但对你而言则难如登天，这到底是为什么呢？其实是由于每个人的天赋本来就各不相同，再加上后天所受的教育及所处环境又存在很多差异，导致不同的人在各方面的能力和表现有所差别。个体有些能力表现得十分突出，有些能力却表现得稍显逊色，这是很自然的事。对于个人而言，早日了解自己各方面的能力发展状况，将有助于妥善规划自己的职业生涯。

生涯案例

> **我能做什么？**
>
> 李莉就读某大学的热门专业。但是，她感觉自己的人际交往能力比较欠缺，但又很难改变。与其他同学相比，她的动手能力和英语交流能力都比较弱，因此有些自卑，不知道自己能做些什么，对自己前途感到渺茫和担忧。
>
> 大四学生张平对自己究竟擅长什么、能做什么一直没有特别清晰的概念。对于找工作，感觉没有信心，因为他不清楚应该从哪里着手，也不认为自己有什么优势或长处能够被企业看中。而且，即使能够找到一份工作，对自己的胜任力也感到疑虑。
>
> **发现与思考：**
>
> 在大学生的生涯咨询中，同学们对能力的自我认知和探索比较模糊，而能力是求职面试中HR最关注的，也是在简历里我们会着力强调的部分。面试中HR经常会问这样的问题——"你有哪些能力可以胜任这个职位？"或"如果我们录用了你，你可以为我们做些什么？"

当一个人的能力与工作的要求相匹配时，容易获得成就感；相反，当一个人去从事自己力所不能及的工作时，就容易感到焦虑，甚至产生挫败感。因此，在求职就业时，用人单位与求职者，都会很自然地寻求人的能力与工作要求的匹配。那么，究竟什么是能力？

一、能力概述

（一）能力的内涵

心理学中的能力是指人们成功完成某种活动所必须具备的个性心理特征。"必须"意味着，如果不具备一定的能力，相关的活动就无法成功完成。

明尼苏达工作适应理论指出：当工作环境能满足个人需求（内在满意），个人也能顺利完成工作要求（外在满意）时，个人在该工作领域才能持久发展。也就是说，当个人的能力和工作要求匹配时，个人容易发挥自己的潜能，并获得满足感；相反，当一个人去做力所不能及的事情时，就会感到焦虑，产生挫败感；而当一个人能力超出工作要求太多时，又容易感到工作缺乏挑战，比较乏味。因此，我们在选择职业时，要寻求个人能力与职业技能要求的适配,做自己能够胜任的工作,培养和发展个人能力,发挥潜能,这是企业和个人共同的追求。

(二)影响能力水平的三因素

1. 能力倾向

能力倾向(Aptitude)是上天赋予一个人的与生俱来的才能,如运动能力强、对音乐敏感、对数字敏感等。这些才能是与生俱来的,不过也有可能因未被开发而荒废。遗传、环境和文化都可能影响到天赋的发现与发展。

关于能力倾向,美国心理学家霍华德·加德纳(Howard Gardner)提出了多元智能理论。该理论认为,智能是人在特定情境中解决问题并有所创造的能力。我们每个人都拥有八种主要智能:语言智能、数学—逻辑智能、音乐智能、肢体—运动智能、视觉—空间智能、自然智能、人际智能、自省智能,如表2-8所示。这八种智能在个人的智能结构中处于同等重要的地位,但是它们以不同的方式、不同的程度组合起来,从而使每个人的智能各具特点。不同的人会有不同的智能长项和智能组合,例如,建筑师的空间感(视觉—空间智能)较强,舞蹈演员的动作技能(肢体—运动智能)较强,公关专家的人际交流能力(人际智能)较强等。

表2-8 人类八种主要智能

智能种类	智能特征	相关活动
语言智能	善于表达,驾驭文字的能力强	读、写、讲故事或办一份报纸、期刊
数学—逻辑智能	能有效运用数字,推理能力强	计算、游戏、解惑
音乐智能	对音高、音色、节奏、旋律等较为敏感	唱歌、表演、谱曲
肢体—运动智能	有良好的身体技巧和控制平衡的能力	运动、学习舞蹈、体操,制作小模型
视觉—空间智能	能够准确地感觉视觉空间,并能把感觉到的表现出来	绘画,雕刻,设计服装和家具
自然智能	能够识别自然界的各种动物和植物,并能进行分类	采集各种标本(树叶、化石、蛇皮)、在花园里玩、收养宠物
人际智能	能够察觉别人的情绪、意向,辨别不同的人际关系	领导团队、解决朋友之间的问题
自省智能	能很好地控制自己的情绪,并善于自我分析,有自知之明	独立思考、自我反省

多元智能理论让每个人都能看到自己的长处,使人们有信心在职业生涯规划中找到适合自己的方向。在未来社会,职场强调人的专业化发展,看重人的个性化能力,不同的人在不同程度都能取得成就,未来不再局限于用单一的智力标准来衡量人的能力。了解自己具备什么样的智能,就可了解自己的个性特征,知道应重点培养哪些方面的技能,从而达到全面认识自己的目的。

2. 技能

技能（Skill），是指一个人在先天禀赋的基础上，经过后天学习与训练不断发展起来的能力，如阅读能力、人际交往能力、表达能力等。在个人成长的过程中，从什么也不会做的小婴儿到一个生活自理且具有各种创新、创造能力的成年人，其实我们每个人都已经学会了无数的技能。

在现实生活中，个人的能力水平往往是能力倾向和技能两个方面的结果，即一个人做一件事的能力往往取决于他的天赋和后天习得的技能。例如，刘翔取得奥运会跨栏比赛冠军，这既与他良好的个人身体素质有关，也离不开他勤奋刻苦的技能训练。我们既不能否定天赋的重要性，也不能夸大天赋从而给后天不努力找借口，"勤能补拙"说的就是先天的不足可以通过后天的努力得到弥补。

3. 自我效能感

自我效能感（Self-efficacy），是指个人对自己的能力，以及运用该能力将得到何种结果所持的信心或把握程度。研究发现，在实际生活和工作中，对个人行为起决定作用的往往不是实际能力高低，而是个人的自我效能感。

比如，一份关于男女薪酬差异的调查表明，男女两性在薪酬上的差异部分来自女性的数学水平普遍低于男性，通常薪酬高的职业会要求比较高的数学能力。而女性在数学学习上的弱势并非由于女性天生不擅长学习数学，更主要的原因是相对男性而言，女性对自身学习数学的能力缺乏信心而倾向于在该科目上投入相对更少的时间。在心理咨询中，我们也常见到有的人本来能力很不错，却由于自卑的原因而做事畏首畏尾，不能充分发挥自己的才能，这说明自我效能感对个人发展有着重要影响。

二、职业技能分类

职业咨询师辛迪·梵（Sidney Fine）和理查德·鲍尔斯（Richard Bolles）把技能分为三大类：专业知识技能、可迁移技能和自我管理技能。技能考核是求职招聘考核的焦点，也是本部分能力探索的重点。

（一）专业知识技能

专业知识技能是指一个人通过教育或者培训所获得的较全面、较系统的专业知识与技术，这些技能涉及学的专业和课程。一般用名词来表示，如"会计学""体育学""平面设计"等，你所掌握的专业知识技能，可用来说明"你是某专业的人"。

专业知识技能不可迁移，因为它需要经过一段时间有意识、专门的学习才能掌握。比如，如果没有额外接受训练，即使一位资深高级工程师也承担不了初级会计的工作。知识和技术的获得除了正式的专业教育外，还可以通过课外培训、企业岗前培训、专业会议、研讨、网络学习、资格认证考试等方式获得。

（二）可迁移技能

可迁移技能也称通用技能，是职业生涯中除岗位的专业能力之外的基本能力，是适用于各种职业，能够适应岗位不断变换、伴随人终身的可持续发展能力。可迁移技能的特征是它们可以从生活中的方方面面，特别是工作之外得到发展，并且可以迁移应用于不同的工作之中。可迁移技能也是当下很多用人单位在淡化求职者学历和专业对口重要性的同时，越来越看重的条件。它一般可用动词来表示，如教学、辩论、设计、安装、计算、分析、维修、烘焙等，你的可迁移技能可用来说明"你是一个很能干的人"。

美国著名的心理学家和职业专家霍华德·菲格勒（Howard Figler）将可迁移技能划分为10类，并对这些技能在职业竞争中的作用进行了高度的评价。

(1) 预算管理，表现为对现有资源的最佳运用。
(2) 督导他人，表现为执行、实现能力。
(3) 公共关系，表现为良好的营造氛围能力。
(4) 应对最后期限的压力，表现出较强的攻坚能力。
(5) 磋商和仲裁，表现出合理适当的妥协共存能力。
(6) 公共演讲，表现出公共引导和宣传方面的潜力。
(7) 公共评论协作，表现出公共引导和宣传方面的能力。
(8) 组织、管理、调整能力，是领导和资源协调能力的综合体现。
(9) 与他人面谈的技巧和能力，是个体交往潜力的集中体现。
(10) 教学和教导能力，表现出传授、传播方面的潜质。

在企业招聘中，可迁移技能往往是先于专业技能而考核的，即便不是"科班"出身，也仍然有可能跨专业从事你想要从事的职业，尤其是那些对专业知识技能要求并不很高，而可迁移技能占重要地位的职业。比如，你并不是市场营销专业的学生，但凭着良好的人际交往技能，你担任某产品的校园代理，并在地区销售评比中取得第一名。从可迁移技能的角度看，这样的经历足以帮助你成功应聘一个公司的销售职位。

（三）自我管理技能

自我管理技能经常被看作是个性品质，它涉及个体在不同环境下如何管理自己。该技能常用形容词或副词来形容，如勇于创新、积极进取、热情、忠诚、朴实、执着、感性、善解人意等。你的自我管理技能可用来说明"你是一个怎样的人"。

自我管理技能是职业生涯成功的关键，也被人等同于"职业素养"，有人称之为"成功所需要的核心品质、个人最有价值的资产"。在用人单位对刚入职的应届毕业生的反馈意见中，经常会看到这样的评价：缺乏敬业精神，时间观念不强，没有服务意识，眼高手低，不认真、不踏实，没有主动进取精神，等等。因此，大学生在从校园走入社会之前，培养良好的自我管理技能，学会为人处世，是最为重要的任务。自我管理技能要求学生在生活实践中多修炼自我。比如，耐心、负责、热情、敏捷这些技能并不是通过课程学习获得的，而是在日常生活中随时随地进行观察、模仿、反思、练习后培养起来的。

一位大四学生在实习日记中这样写道："为期三个月的实习经历，让我懂得了在工作中不仅要具备良好的知识技能，还要尽快学会虚心求教、耐心做事。这段时间里，我的社交能力、主动学习能力和情绪管理能力都得到了很好的磨炼与提升。感谢这段实习经历，我感觉自己成长了很多。"

三、探索你的职业技能

（一）能力测试： 职业能力倾向测试

请完成附录 3 的"职业能力倾向测试"，并将测试得分对照"职业能力要求对照表"，找出与自己能力相匹配的职业，或找出自己目前能力水平与目标职业要求之间的差距。

（二）三大职业技能探索

1. 专业知识技能探索——盘点自己的知识体系

回顾自己接受过的教育、培训和参加过的实践活动等，尽可能如实、全面地完成下面每个问题（若无经历可留白）。

（1）通过系统的教育，我掌握的知识技能有哪些？（如商务英语、宏观经济学等）

_____

（2）在讲座、论坛、课外培训、辅导班等我，学到了什么？（如教师资格证、JAVA 编程）

_____

（3）在社团工作、志愿者活动与兼职工作中，我学到了什么？（如电脑制图、销售）

_____

（4）从兴趣爱好、娱乐休闲中，我学到了什么？（如摄影、民族舞）

_____

（5）请家人和同学、好友帮助回忆你在多年校内外学习中都学了哪些专业知识与专业技能（不论程度如何）

_____

（6）我的知识技能组合情况怎样？（知识技能往往是可以组合的，想一想，上面列出的这么多知识技能之间可以相互组合吗？它们的组合能够帮助你更好地完成什么样的工作呢？如商务英语与教育心理学，可获得参加英语教学的资格。）

_____

（7）我独特的知识技能有哪些？（与你的同学相比，除了所学的专业知识技能外，你自己还掌握了哪些别人没有的知识技能？即，你有特别涉猎的领域吗？无论你的涉猎程度如何，请不要忽略它们，因为那些也许就是你的独特之处，能帮你打开更多扇的窗。）

_____

（8）我尚不具备但希望自己能掌握的知识技能有哪些？（在盘点了自己现有的知识技能后，把你的思绪转向未来，想想还有哪些你目前尚不具备但希望未来能掌握的知识技能，可以通过哪些途径来获得。）

_____

2. 可迁移技能探索——撰写成就故事

请写下生活中令你有成就感的具体事件，然后对其加以分析，从中发现你使用了哪些技能（特别是与专业无直接关系的可迁移技能）。

这些"成就事件"不一定是工作或学习上的，可以是来课外活动、社会实践、朋友相处、家庭生活或休闲活动等各个方面，比如，同学聚会、难忘的旅行等等。它们不必是惊天动地的大事，只要符合以下两条标准，就可以被视为"成就事件"：一是你喜欢做这件事时体验到的感受；二是你为具备完成这件事所使用到的可迁移技能感到自豪。如果你同时还能获得他人的认可与表扬，那就更好了，不过这不是最重要的。

在分享成就事件时，应当包含以下内容。

（1）你想要达成什么样的目标，即需要完成的事情是什么？

（2）你面临的困难、障碍或限制是什么？

（3）你具体的行动步骤是怎样的？你是如何逐步克服障碍达成目标的？

（4）你取得了怎样的成就？最好能够量化评估，如第一次、第一名、多少人、多少分等。

在一个人分享成就事件时，另一个小伙伴需要做些笔记，记录上述四项内容的关键词，并提炼出对方在这个事件中发挥出了哪些可迁移技能。

如果时间允许，可以多分享几件成就事件，看看在这些故事中是否有重复出现的技能，这些就是你喜爱、熟练并擅长的技能。将这些技能按优先顺序进行排序后，便可发现自己的优势技能。

3. 自我管理技能探索

（1）我的理想同事。在小组内讨论，你最希望与什么样的人共事，然后将"最受欢迎的好同事"的个性品质特征罗列出来，看看大家都重视哪些特质；然后，每个人都对照这张特质清单进行思考：我是这样的人吗？符合大家所描述的理想同事吗？有没有上面没列出来，但我自己很珍视的独特品质，这些独特品质是什么？在我的个性品质中，哪些可能会阻碍我职业生涯的成长？哪些会有益于职业生涯发展？

_____

_____

（2）他人眼中的我。通过他人对自己的反馈了解自己，是一个很好的方式。向你身边的亲朋好友询问一下：如果用三到五个词来形容一下你，会说什么？你可以通过面谈、打电话、发短信或电子邮件等多种方式来完成这个练习。请询问至少 10 个人。

_____

_____

得到他人的反馈以后，看一看他们对你的描述中，有哪些是你知道的，有哪些是你以前没有想到过的。他们所说的符合你对自己的评价吗？哪些方面是你的长处？哪些地方你需要改进？

_____

_____

通过这个练习，你对自己有什么新的认识？

_____

_____

（三）综合探索——模拟面试

小组内三人组合，分别扮演求职者、人力资源经理、人力资源经理秘书（负责记录）。在这个模拟面试中，面试官是一名超级人力资源经理，因为他能提供给求职者任何岗位，满足求职者对工作的任何期待。下面就是模拟面试的参考问话。

在给你理想工作机会之前，我必须问你三个问题，也请你如实回答我这三个问题。

第一个问题，请你用3~5个名词概括你所学习过的专业理论知识，它们都属于哪些学科？可以是专业所学，也可以是业余所学，但是必须是较全面、较系统地学习过的。我想知道，你不是一个门外汉。

第二个问题，请你告诉我，你都能干些什么？假如我可以满足你期待的薪资要求和福利条件，请用3~5个动词描述你能做且做得很好的事。

第三个问题：假如和你应聘同一个职位的人，他们也有着和你一样的专业知识和技术，你会做的那些事，他们也都能做。现在请你用3~5个形容词或者副词描述你身上突出的个性和品质。请你说服我，让我知道你真的很优秀！

模拟面试结束后，三人要就人力资源经理的秘书记录下来的那些关键词进行交流与讨论，同时人力资源经理要向求职者反馈作为面试官对这位"求职者"的真实感受与评价。然后，三个角色任意交换。模拟面试继续进行。

模拟面试结束以后，试着将上面所探索出来的专业知识技能、可迁移技能及自我管理技能结合在一起。请参照例子进行造句，然后填入表2-9中。

表2-9　三大技能及其组合

序号	专业知识技能	可迁移技能	自我管理技能	三大技能组合
例	围棋业余五段	电脑软件制作	熟练、严谨	我会熟练且严谨地制作围棋自学软件
1				
2				
……				

注：技能组合时，可以每一列对应下来，直接造句，也可以交叉组合造句，表格不够可自行添加。

四、大学生常见技能问题解答

（1）我是一名普通的大三学生，成绩不出色，专业一般，没有特长，能力不突出，不想考研，毕业想工作，觉得自己对于竞聘没有什么竞争力，该怎么办？

答：首先，感觉自己没有核心竞争力可能是因为你对自己尚未有一个清晰的认识。其实，我们从孩提时开始就在不断地学习，这其中既有知识技能的学习，也有对自我管理技能和可迁移技能的培养。每个人的成长背景和学习经验都是独一无二的，因此我们的技能组合也是独特的，而这份独特就是我们的核心竞争力。如果找不到自己的独特性，可以尝试完成上述三大技能的自我探索练习进而了解自己，不仅要看到自己比较明显的技能，如知识技能，而且要看到自己那些不易察觉的知识、特点和擅长做的事情，并加以重视。如果能对自己的技能有全面的盘点和澄清，我们很有可能会惊讶于自己竟然已经掌握了这么多的技能而增加自信。其次，觉察就是改变的开始，建议你趁着还在学校的大好时机，尽可能地多学、多练、多悟，多学可让你增加专业知识技能，多练可以提升可迁移技能，多悟则可以帮助你变得更优秀，并且扬长补短。多看自己的长处，用长处增强自信，同时不逃避劣势，在行动中变强大。最后，在求职时，量力而行，寻找与自己能力匹配的职业。

（2）我马上要毕业了，工作已经找好了，现在担心不知道能不能适应职场生活，特别担心自己无法胜任这份来之不易的工作。

答：胜任工作，也就是能够满足工作在能力方面的要求。首先，了解应聘职位的技能要求，仔细盘点自己的技能，从而知道自己的"百宝箱"里都有哪些职场生存法宝，如果有不足，也可以尽快弥补。其次，谦虚好学，多与职场人士交流，多了解职场规则，特别是要入职这家单位的企业文化与企业目标，让自己尽快成为"自家人"，减轻职场适应压力。

第四节　你看重什么——职业价值观探索

> **生涯案例**
>
> **什么样的工作是好工作？**
>
> 吴婷是某高校英语专业一名大四学生，可选择的就业岗位较多，可以去外企，可以进学校任教，还可以做翻译或管理工作。这让她不知如何选择，不能确定什么样的工作才是好工作。为此她询问了很多人，然而大家各说各有理，让她更加困惑。父母认为，女孩子工作不要太累，收入稳定就可以了，建议她做行政管理工作；她的专业课老师认为，年轻人要发展、要奋斗，要做翻译工作以使专业不断进步；她的同学都羡慕她有机会去外企工作，能独当一面锻炼能力，还有出国的机会；而她自己从小就想做老师，而且很喜欢寒暑假有时间出去旅游，可是有些人说教师又累，工资又不高。她还听到很多关于晋升、转行、孩子教育、经济阶层等由工作带来的一系列问题，这些意见让她无所适从。她很想从中评选出一个最好的工作，好让自己有个完美的职业起点，不留遗憾。
>
> **发现与思考：**
> 1. 你有与吴婷同学类似的困惑吗？
> 2. 你认为这些困惑的原因是什么？该如何解决？

亲情、友情、爱情、财富、地位、名誉、权力、美貌、健康、快乐、自由、幸福等都是世间美好的事物，每个人都渴望拥有。但是人在一生中，会面临很多选择，当"鱼"和"熊掌"不可兼得时，我们常常是"舍鱼而取熊掌者也"。然而，即使面临同样的选择，每个人心目中的"鱼"和"熊掌"也不尽相同。你在生活和工作中最看重什么呢？这就是本节将要探讨的价值观问题。

一、价值观概述

（一）价值观与职业价值观

价值观是指一个人对周围的客观事物（包括人、事、物）的意义和重要性的总的看法和评价。价值观是社会成员用来评价行为、事物以及从各种可能的目标中选择自己满意的目标的准则。

生涯大师唐纳德·舒伯（Donald E. Super）认为，职业价值观是个人追求的与工作有关的目标，亦即个人在从事满足自己内在需求的活动时所追求的工作特质或属性，它是个体价值观在职业问题上的反映，即个人对与工作有关的客观事物的意义、重要性的评价和看法。不同的个体对职业的需要和看法各不相同，因而产生了不同的职业价值观。

（二）价值因子与职业价值因子

心理学在探求人的价值观时经常用到"价值因子"这一概念。目前，心理学界对于价值因子有多种分类，其中米尔顿·罗克奇（Milton Rokeach）的分类方式为大多数人所认可。罗克奇从"工具—目标"维度，把价值因子分为终极性价值（Terminal Values）和工具性价值（Instrumental Values）。终极性价值是指一个人希望通过一生的努力而实现的最终目标，是理想化终极状态和结果，包括个人价值与社会价值，比如睿智、自由、快乐、幸福、富足、平等、成就感、内在和谐、家庭幸福、社会承认、世界和平、国家安全等。工具性价值是指达到理想化终极状态所采用的行为方式或手段，是个体实现终极性价值的手段，包括道德与能力，比如勇敢、开朗、宽容、正直、独立、进取、能干、欢乐、舒适、博学、博爱、顺从、礼貌、自律等。罗克奇的价值因子分类如表2–10所示。

表2–10　罗克奇的价值因子分类

终极性价值	工具性价值
舒适的生活（富足的生活）	雄心勃勃（辛勤工作、奋发向上）
令人振奋的生活（刺激的、积极的生活）	心胸开阔（开放）
成就感（持续的贡献）	能干（有能力、有效率）
和平的世界（没有冲突和战争）	欢乐（轻松愉快）
美丽的世界（艺术和自然之美）	清洁（卫生、整洁）
平等（兄弟情谊、机会平等）	勇敢（坚持自己的信仰）
家庭安全（照顾自己所爱的人）	宽容（谅解他人）
自由（独立、自主的选择）	助人为乐（为他人的福利工作）
幸福（满足）	正直（真挚、诚实）
内在和谐（没有内心冲突）	富于想象（大胆、有创造性）
成熟的爱（性和精神上的亲密）	独立（自力更生、自给自足）
国家的安全（免遭攻击）	智慧（有知识、善思考）
快乐（休闲的生活）	符合逻辑（理性的）
救世（永恒的生活）	博爱（温情的、温柔的）

续表

终极性价值	工具性价值
自尊（自重）	顺从（有责任感、尊重他人）
社会承认（尊重、赞赏）	礼貌（待人有礼、性情好）
真挚的友谊（亲密关系）	负责（可靠的）
睿智（对生活有成熟的理解）	自我控制（自律的、约束的）

工具性价值和终极性价值虽有差别，却也相辅相成。例如，我们认真努力地学习进修，其工具性价值是进取、博学，终极性价值则是自尊、睿智、社会价值；我们与别人和谐地交往，其工具性价值是助人为乐、博爱，终极性价值则是自尊、快乐。我们在探寻价值时，由于生活经历的局限，比较容易体会、认同工具性价值，而事实上，往往是那些终极性价值长期影响我们的职业价值观。因而，我们在澄清自己的价值观时，除了要探索自己的工具性价值，还要通过问自己"这些做到了之后呢？我最终想要的到底是什么呢？"了解自己更深、更远的终极性价值。

职业价值观体现了一个人真正想从工作中得到什么，它决定了个体对工作的相对稳定的、内在的追求，对于个体的职业选择与发展起着方向导引及动力维持的作用。

对于职业价值的内在结构，不同的学者有不同的划分方法。对职业价值观因子的研究，比较有代表性的是舒伯的工作价值观量表研究，具体的因子有15个，如表2-11所示，它们可归纳为三个维度。

（1）内在价值维度，指与职业本身性质有关的因素，即职业给工作者内在成长方面带来的价值。它包括7个因子——智力激发、利他主义、创造发明、美的追求、独立自主、成就满足、管理权力。

（2）外在价值维度，指与工作内容无关的外部因素，即工作的环境。它包括4个因子——工作环境、同事关系、上司关系、多样变化。

（3）外在报酬维度，指在职业活动中能获得的因素。它包括4个因子——经济报酬、安全稳定、声望地位、生活方式。

表2-11 舒伯的职业价值因子

维度	职业价值	职业价值内涵
内在价值维度	智力激发	工作目的和意义在于提供独立思考、学习与分析事理的机会
	利他主义	工作目的和价值在于直接为大众的幸福和利益尽一份力
	创造发明	工作目的和意义在于能让个人发明新事物，设计新产品或发展新观念
内在价值维度	美的追求	工作目的和意义在于努力使这个世界更美好，且能得到美的享受
	独立自主	工作目的和意义在于允许个人以自己的方式或步调来进行，不受太多限制
	成就满足	工作目的和意义在于能看到自己努力工作的具体成果，不断完成自己想要做的事，并因此获得精神上的满足
	管理权力	工作目的和意义在于能赋予个人权力来谋划工作、分配工作且管理属下

续表

维度	职业价值	职业价值内涵
外在价值维度	工作环境	工作目的和意义在于追求比较舒适、轻松、自由、优越的工作条件和环境
	同事关系	工作目的和意义在于能与志同道合的伙伴一起愉快地工作
	上司关系	工作目的和意义在于能与主管平等且融洽地相处，获得赏识
	多样变化	工作目的和意义在于能尝试不同的工作内容，多彩多姿、富有变化
外在报酬维度	经济报酬	工作目的和意义在于能获得优厚的报酬收入，使个人有能力购置想要的东西，生活较为富足
	安全稳定	工作目的和意义在于能提供安定生活的保障，即使经济不景气也不受影响
	声望地位	工作目的和意义在于能提高个人身份或名望，所从事的工作在人们的心目中有较高的社会地位，自己受到他人的推崇和尊重
	生活方式	工作目的和意义在于能选择自己的生活方式，并实现自己的理想

需要说明的是，以上理论是舒伯作为美国职业生涯发展专家的研究成果，而我国与美国的文化背景与社会发展程度都有差别，这些价值因子的概括未必是全面与客观的。但它可以给我们提供非常重要的信念，就是每个人在职业发展中，追求的职业价值是各不相同的，尊重与接纳不同的价值观，才是理性的生涯观。

课堂活动

测一测

请同学们完成附录4的舒伯职业价值观自测量表，了解自己的职业价值观。

（三）职业价值观与生涯发展的关系

职业价值观在职业生涯规划中的作用正如"创新工场"的创办人李开复所说，"行为、态度和价值观环环相扣，一个人要想取得成功，就必须拥有正确的价值观，因为价值观是指导所有态度和行为的根本因素"。因此，职业价值观不仅关系个体的职业选择，而且推动着个体的职业发展。

职业价值观通常是与某种工作关联的。如果你十分在意工作的稳定性，那么公务员、事业单位、国企管理人员可能是不错的选择；如果你看重的是创造性，那么设计、策划、管理等工作会很有吸引力。职业价值观是在面临困境时仍然可以让你保持斗志的催化剂，当工作与个人价值观相悖时，工作可能会成为痛苦的来源；但如果工作与个人价值观相符，即使其他的条件并不如意，也会乐在其中。

当代大学生正处在生涯发展阶段，由于社会环境的不同、个人需要的改变，在面对许多职业选择时，价值观也需要不断地审视和澄清，最终找到适合自己的职业。

二、探索你的职业价值观

职业价值观是个体独特经历的反映,是指导一个人所有态度和行为的根本因素,它关联着职业选择,并推动着职业发展。因此,探索与澄清自己的职业价值观十分必要。那么,我们如何探索自己的职业价值观呢?

(一)测试法——施恩职业锚测评

职业锚是人们选择和发展自己的职业生涯时所围绕的中心,是企业和个人进行职业生涯决策时的核心因素,是判断人们是否达到职业成功的标准。职业锚测评是通过对你过去行为的分析和未来目标的探索,帮你认清你没有深入探索和认真体会的清晰、真实的自我,从而帮助你在面临职业选择时,得出与自己价值观、内心真实自我相匹配的职业决策。职业锚理论(Career Anchor Theory)由美国麻省理工学院斯隆商学院、美国著名的职业指导专家埃德加·H. 施恩(Edgar H. Schein)教授领导的研究小组提出。施恩教授在1978年时提出了五种类型的职业锚,随后大量的学者对职业锚进行了广泛的研究,并在20世纪90年代将职业锚确定为八种类型:技术/职能型、管理型、自主/独立型、安全/稳定型、创造/创业型、服务/奉献型、挑战型、生活型。

测一测

请同学们完成附录5的施恩职业锚测试,了解自己最核心的职业价值观。

(二)职业价值观分类卡

(1)将职业规划分类卡中的"价值观分类卡"作为参考(如果没有也可以自己制作,用纸板制作扑克牌大小的卡片,写上15种重要的工作价值观,如果你想选择的价值观未包含在表2—12的15种价值观中,可以将此价值观描述写在空白卡片上)。根据自己的感觉快速地将15张价值观卡片按照对自己的重要程度分为"重要""不重要"两类。

(2)从"重要"组挑选出对自己来说最重要的前三张,并按照重要程度排序。

(3)具体化最重要的三个价值:怎样才算符合?曾经已做到还是未来想达成?曾做过的具体事件?

表2—12 可参考的价值观

利他主义	美感	创造性	思考与学习	成就感
环境	同伴	领导关系	生活方式	变化性
独立性	威望	管理	安全感	经济报酬

发现与思考:

1. 这些对你来说最重要的工作价值,你之前有注意到吗?和原本想象中一样吗?

2. 过去/现在从事的学习或工作是否符合自己最重要的价值?若有价值观不符合,可以怎么补上?

3. 你对自己的价值观有什么样的了解和想法?

（三）描述你理想的职业生活

探索过自己的职业价值观之后，需要把它应用到对工作的期待上。看看你的理想生涯中包含什么样的内容？回答下列问题，你可以发挥想象的空间，尽可能生动地描述理想的职业生活。

(1) 你想做什么性质的工作？
(2) 你想在什么地方工作？
(3) 你想和什么人一起工作？
(4) 你每天工作的时间如何分配？
(5) 你每天的工作内容如何规划？
(6) 你的收入如何？
(7) 你的社会地位如何？
(8) 你的职业能提供哪些你需要的东西？
(9) 工作的发展与前景如何？
(10) 请用200个字描述你理想中的职业生活。

课堂练习

你希望做什么样的工作？

请在纸上写下"我希望做……的工作"。在两分钟的时间内，尽可能多地写下描述你未来工作的任何语句。

发现与思考：

你在工作中寻找的是什么？你判断工作"好"与"坏"的标准是什么？请分享你所写的内容和你的思考。

下面是一些同学所分享的对理想工作的期待。

(1) 收入高，工作时间固定，不加班，离家近，工作环境好，稳定，领导、同事友善，制度人本、前途无量。
(2) 不单调，具有创造性，受人尊重，有社会地位，有升职空间。
(3) 时间自由，劳逸结合，有挑战性，自己喜欢。
(4) 可以发挥自己才能潜质，能够学习更多东西，机会多。

从大家各不相同的答案中可以发现，每个人在工作中寻找的价值都不相同，这背后反映的则是同学们各不相同的职业价值观。

三、真实价值观澄清

每个人都有自己独特的价值观，而且不论喜欢与否，生活中重要他人（如父母、朋友、师长等）的价值观也常常会对我们产生重要影响。重要的不是去评判这些价值观的对错，而是去考量它们给自己的生活和职业发展带来的影响，并适时进行调整。正确认识自我职业价值观有利于职业的定位与发展，但人们对自己的职业价值观认识常常会出现一些错觉，把一些社会公众对职业的评价等作为自己的职业价值观。比如，社会公众对成功的衡量标准就是金钱和地位，在趋同社会认识的时候，却忽视了自己的内心。再如，有人常说"健康"很重要，但是在实际生活中，他做的事情却和"健康"背道而驰，常常为了学习晚睡晚起、不注意饮食和休息等。其实，通过这个人的行为习惯进一步分析，我们会发现，对于这样的人，学习所代表的"成就感"或学习成绩好带来的"被认可"的感觉是更为重要的。混淆的价值观导致人们在面临职业选择时，反复犹豫而无法适从。这时候，需要我们澄清自己的价值观，对自己的职业和生活进行不断的觉察与思考。价值观的探索与澄清本身也不是一劳永逸的。1966 年，美国罗伊斯·拉舍（Louis Raths）等学者指出，真实的价值观需要具备一些基本要素，如表 2-13 所示。当你回答完这些问题以后，你就已经完成了价值观澄清。

表 2-13 价值观的基本要素

要素类别	说明	关键词
选择	它是你的自由选择，没有来自任何人或任何方面的压力吗？	自主
	它是从众多的价值中挑选出来的吗？	对比
	它是在你思考了选择的结果后被挑选出来的吗？	思考
珍视	你是否珍爱你的价值观，或者为你的选择感到自豪？	珍惜
	你是否愿意公开向其他人承认或分享你的价值选择？	正视
行动	你的行动是否与你所选择的价值观一致？	支持
	你是否始终如一地根据你的价值观决策与行动？	践行

四、大学生常见职业价值观问题解答

（1）面对两家大公司发来的录用信，我不知道如何选择，不知道哪个是更好的工作？

答："哪个才是更好的工作"，这个问题没有绝对的标准答案，它取决于自己心中的标准，这个标准就是你的职业价值观。首先，要接受"鱼与熊掌不可兼得"的现实，学会取舍。其次，因为价值观是高度个人化的，因此你需要花时间去探索、去澄清。最后，选择工作时还要考虑个人价值观与企业文化的适配度，因为不同企业所追求的目标与重视的价值各不相同。例如，一家公司可能非常重视员工的独立与创新；而另一家公司看重的是团队合作与互助，那么一位独立而进取的销售人员也许就更适合在第一家公司工作。我们可以通过公司的网站及人物访谈等方式了解应聘单位的企业价值观。

（2）我很清楚自己想要什么，可对于如何去实现却没有把握。我的追求似乎超过了我的能力所及，我感到很无力。

答：这是一个价值观与能力不匹配的问题。首先，要进行价值观澄清。比如，有的人在价值观探索活动中，选择了"地位"作为自己最重要的价值观，但经过思考，他发现自己实际上想要的是"尊重"，但却误认为只有达到一个很高的地位，才能获得别人对自己的尊重。其次，你需要更多地了解和发展自己的能力。在发现自己已经具备的能力的同时，也要考虑自己该如何去培养那些尚未具备的能力。你可以把理想的生活方式当作一个长远的目标，一步步地接近和实现。总之，当价值观与你的能力或兴趣等发生冲突的时候，你需要分别对它们进行探索、澄清，并确定你是要努力发展自己的能力或兴趣从而与价值观协调，还是要调整自己的价值观来适应自己的兴趣与能力。

> 课后思考
>
> 你如何看待"职业能力"探索在生涯发展中的作用呢?

视觉笔记(图2-4)

图2-4 视觉笔记

第三章 工作世界探索

🔔 生涯寄语

幸福的关键是发现自己适合做什么并确保有机会去做。

——约翰·杜威

选择职业是人生大事，因为职业决定了一个人的未来……选择职业，就是选择将来的自己。

——罗素

🔺 知识导图

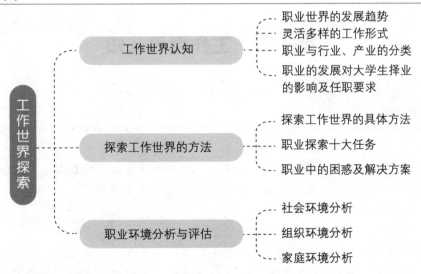

> **案例导入**

你填报高考志愿时做过这些事吗?

准备高考的奕铭,在填报志愿的时候很是困扰。因为他平时考试成绩一直稳居平均水平线上,高考也没有超常发挥的迹象,最多算是发挥正常。他对心理学很感兴趣,做过的霍兰德兴趣测评和MBTI性格测评的结果都显示,他挺适合从事与人打交道的工作,如心理咨询。他高中时曾拜访了多位高校心理学专业的老师和同学,通过访谈,进一步坚定了他未来要从事相关专业学习与工作的决心。

但是,他上网搜索了多所高校的招生专业目录及历年分专业录取的情况,发现近几年各高校心理学专业都属于较热门的专业,凭自己的高考成绩恐怕难以在角逐中获胜。因此,奕铭为了确保自己首先能顺利考入大学,其次能读一个相关或相近的专业,报考了几所目标高校的教育学专业,并且他已规划好,因为教育学与心理学有交集,在本科阶段通过教育学专业学习,为考取教育心理学专业的硕士研究生打好基础。

发现与思考:
(1) 请问奕铭在填报高考志愿前,都做了哪些准备工作?这些准备工作的意义何在?
(2) 你觉得要寻找或追求自己的职业目标,需要做哪些工作?

工作世界是一个人实现其生涯理想的外部平台。在本章,职业生涯探索者的视角将从内部转向外部,通过各种探索工具和实践方法,让学生了解职业世界分类常识、探索工作世界信息的内容与方法,掌握行业、职业探索的维度与方法,运用职业环境分析方法深入把握相关职业素质的要求,为科学职业选择奠定"知彼"基础。

第一节 工作世界认知

> **生涯知识**

职业"新秀"来报到

社会发展的多元化,催生出许多职业"新秀"。越来越多的职场新人在思想和价值观上与传统有所不同,在职业选择上,更加倾向于选择那些新兴的职业。这些新职业有哪些新特点,笔者带你理一理。

1. 数字化技术发展催生出新职业

随着互联网技术发展,2012年,"电子数据"作为新的证据形式被纳入《中华人民共和国刑事诉讼法》,电子数据取证作为一种全新的取证技术被广泛应用于刑事诉讼活动中。电子数据调查分析服务也由司法机关逐渐延伸至其他行政执法部门和大型企事业单位。"电子数据取证分析师"被纳入职业分类目录,将有效推进该职业规范化、专业化建设,为公共环境健康安全提供有力的科技保障。

密码技术被公认为保障网络与信息安全最有效、最可靠、最经济的技术。为规范密码应用和管理,"密码技术应用员"作为密码技术应用供给侧、用户侧、监管侧的主力军,将为数字经济的安全、融通、监管等方面保驾护航。

新冠肺炎疫情发生后,服务机器人在医疗、餐饮等方面的应用迎来爆发式增长。"服务机器人应用技术员"直接负责服务机器人的需求反馈、应用与推广,是推动服务机器人产业发展的重要人才支撑。

此外,"集成电路工程技术人员""智能硬件装调员""工业视觉系统运维员"等都是数字化技术发展和变革催生出的新职业,这些新职业对于促进数字经济的健康发展具有重要意义。

2. 企业高质量发展孕育出新职业

扎实推动经济高质量发展和提升企业国际竞争力,对企业合规建设提出了更高要求。企业合规管理是对企业法律、财务、审计、进出口、劳动环境、社会责任等多方面进行合规管控,具有较强的综合性、独立性和技术性。"企业合规师"将在规范企业投资经营行为、注重环境保护、履行社会责任、提高企业竞争软实力等方面发挥积极作用。

借助现代信息技术手段,通过高效实用的以物易物平台,对剩余资产进行有效整合,实现资源快速互通和对接,已成为企业突破地域限制、实现自由对接,解决资金短缺、产品积压的重要手段。专业"易货师"能系统运用资源整合理论,促进产、供、销和谐分配和优化资源,有效解决产品迟销、滞销、停销问题,是新兴复合型人才。

3. 绿色发展理念和食品安全要求涌现出新职业

党的十九大报告提出,"建立健全绿色低碳循环发展的经济体系"。2020年年底,生态环境部出台《碳排放权交易管理办法(试行)》,推动经济发展方式向绿色低碳转型。"碳排放管理员"职业应运而生。这一职业从业人员将在碳排放管理、交易等活动中发挥积极作用,有效推动温室气体减排。

国家在加强食品安全监管的同时,也需要引导食品生产经营单位自主开展食品生产、流通、销售、服务等全流程的安全控制,全面提高食品安全质量。"食品安全管理师"作为食品生产、餐饮服务和食品流通等活动中从事食品安全风险控制和管理的人员,未来会有巨大的市场需求。

4. 人民日益增长的美好生活需要派生出新职业

汽车更新换代带来大量二手车交易需求,且交易方式呈现出复杂化、多样化和专业化的趋势。二手车交易涉及品牌认证、拍卖交易、委托交易及各种金融服务、质保等业务,从而催生出专业的"二手车经纪人",通过提供专业化的交易咨询和交易服务,维持公平、公开、透明的交易秩序,提高交易效率,满足公众对汽车的个性化需求。

近年来,将茶叶、奶、果蔬等融合开发出的新式可口健康饮品,广受群众特别是年轻人的喜爱。"调饮师"作为新兴职业,不仅有利于促进灵活就业,还可带动茶叶、奶类及果蔬等产业的发展。

——以上资料摘自新华网《碳排放管理员、调饮师……18个新职业官宣了,有你感兴趣的吗?》2021-3-19

【问题思考】
1. 职业是否由国家认定？国家如何对职业进行定义和分类？
2. 你认为新兴职业的发展前景如何？随着经济、科技、社会的发展，你认为还会产生哪些新兴职业？

一、职业世界的发展趋势

进入21世纪以来，世界发生了令人应接不暇的变化：新技术每两年翻一番，意味着同学们大一所学的知识到大三就可能有一半过时了；美国《纽约时报》一周所刊载的信息量，相当于生活在18世纪的人一生的资讯量。这些变化对职业的影响巨大；2000年《财富》评出的全球10强企业中，到2010年已经有7家换了面孔。通过谷歌搜索的"2010年最热门的10种职业"，在2004年根本就不存在；1995年，仅有3家中国企业入围《财富》世界500强，2019年的《财富》世界500强中，有中国129家企业上榜，首次超越美国。

随着互联网浪潮席卷全球，互联网技术及其应用开始逐渐影响、改变我们的生活，尤其是消费习惯；互联网思维也加速改变着产业结构和企业经营模式，尤其是2010年以来，整个社会从PC互联网时代进入移动互联网时代，更多的人从开始接触互联网，到对互联网服务形成了依赖。这些变化令人目不暇接，冲击着我们对传统社会的认知，也改变着职业结构及人们对职业的看法。

职业世界的概貌包括人力资源市场的供求状况，不同地区、不同职业的需求分布，以及人们的职业理念等内容。因为外部职业世界信息量大、变化快的特点，每个人的职业选择不可能一生都不发生变动。只有面临变化时不断调整和适应，才可以获得职业满意感的持续。

变化是生活的一部分，我们必须把握好职业世界信息的即时性和实效性，才能在充满变化的世界中找到自己不变的人生目标。

从总体上讲，当下职业世界的发展呈现出以下趋势。

（1）职业数量由少到多，新职业出现的频率逐渐加快。

（2）职业分工由简单到精细，第三产业职业数量不断增加。

（3）脑力劳动的比重不断增加，即使是体力劳动，其中的知识技术的分量也越来越大。

（4）同一个职业活动不断增加新的内容，对从业人员的素质要求也越来越高。

（5）工作形式越来越灵活和多元，已经突破了传统单一的全日制工作形式，越来越多符合现代人个性化需求的工作形式不断呈现。在这种新形势下，大学生未来的职业发展拥有比前人更多的选择性与灵活性。

二、灵活多样的工作形式

不断出现新职业催生出越来越多灵活、多元的工作形式，为人们提供了更多就业选择，概括起来，主要有以下四大类的工作形式。

1. 全职工作

全职工作是最常见的、传统的一种工作形式。全职工作要求人们连续为同一雇主工作，每一周的工作时间在 40 个小时以上。全职工作具有相对的稳定性，并能保障职位的晋升和报酬的增加，然而安稳的工作也可能会使个人的发展受到一定的限制。

2. 非全职工作

兼职工作、多重工作、弹性工作、远程办公、自由工作等形式都属于非全职工作。非全职工作者可以同时兼职不止一份的工作，而用人单位也不用为这类从业者承担繁重的福利保障义务。除此之外，非全职工作形式还具有工作形式多样性、工作时间灵活性、工作内容有挑战性、工作地点变化性等特点，因此，非全职工作成为近年来被普遍认可，并且越来越受欢迎的工作形式之一。

3. 自由职业

根据《韦氏大词典》，自由职业者即为独立工作、不隶属于任何组织的人，如摄影师、专利代理人、律师、独立的演员或歌手、自由撰稿人等。自由职业者从表象看有四大优点：不用看老板脸色，不用朝九晚五，避免了同事纠纷，不必严谨仪表。因此，随着互联网的发展，这种工作形式也越来越受到年轻人的推崇。但并不是没有正式单位的所有人员都可以叫作自由职业者，如打零工的待业者、失业者并不是自由职业者。由于自由职业者拥有一个相对自由、活跃的工作空间，因此也更容易激发灵感与创造力。要成为自由职业者并不是一件容易的事情，必须具有一定的知识与技能、社会生存能力，还要有坚强的意志。缺乏生存的技能，缺乏相应的社会关系，很难做一个自由职业者。

4. 自主创业

何为创业？根据杰夫里·提蒙斯（Jeffry A. Timmons）所著的创业教育领域的经典教科书《创业创造》（*New Venture Creation*）的定义：创业是一种思考、推理结合运气的行为方式，它被由运气带来的机会所驱动，需要在方法上全盘考虑并拥有和谐的领导能力。自主创业也是一种工作形式，但这种工作形式的风险最高，因为创业者必须付出相当多的时间、金钱和精力，同时承担物质上、精神上的压力。近几年，国家支持大学生自主创业。因此，自主创业越来越成为大学校园里被频繁提及的词汇。大学生创业对于个人而言，其意义还在于培养创新职业精神，提高创业素质与能力；对社会而言，可以为社会的整体发展注入活力，同时还可以缓解社会的就业压力。

随着社会的进步和发展，提供给大学生自主选择就业形式的机会越来越多。我们在进行职业生涯规划时，要看到更多的可能性，主动把握更多的机会，并将经历的过程看成锻炼和提升的机会。例如，创业是一位学生的长远目标，但在刚毕业、时机尚未成熟时，可以从其他的工作形式开始，有了多方面的积累之后再进行创业。同时，要把在寻找理想工作过程中遇到的顺境与逆境都当作生涯发展中精神财富的一部分，因此我们说，"找工作"本身也是一份工作。

三、职业与行业、产业的分类

职业是指人们在社会生活中所从事的以获得物质报酬为自己主要生活来源并能满足自己精神需求，在社会分工中具有专门技能的工作。它是对特征相同或相似的一类工作的统

称，以国家的职业分类大典为标准。

（一）职业分类

所谓职业分类，是采用一定的标准和方法，依据一定的分类原则，对从业人员所从事的各种专门化的社会职业所进行的全面、系统的划分与归类。

一般来说，职业的分类是以工作性质的同一性为基本原则，对社会职业进行的系统划分与归类。职业分类的目的是要将社会上纷繁复杂、数以万计的现行工作岗位，划分成类系有别、规格统一、井然有序的层次或类别。职业分类体系主要通过职业代码、职业名称、职业定义、职业所包括的主要工作内容等，描述出每一个职业类别的内涵与外延。

通过职业分类，我们可以了解社会职业领域的总体状况，增强职业意识，不断提高职业素质。

《中华人民共和国职业分类大典》（以下简称《职业分类大典》）是我国对职业进行科学分类的权威性文献，是由人力资源和社会保障部、国家市场监督管理总局、国家统计局联合组织编制的。

《职业分类大典》编制工作于1995年初启动，历时4年，1999年初通过审定，1999年5月正式颁布。2010年逐步启动了各个行业的修订工作。2015年7月29日，国家职业分类大典修订工作委员会召开全体会议审议、表决通过并颁布了新修订的2015版《职业分类大典》。2021年再次启动修订《职业分类大典》。

《职业分类大典》（1999年版）将我国职业归为8个大类、66个中类、413个小类、1 838个职业。2015年出版的《职业分类大典》职业分类结构为8个大类、75个中类、434个小类、1 481个职业。与1999年版相比，维持8个大类，增加9个中类和21个小类，减少547个职业。经过系统专家努力，质检行业共24个职业列入大典，质检工作的重要性进一步凸现。《职业分类大典》（2015年版）具体情况如下。

（1）第一大类名称为"党的机关、国家机关、群众团体和社会组织、企事业单位负责人"，其职业分类参照我国政治制度与管理体制现状，对具有决策和管理权的社会职业依组织类型、职责范围的层次和业务相似性、工作的复杂程度和所承担的职责大小等进行划分与归类。这一大类包括6个中类、15个小类、23个职业。与1999版相比，增加1个中类，减少1个小类、2个职业，并对部分类别名称和职业描述进行了调整。

（2）第二大类名称为"专业技术人员"，维持原大类名称不变，其职业分类除遵循职业分类一般原则和技术规范外，还着重考量职业的专业化、社会化和国际化水平。第二大类包括11个中类、120个小类、451个职业。与1999年版相比，减少3个中类，增加5个小类、11个职业。

（3）第三大类名称为"办事人员和有关人员"，维持原大类名称不变，其职业分类主要依据我国公共管理与社会组织中从业者的实际业态进行。第三大类强化其公共管理、企事业管理等领域行政业务、行政事务属性，包括3个中类、9个小类、25个职业。与1999年版相比，减少1个中类、3个小类、28个职业。

（4）第四大类名称为"社会生产服务和生活服务人员"，其职业分类主要参照国民经济行业分类以及我国服务业发展现状，特别关注新兴服务业的社会职业发展，主要按照服务属性归并职业。第四大类包括15个中类、93个小类、278个职业。与1999年版相比，增加7个中类、50个小类、81个职业。

（5）第五大类名称为"农、林、牧、渔业生产及辅助人员"，其职业分类以农、林、牧、渔业生产环境、生产技术和产业结构的变化，现代农业生产领域中生产技术应用、生产分工与合作的现状为依据，参照国民经济行业分类进行。第五大类包括6个中类、24个小类、52个职业。与1999年版相比，中类维持不变，减少6个小类、83个职业。

（6）第六大类名称为"生产制造及有关人员"，其职业分类按照国民经济行业分类以及生产制造业发展业态，以工艺技术、工具设备、主要原材料、产品用途和服务与技能等级水平相似性进行。第六大类包括32个中类、171个小类、650个职业。与1999年版相比，增加5个中类，减少24小类、526个职业。

（7）第七大类和第八大类沿用1999年版《职业分类大典》做法，维持原大类名称及内容表述不变。

2020年7月，人力资源和社会保障部联合国家市场监管总局、国家统计局向社会发布一批新职业，包括"区块链工程技术人员""城市管理网格员""互联网营销师""信息安全测试员""区块链应用操作员""在线学习服务师""社群健康助理员""老年人能力评估师""增材制造设备操作员"9个新职业。这是我国自《职业分类大典（2015年版）》颁布以来发布的第三批新职业。此外，此次还发布了"直播销售员""互联网信息审核员"等5个工种，同时将"公共卫生辅助服务员"职业下的"防疫员""消毒员""公共场所卫生管理员"等3个工种上升为职业。

2021年3月，人力资源和社会保障部会同国家市场监督管理总局、国家统计局向社会正式发布了"集成电路工程技术人员""企业合规师""公司金融顾问""易货师""二手车经纪人""汽车救援员""调饮师""食品安全管理师""服务机器人应用技术员""电子数据取证分析师""职业培训师""密码技术应用员""建筑幕墙设计师""碳排放管理员""管廊运维员""酒体设计师""智能硬件装调员""工业视觉系统运维员"等18个新职业。这几年，随着经济社会发展、科技进步，产生了很多新职业，这些新产生的职业将被纳入这个分类大典，进一步健全完善符合中国国情的现代职业分类。

（二）行业分类

行业分类是不同于《职业分类大典》的另外一种分类模式，主要依据经济活动性质的同一性进行分类，即主要按企业、事业单位、机关团体和个体从业人员所从事的生产经营活动或其他社会经济活动性质进行行业分类，而不按其所属行政管理系统分类。某一行业就其实质来说是指从事一种或主要从事一种活动的所有单位的聚合体。通俗讲，行业分类就是有规则地按照一定的科学依据，对从事国民经济生产和经营的单位或者个体的组织结构体系的详细划分，如林业、汽车业、银行业等。

我国2017年第四次修订的《国民经济行业分类》中，新行业分类共有20个门类、97个大类、473个中类、1 380个小类。主要分类如下。

A. 农、林、牧、渔业。

B. 采矿业。

C. 制造业。

D. 电力、热力、燃气及水生产和供应业。

E. 建筑业。

F. 批发和零售业。

G. 交通运输、仓储和邮政业。

H. 住宿和餐饮业。

I. 信息传输、软件和信息技术服务业。

J. 金融业。

K. 房地产业。

L. 租赁和商务服务业。

M. 科学研究和技术服务业。

N. 水利、环境和公共设施管理业。

O. 居民服务、修理和其他服务业。

P. 教育。

Q. 卫生和社会工作。

R. 文化、体育和娱乐业。

S. 公共管理、社会保障和社会组织。

T. 国际组织。

《财富中国》根据发达国家的行业界定与行业演变规则，对中国的行业进行新分类：农林牧渔、建筑建材、冶金矿产、石油化工、水利水电、信息产业、机械机电、轻工食品、服装纺织、专业服务、安全防护、环保绿化、旅游休闲、办公文教、电子电工、玩具礼品、家居用品、物资、包装、体育、办公。

（三）产业的分类

产业是国民经济中基于共同标准划分的部分的总和，又是具有相同性质企业或组织群体的集合。在《辞海》中，产业是指由利益相互联系、具有不同分工的各个相关行业所组成的业态总称。尽管它们的经营方式、经营形态、企业模式和流通环节有所不同，但是，它们的经营对象和经营范围是围绕着共同产品而展开的，并且可以在组成的业态里的各个行业内部完成各自的循环。

目前，国际上普遍认可的产业划分是按照人类生产发展的历史顺序，即第一产业是农业，第二产业是加工制造业，第三产业是服务业。1985 年，国家统计局明确把我国产业划分为三大产业，把农业（包括林业、牧业、渔业）定为第一产业，把工业（包括采掘业、制造业、自来水、电力、蒸汽、煤气）和建筑业定为第二产业，把第一、第二产业以外的各行业定为第三产业。

随着电子、信息技术的迅猛发展，信息技术渗透到社会和经济的各个领域。近些年，从国际到国内又把信息产业称为第四产业。信息产业的发展不仅加快了经济全球化的发展步伐，同时打破了原有的一些产业和行业的格局，产业和行业需要不断地加速调整和重新划分以适应新的形势。新能源、新材料、节能环保、生物、高端装备制造等新兴产业不断涌现。

根据《国务院关于加快培育和发展战略性新兴产业的决定》（国发〔2010〕32 号）的要求，为准确反映"十三五"国家战略性新兴产业发展规划情况，满足统计上测算战略性新兴产业发展规模、结构和速度的需要，出台了《战略性新兴产业分类（2018）》（国家统计局令第 23 号），具体内容可以到国家统计局网站查询。

产业、行业、职业都是社会分工的产物，是社会生产力不断发展的必然结果，这是它们在本质上的共同点。在社会发展中，随着新技术的出现，产生了新产品及相应职业的从业人员。随着新产品的生产及相应从业人员数量的不断扩张，新的行业逐渐形成。当新行业发展到一定规模时，就会与其他相关行业进行整合，依据发挥作用的程度并入或形成新的产业。产业、行业、职业的不同之处是它们在国民经济领域中，着眼点的层次是由高到低、概念上涉及的范围是由大到小。产业的着眼点是生产力布局的宏观领域，体现的是以产业为单位的生产力布局上的社会分工，产业由行业组成。行业的着眼点是企业或组织生产产品的微观领域，体现的是以行业为单位的产品生产上的社会分工，行业由企业或组织组成。职业的着眼点是组织内工作人员的具体工种，体现的是以人为单位的劳动技能上的社会分工，职业是由人的技能组成。

四、职业的发展对大学生择业的影响及任职要求

（一）职业的发展变化对大学生择业的影响

职业的迅速发展，对大学生就业产生了许多方面的影响。大学生在求职择业和进行就业准备时，要认真研究职业发展的趋势。

（1）新职业种类的大量出现，扩大了大学生的择业范围。大学生在择业中首要考虑的便是"专业对口"，但由于职业发展加快，新职业种类不断增加，所谓与专业"对口"的职业种类当然也相应增多。这就要求大学生在择业时解放思想，开阔视野，跳出以往传统职业种类的狭小范围。

（2）职业的发展导致同一职业或职位对就业者的要求不断提高。对于某些职业来说，仅有学历文凭还不具备就业资格，还需通过有关的职业资格鉴定，获得职业资格证书。如律师、环评工程师等职业。

（3）职业的发展和国家劳动人事制度的改革，为人才的合理流动创造了条件。大学生毕业后的首次就业并不意味着选择了终身不变的职业，随着各种条件的变化，已就业的大学生，也可能面临第二次、第三次择业，所以大学生就业时应从发展的角度看待自己的初次就业。

（二）职业的发展变化对大学生任职素质要求

不同职业或岗位对任职者的要求各不相同，包括岗位的职责、对工作技能的要求，形成了各类职业的素质要求。大学生应提早了解职业和岗位的素质要求，这是进行职业生涯规划的第一步，是知己知彼的前提条件。

1. 公务员

公务员，全称为国家公务员。在中国，公务员是指依法履行公职、纳入国家行政编制、由国家财政负担工资福利的工作人员。公务员按职位的性质、特点和管理需要，划分为综合管理类、专业技术类和行政执法类等类别。公务员对个体的素质要求包括政治素质、专业知识、智力素质、心理和身体素质。其中，政治素质的要求特别高，通常要求任职者对党和国家的方针政策具有较准确的把握度，对时事政治和国家大事必须具有一定的关心度，还应该具有敏锐的政治嗅觉和政治洞察力。

2. 工程技术人员

工程技术人员是指能够应用基础科学和工程科学理论知识与方法及各种专门技能，将

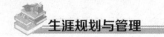

设计、规划、决策具体化为工艺流程、物质产品、实施方案,并能在工程一线进行生产、维护等实际操作的专业技术人才。在我国高校里,工科类大学生毕业后大部分将从事工程技术工作,工程技术人员的核心素质要求包括以下几个内容:扎实的专业知识和技术,突出的分析和综合能力,卓越的动手实践能力,突出的创新创造能力,良好的合作精神,等等。

3. 科研人员

科研人员是指专门从事科学研究的人员,主要分布在高校、企业的研发部门和研究所等,科研人员可分为自然科学研究人员和社会科学研究人员两大类。两类科研人才对人才的素质要求有共通点,也有各自的特色。

4. 管理人员

管理是一种用计划、组织、监督、控制、激励等手段通过他人做好工作,实现组织目标的活动。管理工作又具体分为经营管理、技术管理、行政管理。

(1) 经营管理是指在企业中为使生产、采购、物流、营业、人力、财务等各种业务,能按经营目的顺利地执行、有效地调整而进行的系统运营和管理活动。该岗位对任职者的要求如下:强烈的市场和用户观念,既是本行业生产的技术内行又有比较宽的知识面,较强的综合分析能力、较强的控制能力和应变能力,良好的决策或辅助决策的能力、良好的谈判和社交能力等。

(2) 技术管理通常是指在技术行业当中所做的管理工作,管理者一般具有较高的技术水平,同时带领自己所管理的团队完成某项技术任务。该岗位对任职者的要求如下:较强的技术和经济观念、较周密的思维能力、较强的组织协调和宣传鼓动能力,对新技术和新产品有敏感性和较强的鉴别能力,较强的信息观念和信息沟通能力、较强的社交能力等。

(3) 行政管理是指运用行政权力对组织(国家、企事业单位等)的行政事务开展的管理活动。该岗位对任职者的要求如下:较强的法制观念、纪律观念和群众观念,较强的办事能力、工作忙而不乱,能出于公心而公道处事,良好的分析、综合、比较、抽象等思维能力,较强的组织管理、协调能力和决策能力,信息观念强,具有接受反馈、适时反应的应变能力,较强的调研能力和较高的政策水平,善于处理人际关系,兼具原则性和灵活性等。

5. 商业人员

商业人员可以分为三种:销售人员、外贸人员、市场人员,不同类型商业人员的素质要求也稍有差异。

(1) 销售人员素质要求如下:善于换位思考,及时抓住客户的关注点;抗挫折能力强,不怕被拒绝;较强的社交能力和办事能力、能够承担风险;机敏的反应能力,勤思考、善分析。

(2) 外贸人员素质要求如下:反应灵敏,待人热情,有较强的社交与涉外能力;外语水平较高,语言表达能力强;外贸专业知识基础扎实;具有较强的协调和合作共事能力。

(3) 市场人员素质要求如下:能在市场调研和信息采集基础上,组织分析、比较和选择市场营销方案,进行资源整合以把握市场时机;头脑清晰,思维敏捷;团队意识强,善于接受新信息、新观念;有较强的时间概念,能够正确认识危机;有快速应变能力。

6. 专业服务人员

专业服务人员是指一种利用专门知识和技能为他人提供专业帮助、解决其实际问题的高素质人才，其分布在经济、科技、法律、金融、贸易等各个领域。专业服务人员不同于一般服务人员的特征在于，其拥有不容易被替代的专门知识和技能。随着服务业在我国国民经济中的地位越来越重要，专业服务人员的社会地位和薪资都得到了较大提高。专业服务人员包括咨询师、鉴定师、评估师、理财规划师、律师等。

以法律工作者为例，专业服务人员的素质要求如下：富有正义感、坚持原则、不畏权势；具备扎实的法律学及广博的心理学、社会学、经济学、逻辑学等方面的知识；有较强的逻辑思维和准确的推理判断能力；有魄力，办事机敏、果断，遇事沉着冷静；有较强的书面、口头表达能力；有较强的理解国家有关法律条文及准确判断的能力。

7. 创意人员

创意人员是指以自主知识产权为核心，以"头脑"服务为特征、以专业或特殊技能（如设计）为手段的高素质人才，常见于动漫、广告、艺术表演、电视广播、建筑、设计、时装、古玩艺术品、电影、音乐、出版、软件与电脑服务等行业中。该岗位共同的任职素质有：敏锐的洞察力、持续的创新能力、融会贯通的能力、高超的学习能力、丰富的想象力等。

生涯体验

拓展职业范围的思考

请你用头脑风暴法列举与手机相关的尽可能多的职业，并将所有联想到的职业都记录下来。

发现与思考：

(1) 你从这个活动中得到了什么启发？

(2) 通过网络进行搜索，了解通信行业的未来发展趋势，你认为与手机相关的哪些职业可能会淘汰，哪些新的职业会出现？为什么？

(3) 为了了解以上职业的准确信息，你认为还需要采取哪些手段或方式进行深入探索？

通过这个活动，学生可以了解到，一件物品的制造涉及许多的人和职业，比如从管理到制造，从研发到市场。这说明有很多专业和技能是可以变通的，同一个专业可以从事多种职业，比如机械设计专业毕业的学生，可以从事助理、售前工程师等与人打交道的工作，也可以做研发等与概念相关的工作。因此，大学生在探索工作世界时，应了解和自己专业相关的职业。学习专业知识的目的是更好地发展自己，而不是限制人的发展。当我们用更开阔的思路来看工作世界时，会更容易理解下面的一些基本事实。

(1) 目前工作世界中有超过 20 000 种的职业，对于大多数人来说，都有数种职业适合自己。

(2) 调查表明，各个经济收入阶层和各种行业领域的人都热爱自己的工作。

(3) 没有哪一种工作能够完全满足你所有的需要。所有工作都有其局限性和令人失望之处。你需要通过其他活动来平衡你的生活，才有可能感到圆满。

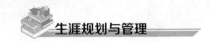

（4）工作市场和经济形势都时常发生变化，甚至是急剧的变化，有的行业在目前可能充满了机会，但却会在数年内饱和。

所以在工作世界中，每个人都有可能找到适合自己的工作，只是需要有心理准备：这是一个过程，对于不同的人，过程也会有长短；变化是必然要面对的，一个决定可能不会持续一生，也常常伴随着风险，因此需要个人不断调整和变化才能保持满意度。面对工作世界，你需要学会应对工作的变动而不是一味回避。

第二节 探索工作世界的方法

对于刚刚进入大学的同学们而言，应该怎样选择职业呢？哪些是你适合从事的？哪些又是属于你的事业呢？这要求大家必须详细了解职业信息，真正明白职业名称意味着什么，否则它可能只是你臆想中的一个概念。工作世界探索的途径有很多，包括互联网搜索、社会实习和实践活动、生涯人物访谈、新闻传播媒体、亲朋好友及其他社会关系、毕业生就业市场、校内就业主管部门等。

一、探索工作世界的具体方法

（一）形成自己预期的职业库

很多同学不知道如何进行职业世界的探索，其中一个很重要的原因是职业世界的信息浩如烟海，搞不清应该从哪入手，更谈不上如何进行了。如果有一个探索范围，则会容易很多。前面单元的自我探索可以帮助个人初步锁定探索的范围。自我探索中的兴趣、性格探索，每一部分的最后有适合的职业出现。此外，每个人有自己心目中理想的职业，可以通过头脑风暴的形式把它们列出来，获得一个职业清单。分析这些职业的共同点，会启发你找到更多值得探索的职业。结合你的能力和价值观再次从职业清单中进行筛选，最终得到你预期的职业库。

简单举例说，学生小A期待做商业方面的工作，但是因其对社会还不太了解，具体选择什么工作就难以决定。性格探索的结果是他适合做人力资源管理者、咨询顾问、教师等，兴趣探索的结果是他应该做社工、教师、培训人员等，能力探索的结果是他可以做教育、销售、客户服务等工作，价值观探索的结果是他期待做服务、自由职业、护理等工作。从小A职业探索得出的各种选择中，我们可以看到，教师职业、教育工作出现的频次最高，社工、客户服务、服务、护理等虽然名称不同但都明显体现了帮助他人的特点，所以最适合小A的职业首先具有与人打交道、帮助他人的特点，其次还有沟通性、商业性等特点，由此他可以列出或搜索一些符合这些特点的职业，比如培训、咨询顾问、客户服务等进行详细调查。

研究表明，在决策时，太多的信息容易让人迷失，反而拿不定主意；而过少的信息又起不到让当事人了解客观事实的作用。所以，在形成预期职业库的时候，库的大小根据自己的情况要有适当的平衡，通常5~10个职业的调查是比较适中的。在信息探索过程中，抛开固有的想法，保持开放的心态，更容易获得客观的信息。

（二）用职业分类的方法帮助探索职业世界

通过行业（产业）分类和职业分类的方法，也可以深入了解职业世界，具体分类内容在本章第一节已经介绍过。

比如，国家职业标准是在国家职业分类的基础上，根据职业的活动内容，对从业人员工作能力的规范性要求，它也是衡量劳动者从业资格和能力的重要尺度。了解职业标准对认识职业准入要求、认识自身与该职业要求的距离有很大的帮助。每年人力资源和社会保障部都会根据我国的社会经济发展发布一些新兴的职业及职业标准。这些信息，可以帮助同学们探索职业世界。下面介绍一些比较经典的职业分类方法。

1. 霍兰德的职业环境分类

霍兰德职业环境分类在第二章中有详细的描述，这里不再赘述。

2. 工作世界地图

普里蒂奇（Prediger）在霍兰德六边形模型的基础上进行了一些调整，增加了人-事物、资料-概念两个维度。人-事物维度分别表示与人相关的工作，例如为人们提供服务、帮助他们等；与具体物体相关的工作，例如机械、生物、材料等。资料-概念维度分别表示与具体事实、数字、计算等打交道的工作和用理论、文字、音乐等新方式表达或运作的工作。

美国大学考试中心（American College Test，ACT）把普里蒂奇的研究进一步发展，在兴趣的两维基础上，将职业群体的具体位置标定在坐标图上，从而得到工作世界图。该图共分12个区域，共有20个职业群被标定在图3-1中。学生可根据自己兴趣类型在该图中的位置，通过与不同职业群的远近位置比较，进一步扩展与自己职业兴趣相关的工作搜寻范围。

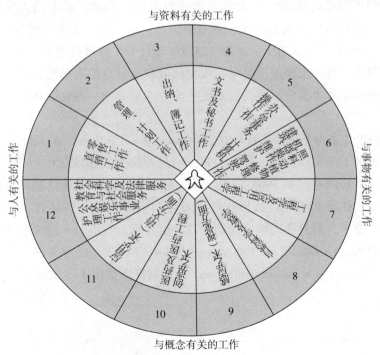

图3-1　工作世界图（美国ACT）

金树人等对普里蒂奇（1976）六种类型与人-事物、资料-概念之间的关系进行了进一步研究，研究对象为台湾高中生、大学生和成人，结果发现霍兰德的六角形模型与其潜在结构发生了一个新的对应关系，如图3-2所示。由于职业分类图并没有经过本土化的研究，所以学生在使用该图时可借鉴金树人的研究结果。

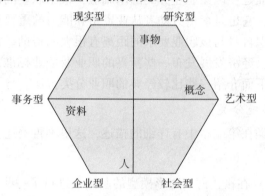

图3-2 改良式的六角形的潜在二元向度模式图

（三）其他探索职业世界的方法

1. 网络信息收集

我们生活在一个信息高度发达的社会，各种职业信息源源不断。通过各种渠道获取职业信息将会花费一定的时间和精力，但这些信息对于大学生职业选择的成功是相当重要的。有句话说得好："你的决定正确与否取决于你所获取的信息。"中国人民大学中国就业研究所与智联招聘发布的《2020年大学生就业力报告》显示，求职的大学生通过招聘网站的线上平台求职的占比达到84.0%；通过招聘会、宣讲会、企业官网等渠道求职的占比分别为52.1%、34.5%和38.0%；此外，25.7%通过HR邮箱投递了简历，11.2%通过内部推荐投递了简历。这些求职渠道都是在校生获取职业信息的有效渠道。由此可见，网络早已成为人们获取工作世界资讯的一种重要手段，这里介绍一些在收集职业信息中常使用的网络资源。

（1）O*NET职业分析系统。O*NET（Occupational Information Network）职业分析系统是一项由美国劳工部组织发起、开发的职位信息网络分析系统。O*NET职业分析系统吸收了多种职位分析问卷（如PAQ、CMQ等）的优点，它将工作信息和工作者特征统和在一起，不仅是工作导向的职位分析和任职者导向的职位分析的结合，考虑到了组织情境、工作情境的要求，而且还能够体现职业的特定要求。目前O*NET职业分析系统已经取代职业名称词典（Dictionary of Occupational Titles，DOT），成为美国广泛应用的职位分析工具。网址为https://www.onetonline.org/，查询样图如图3-3所示。

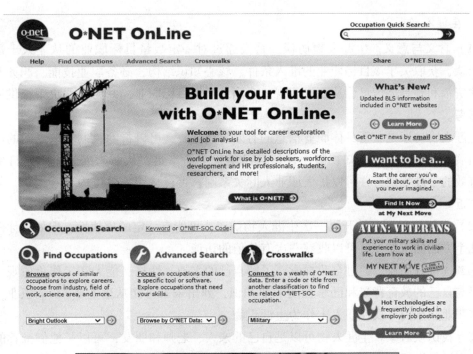

图 3-3　O*NET 职业分析查询样图

　　O*NET 职业分析系统中的每一种职业都包含 445 项数据要素描述的材料，而且采用的都是劳动市场上最新的信息。对于数据库中的每个职业，可以详尽地了解到工作任务、必备的知识、主要的技术和能力、工作行为、工作条件、必需的教育和培训、相关的职业和符合自己状况的薪水等信息。无论是选择、调换工作，还是进行全面的职业规划，都能从中获取必需的信息。另外，如果你还想搜索"需求量最大的职业""最赚钱的职业""最热门的职业""最有发展潜力的职业"等，O*NET 职业分析系统都能满足你的需求。

　　但是，由于这是美国开发的系统，所以，对于中国的大学生而言，职业信息的中国本土化问题是该系统不能满足的，同时对用户有较高的英语阅读能力的要求。

　　（2）其他网络平台：各大招聘网站，各企业、各高校、各大部委的网站，都为我们提供了丰富的人才需求与职业信息。

　　①应届毕业生网（https://www.yjbys.com）；

　　②校联人才网（http://www.job9151.com）；

　　③新职业网（教育部大学生就业网）（http://www.ncss.cn）；

　　④中国公共招聘网（http://job.mohrss.gov.cn）；

　　⑤全国大学生创业服务网（http://cy.ncss.cn）；

　　⑥中华人民共和国人力资源和社会保障部（http://www.mohrss.gov.cn）；

　　⑦中国海峡人才网（http://www.hxrc.com）。

　　通过这些平台，大学毕业生可以直接了解当前社会和企业的用人需求，搜索到心仪招聘岗位；大学低年级同学可以提前了解就业形势、行业需求、职业要求，为自己的职涯规划及学涯行动指引方向。

2. 生涯人物访谈

（1）含义与意义。生涯人物访谈，是指通过对一定数量目标职业的从业人士进行访问、面谈，获取关于该目标职业的准入条件、核心知识结构、必备职业技能、职务升迁路径、薪资福利等具体信息，从而更客观、全面地了解目标职业，并为职业决策提供一手的信息参考。

生涯人物访谈是获得具体职业信息的有效方法之一，可以帮助我们获取最新的职业信息，拓展对职业世界的认知视野；评估自己的优势与不足，从而为大学生活制订更加合理、有效的学涯规划；并可以扩大职业人际关系网；可以从用人单位内部看组织，与职场更加靠近。

（2）常规流程。有效开展一次生涯人物访谈，可能有一定的挑战性，但如果你做到了以下几个方面的工作，就可以收获一次有价值的访谈。

①遴选偏好职业。通过自我探索，了解自己的兴趣、性格、能力和工作价值观，将分析结果与自己的教育背景和已掌握的职业知识，列出未来可能从事的3～5个职业，以便在这些职业领域内寻找在职人士作为生涯人物。

②寻找访谈对象。生涯人物可以是自己的亲人、老师和朋友，可以是他们推荐的其他人，也可以借助行业协会、校友会或某个具体组织的网页来寻找其他在这个职位上已经工作了3～5年甚至更长时间的职场人士。为了防止访谈对象的主观影响，选择访谈的生涯人物应结构合理，既有初入职场的人士，也有工作了一定年限的中高层人士；既有成绩卓著者，也有默默无闻者。具体来说，访问的人员可以包括企业负责人、学者、人力资源专家、普通员工，可能还包括就业指导老师、专业课的老师、辅导员等，还可以采访职业顾问。当然，根据自己的时间和精力，适当选择3～5个生涯人物，防止出现主观影响。正式访谈前，对生涯人物的信息掌握得越全面越好，姓名、职务和联系方式是必须知道的。访谈时，学生应明确，访谈的目的是收集供职业生涯决策的信息，而不是利用生涯人物来找工作，以免引起双方的尴尬。

③准备访谈提纲。采访前为自己准备一个"30秒的广告"，因为在访谈过程中生涯人物可能会问采访者的职业兴趣和求职意向。以下是访谈参考问题。

◆您是如何找到这份工作的？
◆在这个工作岗位上，每天都做些什么？
◆您是如何看待该领域工作将来的变化趋势的？
◆对于这份工作您最喜欢的是什么？最不喜欢的是什么？
◆这种职业需要什么样的技能、能力和个人品质？
◆目前这一行业同类岗位的薪酬水平如何？
◆您通过什么渠道提升自己？迄今为止，您参加过哪些培训和继续教育？
◆您对自己现在所在行业有哪些看法？
◆在从事这一工作之前，您在哪些单位干过哪些工作？
◆我现在可以通过什么方式提高哪些技能和素质，以便日后能进入这一行业？
◆就您知道的情况而言，我的专业可以进入哪些领域工作？

◆什么样的初级工作最有益于学到尽可能多的知识？
◆什么样的个人品质或能力对工作的成功来讲是重要的？
◆对于一个即将进入该工作领域的人，您愿意提出一些特别的建议吗？
◆还有哪些方法能帮助我深入了解该工作领域？
◆对于一名即将进入职场的新人，特别需要注意哪些职业操守？
◆您的熟人中有谁能成为我下次的采访对象吗？当我打电话给他（她）的时候，可以用您的名字吗？
◆根据您对我的教育背景、技能和工作经验的了解，您认为我在最终决定之前还应在哪个领域、什么样的工作上进行深入的调查研究呢？

当然，以上问题同学们可以根据自己的需要再进行整理，但对生涯人物关于工作的主观感受还是应该问一下的。比如，就你的工作而言，你最喜欢什么？最不喜欢什么？这些问题常常能让学生更立体地了解一种工作。

④约定访谈事宜。预约时首先介绍自己，然后说明找到他的途径、自己的采访目的、感兴趣的工作类型及进行访谈所需要的时间（通常30分钟左右）。确认访谈的方式、时间和地点。可以采用网上对话、电话交流或面谈。

⑤掌控访谈过程。访谈一定要守时、简洁、不浪费他人时间。访谈开始，一般可以用从其他渠道了解的生涯人物的正面消息打开话题，之后按设计好的问题开始访谈。应征求生涯人物的意见，视情况对谈话进行录音，或书面记录，或不记录。尊重被访谈者，注意保护他们的信息安全和个人隐私。遇到生涯人物谈兴正浓时，要乐于倾听，给生涯人物留出提供其他信息的机会。访谈结束时，请生涯人物再给自己推荐其他相关的生涯人物。这样就可以以滚雪球的方式拓展自己的职业认知领域。

⑥完善访谈后工作。对于不允许访谈现场记录的内容应迅速补记，回来后将采访的资料整理到如表3-1所示的职业生涯人物访谈表中。采访结束后一天之内，通过短信或邮件等合适的方式向生涯人物表示感谢。

表3-1 职业生涯人物访谈表

访谈目的：			
被访者基本情况：			
姓名：	性别：	联系方式：	
毕业时间：	毕业院校：	所学专业：	
现在工作单位：	职务：	现主要的工作任务：	
访谈内容：			
访谈收获与心得：			
访谈人：	专业、班级：	学号：	访谈时间：

在某个职业领域采访了多个生涯人物后，将收集的信息进行分析整理，对照之前自己对该职业的认识，找出主观认识与现实的偏差，确定自己是否适合这一行业、职业和工作环境，是否具备所需能力、知识与品质，形成书面总结报告，进而制订大学期间自我提升的详细计划。如果访谈结果与自己之前的认识出现严重脱节，应分析其原因，必要时对另

一个职业领域开展新一轮生涯的人物访谈。

（四）个人支持系统探索

寻找支持自我、通达毕业去路的资源和条件，即支持系统探索。毕业时无论选择走哪条路，要想心想事成，提升自我固然关键，但若能发现并有效使用各种支持条件与资源，可以使提升与寻梦更有成效。因此，从现在开始，有意识地发现、挖掘与拓展自己的支持系统，也是自己通往职业生涯之路上的重要探索任务。

不少同学有这样的困惑："我没有特别的背景，自身能力也不够出众。毕业后，我的职业生涯是不是就会比别人发展得更困难呢？"

正如我们经常引用的一句台词，"你不是一个人在战斗"，一个人的职业生涯从选择到实践，往往不是一个人努力的结果。每个人在成长过程中，背后都有一个庞大的支持系统，这个支持系统里的每个人，都可能成为我们职业生涯发展中的"重要他人"。他们可能是你的家人、同学、同事、朋友，甚至是萍水相逢的人，他们共同构成你的社会支持系统。

良好的社会支持系统，可以使压力事件的强度相对降低。即使没有遇到挫折，即使不需要他人的直接帮助，良好的社会支持系统也会使你心情愉悦，让你在职业选择与发展过程中拥有安全感和归属感。

> **生涯体验**
>
> **探索你的社会支持系统**
>
> （1）如果你陷入困境，你有多大把握能得到他人广泛及时而又有效的帮助？这些"他人"都有谁？请罗列出来。
>
> （2）近期你有没有需要完成的一个重要任务（班级或社团的重要活动，或自己创业的项目）？你会想找谁一起合作？为商讨新的方案，你又会去找谁？
>
> （3）平时周末出游，你会找谁做伴同行？
>
> （4）当你情绪低落（如考试或比赛成绩不太理想，或与他人发生不愉快等）时，你希望找谁倾诉？
>
> （5）当你获得表扬、荣誉、突出成就时，你最想与哪些人分享？
>
> 在上述五道题的答案里，你都列出了哪些人？请进行分类，如家人、朋友、恋人等。
>
> **发现与思考：**
>
> 你从上述回答中，有何发现与思考？请在小组内交流与分享。

仅仅知道支持系统的重要性还不够，对于我们来说，重要的是怎么去发现并不断拓展自己的社会支持系统。你的社会支持系统是怎样的？请尝试填写如图3-4所示的支持系统示例图相信你会有别样的收获。

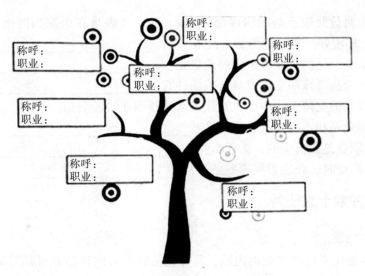

图 3-4　支持系统示例图（家族职业树）

也可以根据个人实际情况，在图 3-4 基础上，增加或减少图中的框，画出属于你的支持系统图。然后，在每个方框中填写每个人的"职业"以及他们所拥有的、能支持到你的"资源"。

说明：

（1）图 3-4 只是示例图，除了图中这些有血缘关系的重要他人外，实际生活中，我们还会有朋友关系、同学关系等非亲属关系的重要他人。

（2）可用实线表示彼此之间的亲属关系，虚线表示非亲属关系；方框代表男性，椭圆代表女性。

（3）要知道，除了与自己有各种关系的重要他人，你的每一个家庭成员也都有属于他们的重要他人，如果他们的重要他人能支持到你，也请在图中标示出来，如"爸爸的好友张叔叔"。

（4）图中的"资源"，应从广义角度去发现。你生命中遇到的每个人都拥有自己的生存与发展资源，除了经济资源、人脉资源、社会地位、影响力等外显资源外，更重要的还有其内在的人生财富，如知识和技能、阅历和见识、智慧和思考、道德和品质等。所以，如果你用心去了解图中每个人，你可以从他们身上或多或少地发现资源，这些资源也许就可以支持你的生涯发展。

发现与思考：

在完成这幅支持系统图之后，请回答以下几个问题。

（1）我的家庭成员中从事最多的职业是：＿＿＿＿＿＿＿＿＿＿＿＿＿＿＿

＿＿＿＿＿＿＿＿＿＿＿＿＿＿＿＿＿＿＿＿＿＿＿＿＿＿＿＿＿＿＿＿＿＿＿

（2）我想要从事这种职业吗？为什么？＿＿＿＿＿＿＿＿＿＿＿＿＿＿＿＿

＿＿＿＿＿＿＿＿＿＿＿＿＿＿＿＿＿＿＿＿＿＿＿＿＿＿＿＿＿＿＿＿＿＿＿

（3）爸爸和妈妈如何形容和评价他们的职业？人们平时还会提到哪些职业？他们的想法对我的影响是：＿＿＿＿＿＿＿＿＿＿＿＿＿＿＿＿＿＿＿＿＿＿

（4）在支持系统图中，还有谁对职业的描述让我影响深刻？他们是怎么说的？＿＿＿＿＿＿＿＿＿＿＿＿＿＿＿＿＿＿＿＿＿＿＿＿＿＿＿＿＿＿＿＿＿＿

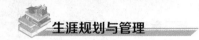

(5) 家族中对彼此职业是如何评价的？（例如："表哥在医院当医生，不仅收入高，社会地位也高，环境好，职业素养要求高等。"）_____

(6) 他们认为自己的职业未来发展趋势是：_____

(7) 他们认为从事该职业需要具备的条件有：_____

(8) 我觉得我的支持系统中的人对我未来选择职业的影响是：_____

(9) 哪些职业是我不考虑的，为什么？_____

(10) 哪些职业是我渴望的，为什么？_____

(11) 选择职业时，我还重视哪些条件？_____

二、职业探索十大任务

（一）职业描述

职业描述就是定义这个职业的内涵，具体包括职业名称和各方对其的定义。在罗列别人对这个职业的看法后，你也要给这个职业下一个定义，为自己的职业报告做好准备。职业描述是对职业最精练的概括和总结，是透彻理解职业和调研职业的基础，给职业定义的每个字都要仔细思考，因为日后你要对职业定义进行拓展。一般来说，每个职业都有固定的定义，可以参照人力资源和社会保障部组织编写的《职业分类大典》，来了解职业的详细介绍。

（二）职业的核心工作内容

每个职业都有核心的工作职责，职责背后对应的就是工作内容。了解职业的核心工作内容，有利于了解完成工作需要的工作能力，这样就很容易找到和自己之间的差距，从而有目的地补充相关能力以完成工作内容。在多大程度上了解工作内容，是衡量一个人对工作的熟悉和喜欢的重要标准。成熟的职业都有权威部门给其总结确定的核心工作内容，一些企业的招聘广告会对工作内容进行描述，也可以请教行业协会，或是从事这个职业的资深人士。一般，企业的人事部门和直接部门经理也有对职业的具体感悟。

（三）职业的发展前景及其对社会和生活的影响、作用

职业的发展前景是国家、社会等对这个职业的需求程度，具体包括三个方面，职业在国家阶段发展中的作用，职业对社会和大众的影响以及职业对生活领域的影响。对于求职者来说，不仅要知道这个职业对国家、对社会、对行业有用，也要了解这个职业对大众、对生活的影响，人们对其的依存度和声望度怎样。职业的发展前景，尤其是国家的导向是促进职业发展的黄金动力，知道你日后从事职业的发展轨迹就能更好地判断自己是否能切入及如何选择切入点，尤其要注意对大众、对生活的影响，因为大众的才是永恒的。职业在国家发展中的作用一般有劳动部门的权威预测，而对社会和生活的影响是真正需要自己去调研的。

（四）薪资待遇及潜在收入空间

职业是社会分工的产物，职业根据参与社会分工的量来确定相应的报酬，在不同的行业、企业、岗位上还有一些潜在的收入空间。能赚多少钱是大家都关心的话题，所以，在考量职业时要重点调研职业的薪资状况。每个职业起薪都差不多，能力不断提升的背后就蕴藏着高薪。每个职业都会有薪资调查，多数是由猎聘求职中介进行，如前程无忧等，有

些也通过网络媒介来获取，如查询网友们在互联网平台晒出的工资等。

（五）岗位设置及不同行业、企业间的差别

一般来说，一个职业是有一系列岗位划分的，不同行业、不同性质、不同规模的企业对岗位的划分和理解有很大不同，很可能同样都叫一个名字，但干的活却完全不一样。了解职业的岗位设置，能加深对职业外延的理解，知道职业的具体岗位后，可以了解到该职位的性质、对人才的要求等，就可以有针对性地将自身条件与职位进行匹配。不同行业对职业（岗位）的理解和要求是有差异的，而具体到企业中就更是千差万别了。一般来说，人事权威网站、职业分类大典、业内资深人士是比较了解这个职业的具体岗位设置情况的。

（六）入门岗位及其职业发展通路

入门岗位是指针对应届毕业生的工作，一些中低端岗位是面向大学生开放的。在了解入门岗位的同时，还要了解该岗位的日后职业发展道路、发展途径及最高端岗位。入门岗位是提供给毕业生的敲门砖，所以，你一定要知道你能通过哪些岗位进入这个职业。应届生岗位可从每年的校园招聘或者校园招聘网站获取相关资讯。

（七）职业标杆人物

职业标杆人物是指领域中成绩优异者。职业标杆人物是怎么做到的，他取得了什么成绩，遇到了什么困难，具备什么素质等，是毕业生应该关注的。无论是国内还是国外，每个职业都有一流的人物，研究职业标杆人物，可以让自己了解他的奋斗轨迹，让自己在"追星"中加深对职业的了解，也会让你找到在这个职业领域奋斗的途径。当你在网上搜索这个职业时，一般就会找到职业标杆人物，图书馆也有很多这方面的书籍。当然，如果有机会接触到业内资深人士，也可以在与他们的沟通交流中获取经验和信息。

（八）职业的典型一天

职业的典型一天，更多是在访谈中完成的。你要知道这个工作的一天是怎么度过的，从上班到下班的时间是怎么安排的。了解职业的典型一天是判断自己是否适合这个职业的重要指标，如果你不喜欢该职业的一天，就不用再准备去从事这个职业了，所以这个过程是非常关键的。尤其是这个工作对你个人生活的影响，看你能否接受。职业的典型一天，在职业的核心工作内容中会有涉及，但具体到个人的资料就不多了，所以还需要你去访谈从事这个职业的人，这样才更真实。

（九）职业通用素质要求及入门具体能力

职业通用素质要求是指从事这个职业的一般的、基本的要求，主要是个人通用素质能力，就是能把这个工作做好要具备的能力。通过对职业外在素质要求的了解，对比自己是否能够胜任，还有哪些要加强的能力，从而规划大学生活。其实每个岗位的岗位描述中的任职资格都有介绍，只是要把其整理出来，尤其要加上职业访谈中的内容，列出十项最常用的能力，然后与自己一一对照，从而更清楚地认识自我。

（十）工作与思维方式及对个人的内在要求

工作方式和思维方式是你做好、做精工作的保证，有些工作对人的内在要求是很高的，如态度等。工作方式及思维方式是从你的内在来判断你是否适合和喜欢一个职业的核心标准。从内在出发来判断是否喜欢是科学的，因为职业是客观的，只是因为你选择了职业才会有是否愿意做、是否合适做等问题的产生。所以，在对职业的方方面面进行考量之后，最后一关就是对职业所要求的内在盘点。岗位描述中的任职资格也会有对内在素质的要求，还有业内普遍认为的个人素质，还要考虑不同行业、不同类型企业的差异。

举办一场职业博览会

活动目的：

激发学生开展职业资料收集与分析的兴趣，通过成果分享，拓宽学生的职业知识；通过活动，锻炼学生的表达、演讲与思辨能力。

活动步骤：

（1）4~5人组成一个"职业资料专家小组"，每组选定1人为组长，1人负责记录，其他人为参谋。每组选定一个与学生专业、职业目标比较接近的具体职业或行业，开展资料收集工作。各组分工上网查找相关资料，然后整理资料，并制作成海报或PPT。若此环节为现场进行，可限定在一定时间（如10分钟）内，看看哪个小组的分工合作及资料收集的效率最高；也可以安排在课前完成，课上直接发布。

（2）重新安排桌椅，以便开展"职业资料新闻发布会"。每组选1~2人进行3~5分钟的"职业资料发布"演示（最好用PPT等多媒体手段），内容包括职业的工作内容、入职要求、职位晋升发展、职业未来发展前景等信息。

（3）演示完毕，全体组员到前台接受其他同学的咨询，时间为5分钟左右。

（4）其他各组同学就准备的职业资料情况、演示现场和答询情况进行打分。

交流与分享：

如何才能有效收集正确、完整的职业资源，都有哪些搜集职业信息的渠道？各组介绍的职业中，哪些最吸引你，理由是什么？

三、职业中的困惑及解决方案

（一）职业定位模糊

职业定位是指职业人通过对行业发展的充分了解，并根据自己的兴趣，确定自己的职业方向。

1. 职业定位模糊的原因

职业定位是自我定位和社会定位的统一。通常在面临下列情况时，容易出现职业定位模糊。

（1）专业与自身兴趣、爱好不吻合。

（2）盲目求职，没有充分考虑自身的优劣势。

（3）对目前工作状态不满意，但又不知所措。

（4）面临多个选择，或对未来职业发展没有把握。

2. 解决方案

（1）全面、客观、系统地评价自身的职业兴趣、职业能力、爱好特长，分析自己适合做什么、能做什么。知己知彼，寻找符合自我的角色。

（2）分析职业行情和职场形势。在社会需求与个人兴趣爱好之间寻找两者的契合点，明确自己在社会中的角色定位,这样选择职业时比较容易成功。

(3)个人在不同的职业发展阶段所处的环境不同,尤其是在职业转型或跳槽时,要比较自身的优劣势,理性思考,扬长避短。

(4)必要时借助职业倾向、职业能力、职业兴趣的综合测评,了解自己具备哪一种性格特征,为自己的职业定位提供参考。明确职业定位可帮助个人在职业选择上少走弯路,使自己在职场竞争中游刃有余。

(二)职业规划缺失

职业规划就是个人针对自身的性格、能力、特长、兴趣、潜能,根据行业发展与从业准则进行分析和测定,制订相应的职业计划,从而达到个人职业发展的终极目标。很多人很少会考虑到制订这样的计划,以致迷失方向。一般人对"职业规划"这个词的感觉往往是难、复杂、麻烦等,更有些人觉得"那是高级人才的事情,跟自己没有关系"。

导致职业规划缺失的原因恰恰是把职业规划想得太复杂,从而放弃设计自己的职业规划。职业规划是职业生涯的管理工具,其核心是"跟自己谈工作、了解自己"。跟自己谈工作的最好办法是"给自己写信",即写信给将来的自己。在信里,跟将来的自己谈谈工作情况,还有鼓励、批评。信的内容是构成自我职业规划的因素,内容越具体,职业规划就越明确。信还可以定期写、反复写,因为每个人的职业规划都跟别人不同,而且规划毕竟还是规划,需要根据情况修改。

(三)求职技巧匮乏

整个求职过程可分为四个阶段:甄选企业、投递简历、面试、试用,各个阶段都有诸多方法和技巧可以提高求职成功率。但据调查,80%以上的人对求职过程中第一个及最后一个阶段的重视度不够,求职技巧也十分匮乏。而相关的专业培训课程对求职技巧的研究则缺乏创新性、针对性。

以下方案可以帮助你提升求职技巧。

(1)跟应聘职位沟通:确切地说是了解从事该职位需要具备哪些技能、素质,包括公司所在的行业位置和发展目标,自己能对公司起什么作用等。在了解职位的基本情况后,对照自己,做好准备,以便向公司证明自身具备的技能和素质。

(2)跟考官沟通:不善言谈的人最好从自己最拿手的方面谈起,以帮助自己尽早进入状态,避免因紧张而失误。

(四)职场中人际问题

现代企业中,分工合作、职位升迁等利益分配使原本简单的同事关系、上下级关系变得复杂起来。对于在职场中打拼的人,人际关系的处理能力非常关键,这种能力往往决定一个人的工作成就。有许多职场人士往往处理不好工作中的人际关系,从而影响个人工作的开展。

以下方案可以帮助你提升人际关系处理能力。

(1)首先要明确,人际关系不是工作的全部。脚踏实地做事,勤勤恳恳工作,多创造业绩,才能使自己在职场中得到认同。想在职场中站稳脚跟,实力是关键。

(2)积极面对"人际冲突",主动和不同部门的同事建立友好的关系。和谐的人际关系不仅会让工作变得愉快，还能在需要的时候助自己一臂之力。

（3）避免被卷入人际关系斗争的圈子里。若是被动地卷入争斗的旋涡，最好待事态明朗后抽身。

（4）始终牢记：努力工作。因为工作绩效才是职场中最坚实的基础。

（5）理解感悟企业文化。当团队文化达到理想模式时，则不仅能包容性格不同的人，而且能给予人克服困难的勇气。

（五）职场"过劳"

职业发展是分阶段的，越往上晋升责任就越大，压力也越大。年轻职业人往往存在一个误区：把年轻当作最大的资本，而不重视工作胜任能力、职业管理能力，缺乏应对长期竞争的经验。疲劳、压力、挑战和挫折等引发的疲劳不堪、情绪低落、心情烦躁、失眠等身心失调，往往是疾病的前奏。

职场"过劳"有两种，一种是假性过劳，一种是真性过劳。

1. 假性过劳

假性过劳是指由于自己的主观因素而造成的疲劳。出现这种情况时，要从三个方面入手。

（1）清楚了解工作目标，避免做无用功。感觉自己工作吃力，很多情况下是由业务不精或工作方法错误所致。

（2）熟悉自己的工作内容，安排合理的工作顺序。要学会工作，注意工作的规律和方式方法。

（3）从工作中寻找快乐和满足。很多假性过劳其实是心理的疲劳，因此，要努力从工作中获得情绪的愉悦，通过成功完成任务获得满足感。

2. 真性过劳

若是真性过劳，要学会保护自己的合法权益，通过劳动监察或劳动仲裁依法解决问题。

（六）职业倦怠

职业倦怠是人们在紧张和繁忙的工作之中受情感和环境等内外因素影响而出现的一种身心不适、心理衰竭、情感封闭和亚健康的状态。职业倦怠的症状有：对职业前景感到迷茫，缺乏工作热情和动力，易产生疲劳、厌倦、焦急、烦躁心理，情绪低落，精神不振，心理疲乏。

造成职业倦怠的主要原因有两个：一是没有明确的职业规划。在选择工作时，没有明确的条件，或者只有待遇条件而没有其他条件。有些人甚至没有考虑具体工作内容、发展前景、工作环境等因素。二是耐心不足。工作的情况时时刻刻都在变化，即使现在"没劲"，也不能保证以后一定"没劲"。不少人在没有感受到快乐工作之前，就想换工作。

职业倦怠不一定需要通过换工作来解决，也有人在换工作之后又产生职业倦怠的，越换工作越有职业倦怠。要避免发生职业倦怠，关键还是要进行职业规划。要分析自己为什么陷入职业倦怠，把自己能想到的原因都列举出来，可能会发现，职业倦怠的原因并不在工作上。另外要分析目前的工作情况，对自己的工作有一个重新的认识。

了解自己的职业倦怠是主观原因造成的还是客观原因造成的，能否通过自己的努力克服。如果通过努力克服不了，才考虑换工作。换工作是解决职业倦怠的最后手段，一定要慎重对待，千万不能把小的职业倦怠变成"慢性"职业倦怠。

（七）"薪"情不如愿

"薪"情不如愿有两种表现，一种是"这山望着那山高"，一方面对自己抱有很高的期望，另一方面对市场行情的认识不够，薪资与期望总有一定的差距；另一种是认为自己的付出和收入不成正比，得不到应有的报酬。

"薪"情不如愿，要从两方面来看，可能是单位的原因，也可能是求职者自身的原因。如果你觉得自己能够胜任这份工作，而单位却没有给予相应的工资待遇，那么要看你自己喜欢不喜欢这份工作。若你觉得自己是适合做这份工作的，那么就要与单位进行沟通，婉转地说出加薪的想法，看看老板如何反应；若你本来就对这份工作不感兴趣，或者觉得工作不适合自己，那么就要静下心来，好好对自己的职业生涯重新定位。只有热爱本职工作，才能做得快乐，并把它做好。另外，如果你是因为学历低或者技能不强而得不到满意的薪水，那么就要靠自己的努力去改变，切勿不切实际、眼高手低。

（八）缺乏工作安全感

工作安全感是指一个人在职业中获得的信心安全和自由的感觉。一般情况下，缺乏工作安全感大致有以下几种原因：自身努力得不到用人单位的肯定和赞赏，专业能力和技能达不到职位的要求，岗位流动性大，竞争激烈，面临被淘汰、失去工作的危险，劳动过程中得不到应有的保障。

以下方案可以帮助你找到工作的安全感。

（1）改变工作状态，调整工作节奏，适应环境和工作、管理模式的要求。

（2）居安思危，提高自身的竞争能力，加强学习培训，不断充实自己，提高业务水平和技能。增强危机意识，以自身能力去适应环境和竞争的需求，而不要指望环境来适应自己。

（3）自我调节，变压力为动力。在现代社会，绝对的安全感是没有的，要接受不安全感带来困惑的事实，学会自我调节、自我降压，把压力转化为努力工作的动力。即使面临被淘汰、失业的危险，也要冷静对待，以积极的态度重新找回自我、重新立足社会。

（4）在自身利益受到侵害时，要运用法律来维护和保障自己的权益。

（九）职业转型"阵痛"

当一个人不得不放弃从事多年的工作，而转向另外一个行业或者工种时，从熟悉到陌生，没有了原始的积累，便会产生困惑和疑虑。其实，转型既是一种机会也是一种危机，必须考虑自身的特质及行业特性。

在转型过程中要以自己的职业锚为准则选择自己的方向。首先，要认清自身的不足，充分考虑自身的特点，包括职业兴趣、工作经历、优势等，找准自己的职业锚。其次，要充分了解市场的发展趋势以及市场对人才要求的变化，结合这两点，找到最理想的转型切入点。最后，转型时要选择与自身专业相关的行业，使转型有个平稳的过渡阶段，让自己尽快熟悉新角色。

第三节　职业环境分析与评估

人都是处在不同的环境中的，离开了环境，便无法生存与成长。大学生在制订职业生涯规划时，要充分分析环境的特点、环境的发展变化情况、自己与环境的关系、在所处环境中的地位、环境对自己提出的要求以及环境对自己的有利条件与不利条件等。只有对这些环境因素充分了解，对各种可能影响到职业的外部力量加以衡量、评估并做出反应，才能在复杂的环境中趋利避害，才能使自己的职业生涯规划更具实际意义。

一、社会环境分析

所谓社会环境分析，就是通过对社会大环境的分析，来了解所在国家或地区的政治、经济、文化、职业等方面的发展方向，寻求各种发展机遇。社会环境对我们的职业生涯乃至个人发展有重大影响。

（一）政治环境

政治因素主要涉及国家的政治体制、方针、政策、政局等。政治和经济是相互影响的，政治不仅影响一国的经济，而且影响着企业的组织体制，从而直接影响个人的职业发展。政治制度和氛围还会潜移默化地影响个人的追求，从而对职业发展产生影响。

（二）经济环境

经济环境是影响职业选择和职业发展的重要因素，具体说来，经济环境方面的因素主要有以下几种。

1. 经济形势因素

经济形势的变化对职业的影响是最为明显又最为复杂的。当经济处于萧条时期时，企业效益降低，对人力资源的需求减少，因而职业选择和职业发展的机遇减少；当经济处于高速发展时期时，企业处于扩张阶段，对人力资源需求量就会增加，职业选择和职业发展的机遇就随之增多。

2. 经济发展水平因素

在经济发展水平较高的地区，企业相对集中，优秀企业也比较多，个人职业选择的机会比较多，有利于个人职业发展；反之，在经济落后地区，个人职业选择的机会相对来说比较少。

3. 人们的收入水平因素

社会对人力资源的需求是一种派生的需求，当人们的收入水平提高时，对商品消费的需求会增加，企业扩大生产，从而增加对人力资源的需求，职业选择和职业发展的机会增多；反之，职业选择和职业发展的机会减少。

（三）社会文化环境

社会文化环境包括教育条件和水平、文化设施等。在良好的社会文化环境中，个人能够受到良好的教育与熏陶，从而为职业发展打下更扎实的基础。

社会文化是影响人们欲望、行为的基本因素。社会文化反映着个人的基本信念、价值观和规范的变动。如果一个地区的人崇尚职业的新奇性和交换性，那么这个地区的人在各个企业之间的变动频率就较高，如美国公民普遍喜欢市场契约制度；如果人们追求工作的安全感和稳定性，那么人力资源在各企业之间的流动就相对较少，如日本公民喜欢终身雇佣制。

（四）职业环境

总体来说，我们现在处于一个非常好的宏观环境，社会安定，政治稳定，经济发展迅速，并与全球接轨，法制建设不断完善，文化繁荣自由，尖端技术、高新技术突飞猛进。因此，在这个大前提之下，我们需要特别注意的是职业环境的变化。所谓职业环境，就是今后可能选择的职业在社会大环境中的发展状况、技术含量、社会地位、未来趋势等。大学生需要了解：当前热点职业有哪些？发展前景怎样？社会发展趋势对所选职业有何要求？影响如何？这些问题都要进行详细分析。

二、组织环境分析

进行全面的组织环境分析是我们"知彼"的核心，毕竟你所选择的这个组织将与你今后的职业发展息息相关。组织环境分析包括行业环境分析和单位环境分析。

（一）行业环境分析

行业环境分析包括对目前拟从事的目标行业的环境分析。其内容应包括行业的发展状况，国际、国内重大事件对该行业的影响，目前行业的优势与问题，行业发展趋势等。

行业与职业不同，行业是企业的集合。从事同类产品的生产销售企业或提供类似服务的企业达到一定的数量才形成一个行业。例如，家电行业，就包括生产空调、电视机、冰箱、洗衣机等不同类型具体产品的若干家企业。在同一行业内，可以从事不同的职业。例如，同在保险业，可以做保险业务员，也可以是人力资源部经理。在分析行业环境时，一定要结合社会大环境的发展趋势。由于科学技术的飞速发展，某些行业会逐渐萎缩、消亡，有许多极具发展前途的朝阳行业不断出现。同时还要注意国家政策的影响，要了解国家对某一行业是支持、鼓励和引导，还是限制、控制和制约。要尽量选择那些有前景、发展空间较大的行业。例如，我国近年来推行可持续发展战略，保护生物多样性，在农业生产中控制化学制品的使用，开发"绿色食品"等，使环境保护产业如初生朝阳般充满生机，导致环保设备生产、环保技术咨询等行业迅速发展，提供了大量就业岗位。而这时如果不了解情况，为了一时利益，盲目进入那些污染后果严重的行业谋职，必将会给自己的职业生涯造成不良后果。

（二）单位环境分析

个人在选择单位时有必要通过个人可能获得的一切渠道，比如通过有关网络、书籍和企业发展史、当地各种商业活动、企业人物获奖的细节了解可供参考的资讯；通过公司的网站了解企业文化的有关线索；通过参观或参加面试时的谈话及资料背景来充分了解企业情况。

对单位环境的了解主要包括以下几个方面：组织规模和组织结构；组织实力、声誉和形象；组织文化、组织氛围和人际关系状况；组织发展战略和发展态势；目前的产品、服务和活动范畴，市场发展前景；组织领导人与组织政策和组织制度；组织人力资源开发与管理状况，如人力资源需求、晋升发展政策、薪资和福利、教育培训、工作评估等；工作设施设备条件和工作环境等。

三、家庭环境分析

家庭是个人成长的核心环境，性格和品质的形成及个人的成长都离不开家庭环境的影响。子女与父母的关系，家庭的社会经济地位，父母的管教方式，父母对子女未来职业的期待以及期待程度，父母的职业身份和父母的榜样作用等，均在不同层面对大学生的职业生涯发展产生不同程度的影响。研究也表明，大学生个体自我认知程度越高，将自身兴趣与专业选择和职业生涯发展结合得越紧密，家庭因素对他的影响就相对越小。

大学生在进行职业生涯规划时，要考虑家庭的经济状况、家人期望、家族文化等因素对本人的影响。个人在成长过程中，在不同时期也要根据自己的成长经历和所受教育的情况，不断修正、调整，并最终确立职业理想和职业计划。正确而全面地评估家庭情况，才能有针对性地设计适合自己的职业规划。

对家庭环境的了解和分析主要包括以下几个方面：家庭关系、（如亲子关系、父母关系、兄弟姐妹关系等）、家庭生活环境、家庭经济状况、家庭成员健康状况等。通过家庭环境分析，探索家庭环境对自我职业发展的影响，在肯定积极影响的同时，要特别关注可能存在的阻力并思考解决的方法。

在你暂定职业目标后，就可从家庭环境的角度来分析可能面临的阻力或可借用的助力，如表3-2所示。

表3-2 暂定职业目标后的家庭环境分析

影响因素	暂定职业目标			
	目标1 （　　）	目标2 （　　）	目标3 （　　）	目标n （……）
家庭环境	助力：	助力：	助力：	助力：
	阻力：	阻力：	阻力：	阻力：

请在表3-2中填写暂定的职业目标和家庭环境各种可能的影响因素，并就实现各个暂定目标可能面临的阻力与可借用的助力进行分析。可以将分析结果同多位好友或同学一起分享，讨论这些暂定职业目标的可能性，以及如何采取行动增加助力并减少阻力。

大学生在进行环境探索的过程中，要科学把握以下四点。

第一，要确定你今后的工作区域。地域不同环境亦不相同，如经济水平、文化环境、人才的储备、适用、竞争等方面存在差异，因此，就业竞争和职业发展难易程度就有所差异。

第二，要对行业进行分析。在做规划的时候，你要确定今后进入哪个行业。并了解行业里面对人才的具体要求、储备和竞争的状况。有的行业要求要有比较好的学历背景，比如做外贸，就要求有外贸的基础和较好的外语水平。

第三，要对组织（公司）进行分析。因为每一个公司都不一样，一般分析一个公司、一个单位，要分析四个要素：第一个要素是"人"，如老板、领导、员工、氛围如何；第二个要素是"财务状况"，如有多大的经济实力，产值、利润如何；第三个要素是"物"，如办公地点、设备、设施等；第四个要素是"单位文化"。

第四，要分析工作岗位。任何一个工作岗位都有一些最基本的要求，比如敬业精神，任何单位任何的岗位都需要敬业；比如遵守纪律、语言的表达、团队的精神，这都是共通的。但是有的岗位还要有特殊的要求，比如专业技能。

我们只有把这四个方面分析清楚，才知道自己往哪个方向走。

视觉笔记（图3-5）

图3-5　视觉笔记

第四章 生涯决策与规划

生涯寄语

立志不坚,终不济事。

——朱熹

我们的决定,决定了我们。

——萨特

计划就是先将未来摆放在面前,然后现在就为它做些事情。

——亚伦·勒凯斯

如果有什么需要明天做的事,最好现在就开始。

——富兰克林

知识导图

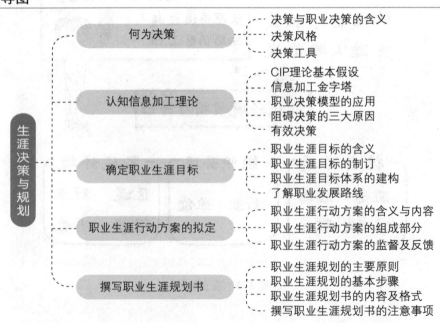

案例导入

林同学上大学以后就感到迷茫。已经上大三了，周围的同学似乎都已经有了目标和方向，她对于考研还是就业却还不知道自己该如何选择，比较焦虑。

彭同学已经决定了先就业，但到底是去公司还是考公务员，他仍拿不定主意。父母说公务员工作稳定，收入也不错。他也同意父母的看法，但又想去一线城市的企业闯闯。

杨同学本身是学心理学的，她对于幼儿教育这一领域非常感兴趣，已经对此进行了不少探索，从自己的性格和兴趣、能力等方面的评估来看，也比较适合此项工作。可是，她却迟迟下不了最后的决心，总是问老师："我真的适合干这一行吗？"

上面几位大学生的问题都涉及职业决策。决策是一件不容易的事情。小到选一件衣服，大到选择职业或伴侣，不少人都缺乏为自己决策的信心。他们担心会后悔，因此在面对选择时左右为难，也有的人干脆拖延了事。他们没有意识到，当他们这样做的时候，实际上已经得出了一个决定：那就是不决策。如何进行有利于自身长远发展的职业决策，似乎成了一个难题。

第一节　何为决策

在我们的生活中，决策无处不在。决策能力决定一个人的生涯成熟度，影响着我们的生涯发展。

生涯体验

生涯幻游

在舒缓的背景音乐下，请大家以舒服的姿势坐好，深呼吸，放松。然后，由老师或一位同学以缓慢轻柔的语言念出下面的指导语：想象现在是五年后的第一天，一个平常的工作日，早晨，你从一夜的安睡中醒来，想到即将开始的一天，心中充满了兴奋和期待。你起身，从衣橱中挑出你今天上班要穿的衣服。现在你正站在镜子前装扮自己，你穿着什么样的衣服呢？（停顿）现在你开始吃早饭。有人跟你一起吃早饭吗？还是你一个人吃？（停顿）接下来，你准备去上班，你是在家里办公吗？如果不是，你工作的地方在哪里？离你家有多远？你乘什么样的交通工具去呢？（停顿）

现在你正走向你工作的地方，它位于什么地方？看起来怎么样？（停顿）你做什么工作？你主要是操作器械、工具，还是跟人打交道？你的办公场所是什么样的？是在室内还是在室外？（停顿）你跟别人一起工作吗？你跟他们会有一些什么样的交往？

到吃午饭的时候了，你准备去哪儿吃饭？跟谁一起去？你们会谈论什么问题？（停顿）现在回到工作中来，完成这一天的任务。下午的工作与上午的工作有什么不同吗？（停顿）你什么时候结束工作？离开前完成的最后一项任务是什么？（停顿）一天的工作结束了，你会怎样度过夜晚的时间？（停顿）夜里，当你躺在床上回想这一天，有哪些事情让你感到愉快和满足？为什么？（停顿）当你准备好时，请睁开你的眼睛，并静静地坐一会儿。

请将你在"生涯幻游"中所感受到的细节记录在下面。

一、决策与职业决策的含义

（一）决策

何为决策？有两个定义被普遍引用。一是，决策就是个人在多项选择之间权衡利弊，以达成最大价值的历程。大家在选项面前踌躇不前，往往是因为被困在了各个选项的利弊权衡过程中，无法进行价值的取舍，所以犹豫甚至痛苦。二是，决策是根据所获得信息进行选择的过程，任何决策都是承前启后的。"承前"是指当人们得出一个决策后，常常就可以结束因无法决策而带来的焦虑和压力；"启后"是指，决策的得出，就意味着可以开启决策带来的行动或改变，若无行动或改变，决策就失去价值。

（二）职业决策

职业决策的定义可以从广义与狭义两个角度来解读。

1. 广义的职业决策

广义的职业决策指为确定职业所进行的提出问题、收集资料、确定目标、撰写方案、分析评价、最后选定、检查监督等一系列认知活动，如图4-1所示。

提出问题 ➡ 收集资料 ➡ 确定目标 ➡ 撰写方案 ➡ 分析评价 ➡ 最后选定 ➡ 检查监督

图 4-1　广义的职业决策

用生物学里的概念打个比喻，就是不断地同化和顺应，不断地接收来自外部和自身的信息并加以整合，然后内化为自身的一部分，再以执行选择的形式投于外部世界，进行新一轮的纳新、整合。

2. 狭义的职业决策

狭义的职业决策，则是把决策理解为广义决策过程的其中一个环节，即从几个备选职业选项中选择一个"确定"的环节，通俗地说就是"拍板"。具体讲，是指为达到一定的目标，从两个以上的可靠方案中选择一个合理方案的分析判断过程，是决策者对应当做什么和怎么做等问题的决定。

可见，狭义的职业决策一般由三部分构成：①明确目标；②确定可选方案；③确定最终方案。即使是最微不足道的决策，也依从这个模式。

例如：天气炎热，口干舌燥，你来到学校超市，冰柜里有冰激凌也有矿泉水，你犹豫了一下，觉得还是矿泉水更解渴，就拿起一瓶，付了钱后立即开始畅饮。这个决策过程包含了上述三个部分：明确目标（解渴），确定可选方案（冰激凌和矿泉水），决策并行动

(买矿泉水，然后畅饮)。

职业决策的核心是基于我们对自身特质、个人社会支持系统、社会需要等方面进行综合分析后，得出合理的职业方向，即进行职业定位的过程。大学时代是奠定我们未来事业发展的关键时期，那么，我们如何进行职业生涯规划，才能有正确的开端呢？

事实上，由于个体差异和个人偏好，很难对职业生涯规划建立一个精确的按部就班的程序。一般来说，职业决策有以下步骤。

（1）认识问题，界定目标。你意识到自己对职业前景的困惑，并决定采取行动来努力解决这一问题。职业决策的首要步骤是界定目标，例如，选择主修专业及辅修专业，选择职业或雇主。

（2）了解自己。你需要做一个非常全面的自我分析。它将帮助你从自身的性格、兴趣、能力、价值观等各方面了解自己。

（3）了解外部环境及职业。一方面，了解你所处的社会、经济、政治、地理环境，衡量可能影响你的职业选择的环境因素；另一方面，收集、研究你感兴趣的职业的准确信息。

（4）找出可能的职业选择。了解职业，你需要全面研究可供你选择的职业选项，筛选出可供自己选择的目标。

（5）运用人职匹配、SWOT分析等方法进行个人与职业的对比分析。一般来说，对候选的三个目标职业进行比较分析，个人的特质与职业特征最匹配的职业就是最适合自己的职业。

（6）做出决定。根据你对自己的特点和职业前景的判断，确定一个目标职业。

（7）执行决定。通过求职活动将你的职业决策付诸实施。

（8）获得反馈。评估你的职业决策，如果有太多的负面反馈，那么重复以上步骤。

二、决策风格

小芳和小丽一起去眼镜店买眼镜，两人消费能力相当，但在选择买哪款眼镜的效率问题上，小芳效率优于小丽。不到一个小时，小芳就满意地戴着新眼镜在旁边的书店边看书边等小丽了。但等了好半天，小丽还一直在三款眼镜间迟迟不能决定。

小丽很不解地问小芳："为何什么事好像你总能高效决策，而我却总是犹豫不决呢？"

解答小丽困惑问题的答案就是——两个人的决策风格显著不同。

每个人在面临不同的选择情境时，除了需要对个人已经掌握的信息进行综合分析外，通常还要运用自己习惯的态度和行为方式。无论是在商场购物、选修公共课、参加社团还是考研，尽管情境与任务不同，但进行选择的模式是非常相似的，总是带着你个人的烙印，这个模式与烙印就是你的决策风格。决策风格是影响决策效果与决策效率的一个重要因素。

决策风格也称为决策模式，是人们在决策时表现出来的比较稳定的决策态度、习惯、方式等综合特征。美国职业生涯专家斯科特和布鲁斯认为，决策风格是在后天的学习经验中逐渐形成的。决策风格对做事的效果和效率影响甚大。

（一）丁克里奇的生涯决策风格理论

最早研究决策风格的是丁克里奇（Dinklage），他通过访谈研究将人们职业生涯决策的风格归结为八种类型，如表4-1所示。

表4-1 八种职业生涯决策风格

决策类型	说明	心境表现	特点
计划型	做决定时会倾听自己内心的声音，也会考虑外在的要求，进行适应且明智的选择	一切尽在掌握，我是命运的主宰，是自己的主人	积极、主动地解决问题
冲动型	选择第一个到来的方案而不考虑其他的选择或收集信息。但是当其他的可靠方案一出，又马上改变	先决定，以后再考虑	不必花时间纠结与思考；风险大，等看到有更好的选择时追悔莫及
直觉型	跟着感觉走，无法解释选择的理由	嗯，感觉还不错，就这么决定	比较简单省事
宿命型	将决定留给境遇或命运，认为什么选择都是一样的	船到桥头自然直，听天由命	不必自己负责任，减少焦虑；人生态度消极低沉，容易成为环境的"受害者"
顺从型	顺从别人的计划而不是独立决策	你说怎么办就怎么办	维持表面和谐，获得了虚拟的安全感；顺从别人的计划而不是独立决策
痛苦型	过度搜集信息，使用信息时又顾虑重重，反复比较，经常处于挣扎的状态，无法决策	我就是拿不定主意	收集充分且全面的资料，仔细权衡，多方考证
延迟型	把问题往后推迟	急什么，过两天再说	延长决策的时间，总是希望"也许事情过几天就自动解决了"
瘫痪型	害怕为决策承担责任，选择麻痹自己来逃避决策	我知道该做决定，但我不敢决策	可以暂时不决策

从以上八种决策风格类型可以看出，每种类型都有自己的优点，但是，有些是真正的优点（如计划型），有些则不是（如瘫痪型、顺从型等），后者看似维持了表面的和谐，但并非真正的和谐，只是将问题延后了而已。

若将这八种风格进一步归类，可以划分到两个维度和四个象限中，如图4-2所示。

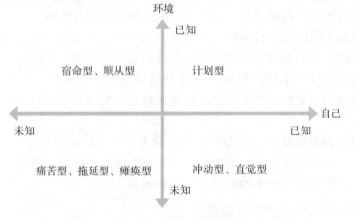

图4-2 决策风格类型

生涯体验

> **说说你的决策风格**
> 请列出最近生活中两三件决策实例，试着归纳出你在这些决策中表现出的共同特征，然后判断自己的决策风格可能属于哪一类。
> 最近的决策1：
> 最近的决策2：
> 最近的决策3：
> 这些决策中表现的共同特征是：
> 我的决策风格可能属于：

（二）克朗伯兹生涯决策理论

1. 影响生涯决定的因素

克朗伯兹（John D. Krumboltz）认为四类因素影响到一个人的生涯决定，即遗传因素和特殊能力、环境状况和事件、学习经验、工作取向技能。

（1）遗传因素和特殊能力。个人得自于遗传的一些特质，在某些程度内限制了个人对职业或学校教育选择的自由。这些因素包括种族、性别、外在的仪表和特征等。

某些个人的特殊能力也会影响其在环境中的学习经验，伴随这些学习经验而来的兴趣与技能，对个人未来的职业选择将具有相当密切的关系。个人的特殊能力包括智力、音乐能力、美术能力、动作协调能力等。

（2）环境状况与事件。克朗伯兹认为，影响教育和职业的选择因素中，有许多来自外部环境，而非个人所能控制。这些环境状况和事件来源于人类活动（如社会、文化、政治或经济的活动），也可能由自然力量引起（如自然资源的分布或天然灾害）。这些因素具体包括：工作机会的数量和性质；训练机会的多寡和性质；职业选择训练人员和工作人员的社会政策和过程；不同职业的投资报酬率；劳动基准法和工会的规定；物理环境的影响，如地震、洪水、干旱、台风等；自然资源的开发；科技的发展；社会组织的改变；家庭的影响；教育系统和社区的影响。

（3）学习经验。克朗伯兹认为，每个人独特的学习经验，在决定其生涯路径时扮演重要的角色作用。日常生活中，个体受到刺激与强化的类型、性质以及两者配合出现的时机常常错综复杂，因而没有理论能够很好地解释这些不定的变量究竟是如何影响个人生涯偏好和生涯技能发展的，又是如何影响生涯选择的。以下的两种学习，是克朗伯兹社会学习理论中最简约的形式，可用来说明学习经验对生涯决定的影响。

①工具式学习经验。工具式学习经验的获得，与学习心理学中工具制约学习的过程有相似之处。工具式学习经验有以下三部分主要内容。一是"前因"，"前因"包括了我们前面提到的各种环境状况和事件，以及个人在生活中遇到的刺激（即工作或问题）。二是"内隐与外显的行为"，"行为"包括内在的认知和情绪反应，以及外在的行动。三是"后果"，"后果"包含了直接由行动所造成的影响，以及个体体验到这些后果时的认知与情感反应。

克朗伯兹认为，凡是成功的生涯计划、生涯发展和职业或教育的表现所需的技能，均能够通过连续的工具式学习经验而获得。

②联结式学习经验。联结式学习经验是指某些环境的刺激会引起个人情绪上积极或消极的反应。如果原来属于中性的刺激与社会上使个体产生积极或消极情绪反应的刺激同时出现，这种伴随在一起的联结关系，会使中性的刺激也具有积极或消极的情绪作用。克朗伯兹指出，我们对于职业的刻板化印象，诸如"医生都是有钱人""军人和教师都是清苦的"等，都是通过这种联结学习的经验而习得。在个体成长过程中，也许一生都难以改变，对其生涯的选择有着深远的影响。

（4）工作取向技能。前面提到的各种因素，如遗传因素、特殊能力、社会上各种影响因素，以及不同的学习经验等，会以一种交互影响的方式使个人形成特有的工作取向技能，这些工作取向的技能包括解决问题的能力、工作习惯、工作的标准与价值、情绪反应、知觉和认知的历程（如选择、注意、保留、符号知觉等心理过程）等。

2. 克朗伯兹提出的生涯决策步骤

（1）界定问题：描述必须要完成的决策，估计完成所需的时间并设定确切的时间表。
（2）拟订行动计划：描述决策须采取的行动，并估计所需时间及完成的期限。
（3）澄清价值：描述个人将采取哪些标准，并以此以为评价各种可能选择的依据。
（4）描述可能做出的选择，确认选择方案。
（5）依据所定的选择标准、评分标准，逐一评价各种选择，找出可能的结果。
（6）比较各种符合价值标准的情况，从中选取最能符合决策者理想的选项。
（7）描述将采取何种行动以达成选定的目标。

生涯体验

决策风格探索

你平时是如何决策的呢？下面题目中的句子，是一般人在处理日常事务及生涯决策时的态度、习惯及行为方式。请阅读这些句子并填写右边的选项，注意每一个选项无所谓对错，只要符合你真实情况就可以。当你完成表4-2的选择之后，将得分计算出来，看看你是属于哪一类的决策风格。

表4-2 决策风格测试

序号	情景陈述	符合	不符合
1	我常常草率判断		
2	我经常凭一时冲动做事		
3	我经常改变我的决定		
4	决策之前，我没有任何准备，或分析可能的结果		
5	我常常不经慎重思考就决策		
6	我喜欢凭直觉做事		
7	我做事时不喜欢自己出主意		

续表

序号	情景陈述	符合	不符合
8	做事时我喜欢有人在旁边，以随时商量		
9	发现别人的看法与我不同，我便不知该怎么办		
10	我很容易受到别人意见的影响		
11	在父母、师长或亲友催促我决策之前，我并不打算形成任何决策		
12	我常让父母、师长或亲友来为我决策		
13	碰到难以作决定的事情，我就把它放在一边		
14	遇到需要决策时，我就紧张不安		
15	我做事总是东想西想，下不了决心		
16	我觉得决策是一件痛苦的事情		
17	为了避免决策的痛苦，我现在并不想决策		
18	我处理事情经常犹豫不决		
19	我会多方收集决策所必需的一些个人及环境的资料		
20	我会将收集到的资料加以比较分析，列出选择的方案		
21	我会衡量各项可行方案的利益得失，判断出此时此地最好的选择		
22	我会参考其他人的意见，再斟酌自己的情况来得到最适合自己的决策		
23	经过深思熟虑之后，我会明确决策的最佳方案		

生涯决策风格类型测试结果如表4-3所示。得分最高一组代表主要生涯决策类型。

表4-3 生涯决策风格类型测试结果

题号组	1~6题组	7~12题组	13~18题组	19~24题组
得分				
决策类型	直觉型	依赖型	犹豫不决型	理性型

根据学者海瑞的观察，大部分人的生涯决策方式可以归纳为直觉型、依赖型、理智型、犹豫不决型四种。

(1) 直觉型：直觉型以自己在特定情境中的感受或情绪反应进行决策。这种类型的人决策时全凭感觉，较为冲动，较少会系统地收集其他的相关信息，但他们能为自己的抉择负责。

(2) 依赖型：依赖型是指等待或依赖他人为自己收集信息并替自己决策。此类人在决策时较为被动与顺从，不去系统地收集信息，却十分关注他人的意见和期望。对于此类的人而言，社会赞许、社会评价、社会规范是决策的标准，他们的口头禅是"爸妈叫我去……""我的男朋友/女朋友希望……""他们认为我很合适……""他们认为我可以……"。

(3) 理智型：理智型决策合乎逻辑，系统地收集充分的生涯相关信息，并且分析各个选项的利弊得失，按部就班，以做出最佳的决定。

(4) 犹豫不决型：此类型的人虽然收集很多的相关信息，问东问西，但却常常处在挣扎、难以决策的状态中。

经过前面的测验，你是属于哪一类型？你喜欢这样的自己吗？

三、决策工具

（一）SWOT 分析法

SWOT 分析法又称态势分析法，产生于 20 世纪 80 年代初，SWOT 四个英文字母分别代表优势（Strengths）、劣势（Weaknesses）、机会（Opportunities）、威胁（Threats）。所谓 SWOT 分析，就是将与研究对象密切相关的各种主要内部优势、劣势、外部机会和威胁等，通过调查列举出来，并依照矩阵形式排列，然后用系统分析的思想，把各种因素相互匹配起来加以分析，从中得出一系列相应的结论，而结论通常带有一定的决策性。

一般来说，求职者在进行 SWOT 分析时，应遵循以下四个步骤。

(1) 评估自己的优势和劣势。每个人都有自己独特的兴趣、性格、价值观和能力。在当今分工日益精细的市场经济里，每个人擅长某一领域，而不是样样精通。例如，有些人不喜欢整天坐在办公桌旁，而有些人则一想到不得不与陌生人打交道就惴惴不安。请同学们列出自己喜欢做的事情和自己的优势，填入表 4-4 中。

表 4-4 职业决策的 SWOT 分析表

优势	劣势
机会	威胁

通过列表，同学们可以找出自己不是很喜欢做的事情和自身的劣势。找出自己的劣势与发现自己的优势同等重要，因为同学们可以基于优势和劣势进行选择：一是努力去改正自己常犯的错误，提高自身技能；二是放弃自己不擅长的职业。

(2) 找出自己的职业机会和威胁。不同的行业（包括这些行业里不同的公司）都面临不同的外部机会和威胁。所以，找出这些外界因素将帮助同学们找到适合自己的工作，这些机会和威胁会影响同学们的第一份工作和今后的职业发展。如果公司处于一个常受到外界不利因素影响的行业里，这个公司能提供的职业机会将很少，而且没有职业升迁的机会。相反，充满了许多积极的外界因素的行业将为求职者提供广阔的职业前景。请列出自己感兴趣的一两个行业，然后认真地评估这些行业所面临的机会和威胁。

(3) 用提纲列出未来五年内自己的职业目标，仔细地做一个 SWOT 分析评估，列出自己从学校毕业后五年内最想实现的四至五个职业目标。这些目标可以包括你想从事哪一种职业，你将管理多少人，或者你希望拿到的薪水属于哪一级别。请时刻记住，你必须竭尽所能地发挥出自己的优势，使之与行业提供的工作机会相匹配。

(4）用提纲列出一份未来五年的职业行动计划，这步主要涉及一些具体的东西。请同学们拟出一份实现上述步骤中每一目标的行动计划，并且详细说明为了实现每一目标，需要做的每件事，何时完成这些事。如果同学们觉得自己需要外界帮助，请说明需要何种帮助以及如何获取这种帮助。举个例子，同学们的个人 SWOT 分析可能表明，为了实现自己理想中的职业目标，需要进修更多的管理课程。那么，同学们的职业行动计划应说明自己何时进修这些课程。同学们拟订详尽的行动计划将帮助自己进行决策。

生涯体验

活动目的：
了解自我，了解职业，了解自己与职业的差距，从而找出自我学习改进的最佳方法。

活动过程：
建立 5～7 人的小组，给每位组员发一张 SWOT 分析表，请组员把自己的优势、劣势、机会及威胁填在表中，再与小组的其他成员分享。

思考：
（1）当你为自己做了 SWOT 分析之后，是否对自己的认识更加深刻了？
（2）在与小组的其他成员分享后，你有什么感悟？学到了什么？

（二）生涯决策平衡单法

生涯决策平衡单法是詹尼斯和曼恩（Janis and Mann）设计，它将重大事件的思考方向集中到四个主题上：自我物质方面的得失、他人物质方面的得失、自我赞许与否、社会赞许与否。

金树人将"自我赞许与否"和"社会赞许与否"改为"自我精神方面的得失"与"他人精神方面的得失"，就是从以"自我—他人"和"物质—精神"所构成的四个范围内来考虑，如图 4-3 所示。

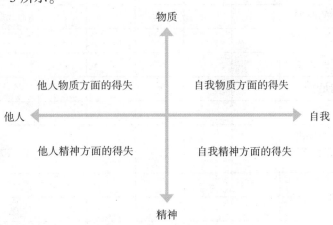

图 4-3　生涯决策平衡的主题

生涯决策平衡单的使用方法：第一步，在第一行列出你可选择的职业生涯方向的方案。第二步，在"考虑项目"一列中，根据个人关注的内容，填入在选择时需要考虑的因素（所列项目仅为参考范例，个人可根据各自实际情况罗列）。第三步，将表的各项加权打分。首先，根据各方案具有的优势（得分）、缺点（失分）来考量，给出每个项目的得分或失分，计分范围为1~10分。其次，给每个"考虑项目"赋予权重：重要性因人、因时、因地而不同。此刻的你，可以根据考虑项目的重要性与迫切性，乘上权数，加权范围（-5到+5）。第四步，合计每个方案的优点总分和缺点总分，正负相加，算出得失差数。生涯决策平衡单如表4-5所示。

表4-5 生涯决策平衡单

考虑项目 （权重-5~+5）		选择一				选择二			
		得（+）		失（-）		得（+）		失（-）	
		原始分	加权分	原始分	加权分	原始分	加权分	原始分	加权分
个人物质方面的得失	1. 收入								
	2. 工作的困难								
	3. 升迁的机会								
	4. 工作环境的安全								
	5. 休闲时间								
	6. 生活变化								
	7. 对健康的影响								
	8. 就业机会								
	9. 其他								
他人物质方面的得失	1. 家庭经济								
	2. 家庭地位								
	3. 与家人相处时间								
	4. 其他								
个人精神方面的得失	1. 生活方式的改变								
	2. 成就感								
	3. 自我实现的程度								
	4. 兴趣的满足								
	5. 挑战性								
	6. 社会声望的提高								
	7. 其他								
他人精神方面的得失	1. 父母								
	2. 师长								
	3. 配偶								
	4. 其他								
合计									
得失差数									

第二节 认知信息加工理论

有这样一则哲学故事：一头毛驴站在两堆数量、质量、距离完全相等的干草之间，它虽然享有充分的选择自由，但由于两堆干草价值绝对相等，无法分辨究竟选择哪一堆更好，于是它一直站在原地不能举步，结果活活饿死。

生活中，我们虽然不会"笨如毛驴"，但却常常因为无法选择而苦苦纠结。那到底是什么限制了我们决策的步伐？让我们借用 CIP 模型，分析到底有哪些影响我们决策的因素。

一、CIP 理论基本假设

1991 年，盖瑞·彼得森（Gary Peterson）、詹姆斯·桑普森（James Sampson）、罗伯特·里尔登（Robert Reardon）合著了《生涯发展和服务：一种认知的方法》（*Career Development and Services: A Cognitive Approach*）一书，阐述了这一认知信息加工的方法，简称 CIP 理论。并在这一理论基础上创立了著名的认知信息加工金字塔模型，即 CIP 模型，如图 4-4 所示。

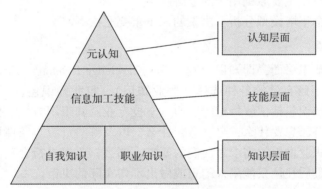

图 4-4　认知信息加工金字塔模型（CIP 模型）

（1）生涯选择源于认知过程和情感过程的交互作用。认知信息加工理论强调生涯决策制定的认知领域，但它也承认其中存在一种信息的情感资源。从根本上说，投身于实现一种生涯目标的奋斗会涉及情感过程和认知过程的交互作用。

（2）进行生涯选择是一个问题解决过程。个人能学会解决生涯问题（如选择一份职业），正如他能学习解决数学、物理和化学问题。生涯问题和数学或学科之间的主要差别在于刺激的复杂性和矛盾性，以及在正确解决问题方面更大的不确定性。

（3）生涯问题解决者的能力取决于知识和认知操作的有效性。作为生涯问题解决者，一个人的能力取决于他的自我知识和职业知识。这种能力还取决于认知操作，人们能利用这种认知操作来了解这两个领域之间的关系。

（4）生涯问题解决是一项记忆负担很重的任务。自我知识的领域是很复杂的，工作领域的知识同样如此，了解这两个领域的关系需要同时关注这两个领域。这样一种任务很容易增加工作记忆的存储负荷。

（5）生涯决策要求有动机。成为一个更好的生涯问题解决者的动机，源于个体渴望通过更好地理解自我和工作领域，进行令人满意的生涯选择。

（6）生涯发展包括知识结构方面的持续发展和变化。自我知识和职业知识，由一些在个人生命全程中不断发展的、有组织的记忆结构（又叫"图式"）组成。工作领域和我们自己都在不断变化，因此，发展和整合这些领域的需要从未停止过。

（7）生涯认同取决于自我知识。用认知信息加工的术语说，生涯认同被定义为自我知识的记忆结构的发展水平。生涯认同是自我知识领域的图式的复杂性、整合性和稳定性相互作用的结果。

（8）生涯成熟取决于一个人解决生涯问题的能力。从认知信息加工的观点看，生涯成熟被定义为独立和负责任地制定生涯决策的能力。这种能力以对自我和职业领域可供选择的最佳信息的深入整合为基础。

二、信息加工金字塔

心理学家认为，我们在自己长时间记忆中保存着一些不同种类的知识结构和成分。这些结构和成分对于生涯决策的确定具有重要的意义。首先，我们需要利用这些知识结构和成分来处理有关职业和专业等事实和概念。第二，我们要保存对生活中各种经历和历史事件的记忆。第三，我们要有成套的法则和指导原则，用于寻找问题的解决办法。第四，我们要将更多一般策略或主要原则用于问题解决。

认知信息加工金字塔模型分析了决策的三个重要层次。

（一）知识层面

金字塔底部为知识层面，即知识领域（The Knowledge Domain）。知识领域包括了解自己（自我知识）和了解自己的各种选择（职业知识）。自我知识包括了解自己的价值观、兴趣和技能。职业知识包括了解特定的职业、学校专业及其组织方式。如果我们不能清楚地知道自己是谁，自己想要什么，自己适合什么，以及哪些资源与条件可以支持自己的决策；也不了解外在职业世界的需求对我们的要求，那么，要想进行合理的职业决策，等于是在空中建楼阁，最后往往只能陷入幻想或做出不切实际的决策。

（二）技能层面

中间层是技能层面，为决策技能领域，指信息加工的技能，即决策方法。有人可能很困惑，信息我都有了，但为何我还是无法决策呢？科学的决策方法有助于有效地进行信息加工，从而进行决策。信息加工技能的五个步骤，包含进行良好决策的沟通（Communication）、分析（Analysis）、综合（Synthesis）、评估（Valuing）和执行（Execution），缩写为CASVE，构成了决策的闭环。在生涯咨询与辅导中，常用的决策方法有注重理性分析的决策工具（如决策平衡单、SWOT分析法），以及注重直觉体验的生涯幻游等。

（三）认知层面

在金字塔顶端，是称之为元认知的执行领域，是个人对自己认知过程及结果的知识、体验、调节控制。除了决策信息与决策技能，更多时候，是我们对决策本身不合理的认知与信念导致我们无法决策。这就是金字塔模型图最上层的"元认知"问题。这里的元认知，是一种更高层次的思维技能，是对自身思维过程的"再认识和再思考"。这些元认知技能主宰着我们如何思考生涯问题的解决和决策的确定。

1. 自我对话（Self-talk）

要想成为一个有效的生涯问题解决者，你必须认为自己在这个领域是胜任的和有能力的。比如，你能够对自己做出积极的评价，例如"我是一个优秀的决策者"或者"我靠自己能够做出良好的决策"。这种积极的自我对话对你的决策有两点好处：第一，它能产生一种积极的期待；第二，它能强化积极的行为。反之，消极的自我对话会使良好的生涯决策产生问题。

2. 自我觉察（Self-awareness）

成为一个有效的生涯问题解决者意味着"个人能意识到自己就是任务的执行者"。自己的命运不取决于出生，不取决于父母、老师，而是取决于自己。

3. 控制和监督（Control and Monitoring）

良好的问题解决和决策包括了何时前进和何时停下来收集更多的信息，还包括对决策的强迫性和冲动性给予认真权衡。

这一理论为职业生涯规划和职业咨询提供了操作的框架和流程。按照信息加工模型，在生涯管理中，针对元认知，我们需要辨别消极思维，进行积极的自我对话，提高自我控制和调节水平等，以此来完善我们的元认知。

三、职业决策模型的应用

职业决策模型认为一个良好的决策需要经历五个步骤：C（沟通）、A（分析）、S（综合）、V（评估）和 E（执行）。CASVE 模型如图 4-5 所示。

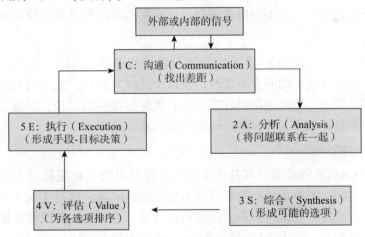

图 4-5　CASVE 模型

（一）沟通（Communication）

沟通包括内部和外部的信息交流，通过交流使个体意识到理想和现实之间存在的差距。内部的信息交流，是指个体自身的身心状态，比如在毕业找工作的时候，你可能在情绪上会感受到焦虑、抑郁、受挫等，在躯体上会有疲倦、头疼、消化不良等反应，这些情绪和身体状态都是提醒你需要进行内部交流沟通的信号。外部的信息交流，是指外界的一些对你产生影响的信息，比如，宿舍同学开始准备简历就给你提供了一种外部信息，即你也需要开始准备找工作了；又如，在求职过程中父母、老师、朋友给你提供的各种建议。通过内部和外部沟通，你意识到自己需要解决某些问题，这样的交流对开始生涯选择十分重要。沟通阶段需要回答的最基本问题是：此刻我正在思考并感觉到的自己的职业选择是什么？

（二）分析（Analysis）

分析是通过思考、观察和研究，对兴趣、能力、价值观和人格等自我知识以及各种环境知识进行分析，从而更好地理解现存状态和理想状态之间的差距。在分析阶段需要对两方面的知识进行了解。首先是自我知识，包含了兴趣（我喜欢做什么？）、能力（我擅长做什么？我都掌握了哪些专业知识？）、价值观（我看重什么？我希望工作可以带给我什么？）、人格（我是内向的还是外向的？我关注宏观抽象的事物还是具体细节？我倾向理性思考还是感性体验？我习惯于有条不紊还是随机应变？）；其次是环境知识，每一个选择处于什么样的环境？会带来什么样的生活？需要付出什么努力？比如，对于考研来说，需要付出什么努力？花多长的时间准备？读研之后的生活是什么样的？研究生毕业之后的求职情况如何？而对于找工作，也需要了解每一份职业相关的信息。

（三）综合（Synthesis）

综合是根据分析阶段所得出的信息，先把选择范围扩展开来，然后再逐步缩小，最终确定3~5个最可能的选项。这个先扩大后缩小的过程非常重要。通过分析阶段，我们对自我的各方面都有了很多了解，每一个方面都分别对应着很多职业，把这些职业都列出来，就会得到一个范围很广的选择列表；然后选取其中的交集，就得出了缩小的职业选择范围；然后，把最可能从事的职业限定到3~5个。最后，可以问自己"假如我有这3~5个选择，是否可以解决问题，消除现实和理想状态的差距？"。如果可以，就进入评估阶段选出最适合的选择；如果还是不能解决问题，就需要重新回到分析阶段了解更多信息。

（四）评估（Valuing）

评估是对综合阶段得出的3~5个职业进行具体的评价，可以运用后面提到的职业选择表进行评估。评估所选择的职业可能性以及这个选择对自身、他人的影响，从而进行排序，将能够最好地消除差距的选项排在第一位，次好的排在第二位，以此类推，职业规划决策者会选出一个最佳选项，并且做出承诺去实施这一选择。

（五）执行（Execution）

执行是整个CASVE的最后一部分，前面的步骤只是为了确定最适合的职业，还不能带来职业选择的成功，需要在执行阶段将所有想法付诸实践。这是实施选择的阶段，是把思考转换为行动的阶段。在执行阶段，需要制订计划，进行实践尝试和具体行动。

如果在执行过程中，发现问题没有解决，可以再次回到沟通阶段，重新开始一次CASVE循环，直到职业生涯问题解决为止。计划是用来实施的，在实施的过程中可以发现计划的漏洞，边实施边完善，找到理想与现实之间的差距，最终才能和理想越来越近。在此过程中，需要反复思考沟通—分析—综合—评估—执行这过程。这个过程是个循环螺旋式上升的过程，在这个过程获得的职业选择是最佳决策。

四、阻碍决策的三大原因

基于认知信息加工金字塔模型，不难理解我们在职业决策中常常深陷决策困境。阻碍我们有效决策的有以下三大原因。

1. 信息缺乏，特别是对自己与外在世界信息了解得不全面、不充分

同学：老师，我不知道我是该去考研呢还是找工作？

老师：关于考研和找工作，你都了解了什么？比如关于考研，考哪些内容？每年一般什么时候开考？对英语、政治、高数等这些公共课的要求是怎样的？你个人的学习基础及考试能力与这些要求差距多大？关于找工作，你了解过找工作的渠道一般有哪些？入职门槛都是怎样的？

同学：谢谢老师，我明白我要先做什么了。

2. 信息加工能力较差，缺乏有效、灵活、适用的决策方法

小杨：我想申请转到汉语言文学专业，但是大家都说我现在就读的产品设计专业的就业前景更好。我对于这两个专业的利与弊都进行了详细分析，但我还是无法选择？

小杨深陷选项的利弊分析中，无法取舍。这时需要借助一些决策工具进行决策，从而理性判断；或在咨询师的带领下，跳出选项，关注未来，从而站得高、看得远，找到通向未来的路。

3. 元认知发生偏差，表现在对决策本身存在不合理的认知与信念，或者对自己与外在世界的认知存在偏差

某研究生小李毕业前一直在纠结到底是找工作，或申请去别的学校当老师，还是出国？但是，摆在他面前更棘手的现实问题是，他的毕业论文还没有写完，而且按照导师的推测，他很难毕业。他也知道自己该写论文，也知道应该首先要顺利毕业。但他就是无法行动，每天就是苦苦思考未来，分析每个选项的利弊，然后找各个老师咨询。

下面是著名咨询师贾杰老师与该生的对话——

贾老师：你无法决策也无法行动，你自己觉得究竟是为什么？

李同学：因为我害怕失败，万一决策不对失败了怎么办！所以我要决策好了才有动力去行动。

贾老师：第一，过于投入过去和过于担忧未来，都是在逃避当下，而面向未来的决策都是首先要立足当下的。第二，决策就是根据当下的信息去冒险，你没有冒险的勇气，你就无法决策，这是必然的。第三，如果你无法为当下负责的话，你就失去选择的资格。

五、有效决策

CIP 模型帮助我们找到阻碍有效决策的三大原因，因此，要想解决决策困难的问题，相对应的，我们也可以从金字塔模型的三个层面寻找解决之道。

（一）调整元认知

元认知由三个部分组成：自我觉察、自我对话、监督与探索。因此，要想提升决策能力，就要经常运用自我觉察与自我对话，监督与探索自己关于决策本身的认知是否合理。在开始决策及决策过程中，请务必理解并记住以下几点：第一，决策无处不在，每个人都是在一次又一次的决策中前进与成长的。因此，决策能力是一个人生涯成熟度的重要标志。第二，世间没有完美的决策，每一次的选择都是有限的，有得必有失。一个人只有接纳不完美，愿意为自己的选择承担"失去"的风险，他才能进行决策。第三，任何决策都

是有风险的,因为决策就是根据当下的信息和个人的判断,朝向未来去冒险。依赖他人决策,主要原因是自己不愿意承担决策带来的风险与责任。第四,决策不仅包括选择,也包括行动。很多时候,人们不是因为有了选择才去行动,而是因为有了行动才能去选择。同时,当我们进行决策后,就要开始行动或改变,若无行动或改变,决策就失去了价值。基于存在主义哲学发展起来的存在主义心理学,有两个核心概念,即"自由"与"责任",主张人有自行选择其生活目标及生活意义的自由,同时强调人必须负责其自由行动所产生的后果。为自己的人生决策,是一个人的自由与权利,能否行使好这个权利,取决于他能否为决策后果负责。

因此,存在主义认为以下几类人是无法做决策的:苛求完美决策的人;只想"有所得"害怕"有所失"的人;不敢朝向未来去冒险的人;只决策但不愿付出行动的人,即俗话说的"光说不练"的人。

（二）增加信息

任何决策都是在基于知己知彼之后做出选择的。金树人老师在介绍认知信息加工理论时,告诉我们,"生涯问题的解决能力,依赖认知运作,也依赖知识。要解决一个人的生涯难题,靠的是对自己和工作世界的知识;同时也得靠自己的认知运作去统合这两类知识"。因此,决策的过程如信息材料加工的过程,前提是加工材料的准备,即对自己和对工作世界的知识准备。

如何探索自我,如何探索外在的工作世界,笔者在第二章、第三章进行了详细的介绍,在此就不再赘述。只强调一句:在进行职业决策前,先问一下自己"关于这件事（换专业、报培训班、考研、考公务员、求职、出国）都了解了哪些信息?已经做了哪些准备?",如果答案是不充分的,请不要为决策着急上火,因为你还远远没到要进行决策的那一步。

生涯体验

分析决策中的CASVE循环

请同学们使用CASVE循环来分析自己即将面临的选择或者是职业决策问题,可以参考以下问题进行。

(1) 你是怎样意识到自己的需求的?

(2) 你是如何分析这个问题、收集相关信息的?

(3) 你是如何形成解决方案的?

(4) 你是如何在不同的解决方案之间作选择的,你的选择标准是什么?

(5) 你是如何落实行动的?过程是否如你预期的那样?

(6) 你怎样评价自己当时的决策过程，你对结果感到满意吗？如果不满意，是哪个步骤出现了问题？

(7) 如此分析了你的决策过程之后，你对于自己的决策模式有了什么新的发现？这对你处理职业决策有什么指导意义？

第三节　确定职业生涯目标

生涯故事

到底要砍哪一棵树

一天，老教授在给他的学生上课。

老教授问："如果你们去山上砍树，正好面前有两棵树，一棵粗，另一棵细，你会砍哪一棵？"问题一出，大家都说："当然砍那棵粗的了。"

老教授一笑，说："那棵粗的不过是一棵普通的杨树，而那棵细的却是红松，现在你们会砍哪一棵？"大家一想，红松比较珍贵，就说："当然砍红松了，杨树又不值钱！"

老教授带着不变的微笑看着他的学生，继续问："那如果杨树是笔直的，而红松却七歪八扭，你们会砍哪一棵？"大家觉得有些疑惑，就说："如果这样的话，还是砍杨树。红松弯弯曲曲的，什么都做不了！"

老教授目光闪烁着，学生们猜想他又要加条件了。果然，他又问了："杨树虽然笔直，可由于年头太久，中间大多空了，这时，你们会砍哪一棵？"虽然搞不懂老教授的葫芦里卖的什么药，大家还是从他所给的条件出发，说："那还是砍红松。杨树中间空了，更没有用！"

老教授紧接着问："可是红松虽然不是中空的，但它扭曲得太厉害，砍起来非常困难，你们会砍哪一棵？"大家索性也不去考虑他到底想得出什么结论，就说："那就砍杨树。同样没啥大用，当然挑容易的砍！"

老教授不容喘息地又问："可是杨树之上有个鸟巢，几只幼鸟正躲在巢中，你会砍哪一棵？"终于，有人问："教授，您告诉我们到底想测试什么呢？"

老教授收起笑容，说："你们怎么就没人问问自己，到底为什么砍树呢！虽然我的条件不断变化，可是最终结果取决于你们最初的动机。如果想要取柴，你就砍杨树；想做工艺品，就砍红松！"

——以上故事结合百度文库资料整理而成

砍哪棵树取决你最初的动机,即你的目标。生涯规划如同砍树,生涯路上会有很多的不确定与未知,但如果心中有方向,眼中就有路,就不会受未知的不确定性影响而迷失方向。

生涯案例

校园"忙、盲、茫"

社团达人小林热衷于参加各种社团活动,大一刚入学就报了6个社团,摄影、英语、轮滑……还加入了校学生会。小林性格开朗,朋友比较多,他花了很多时间在社团和学生会上,结果学习成绩惨不忍睹。

生涯规划的过程就是在人生的旅途中确定一个方向。那么接下来,你会如何朝这个方向前进?是走一步看一步,还是每一步都为下一步做好计划?怎样去实现目标?目标达不到怎么办?没有目标就会在旅途中迷失方向,而合理的规划与行动也是非常重要的。本节就和大家一起来看看如何确定目标。

一、职业生涯目标的含义

人们每天都给自己制订各种各样的目标,如获得奖学金、暑假西藏游、当设计师等。而职业生涯目标就是其中与未来职业发展有关的那些目标。

职业生涯目标是指个人在选定的职业领域内的未来时间点上期望达到的成果,这个定义包含以下三层含义。

(1)职业生涯目标是个人的。每个人的兴趣、价值观等个人特质不同,所处环境不同,因此,每个人确定的职业生涯目标是因人而异的,带有明显的个性色彩,也因此无法评判谁的目标更好,谁的目标不好。

(2)职业生涯目标要在选定的职业领域内。方向和领域确定在先,目标设计在后。就如,你要想当一名律师,首先要确定自己可以进入法律领域,包括自己所学的专业、所收集的信息、所能获得的资源与支持条件,都要与法律这个大的领域相关。这与旅游目标的设定是异曲同工的。你先确定今年个人兴趣、需求及各个方面条件是支持你往西部挺进,还是南下观海,然后再确定西藏游这一目标。

(3)职业生涯目标是指向未来的,如三年、五年或十年甚至终身,个人期望达到的目的地。比如,"我期望毕业三年内能进入人力资源领域成为一名人力资源专员"。

除了上述三点,还需要强调以下三点。

(1)从学校走向社会,大学生将会面对一个全新的世界,在这个社会里,使大学生能够立足的是其所选的职业。职业不仅是生活的基础,更重要的是它能体现出每个人存在的价值。

(2)大学生在探寻个人职业目标时,一定要结合社会需求,不能简单地把个人需要、个人特质作为唯一标准,即职业生涯目标应该体现个人价值与社会价值的结合。

(3)大学生入职后,个人职业生涯目标一般还需要建立在个人评估、组织评估和环境评估的基础上,由组织里的部门负责人或人力资源部负责人与员工共同商量设定,因此,入职后个人目标要与组织目标相结合。

二、职业生涯目标的制订

美国学者戴维·坎贝尔（David P. Campbell）曾经指出："目标之所以有用，是因为它能帮助我们从现在走向未来。"立定志向可以成为成功的驱动力，同时也可以使自己更坚定方向，明确应该做的事情。

（一）目标制订的原则

对于一个人的职业生涯发展来说，目标制订是基于自我觉醒、对自己未来职业生涯的一个初步设想。目标的制订要符合一定的原则。下面，我们来谈谈目标制订的SMART原则，以及如何运用这些原则来制订我们的职业发展目标。

职业生涯目标的制订有五条原则，将这五条原则的英文首字母放在一块，正好可以组合成一个英文单词——SMART。这五个英文单词及对应的五条原则如图4-6所示。

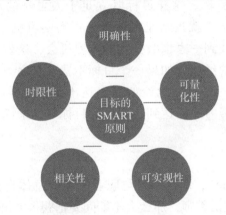

图4-6　职业生涯目标制订的SMART原则

1. 目标的明确性

目标的明确性（Specific），即目标的描述要明确、清晰。不要用含糊笼统的语言、模糊的目标，要用具体的语言清楚地说明要达成的行为标准。要做到这一点，需要回答以下6个"W"。

（1）Who：谁参与。
（2）What：要完成什么。
（3）Where：确定地点。
（4）When：确定时间期限。
（5）Which：确立必要条件和限制。
（6）Why：明确原因，实现此目标的目的或好处。

例如，甲同学确定了一个目标"我要考研"，这就不是一个具体目标。应将此目标具体化，比如"每天去图书馆，至少花2个小时复习考研的科目"，或"这周我要了解清楚考研的条件，可以上网查，或问师兄师姐"，后两个目标就比第一个目标要具体。

心理学家认为，当人们的行动有了明确目标，并能把自己的行动与目标不断地加以对照，进而清楚地知道自己的行进速度和与目标之间的距离时，人们行动的动机就会得到维持和加强，就会自觉地克服一切困难，努力达到目标。要达到目标，就要像上楼梯一样，一步一个台阶，把大目标分解为多个易于达到的小目标，脚踏实地向前迈进。

2. 目标的可量化性

目标的可量化性（Measurable），即目标的实现是可以衡量的。要有一定的量化评估数据，这样你才有一个可以衡量成功或者失败的标准，从而准确地评价你是否达到了自己的目标。比如，"加强社会实践"，改为"在这个月内，参加一个学生社团（摄影协会），并访谈两位摄影师"。再如，"这学期的考试我要考好"，改为"这学期我所有科目的成绩都要考到90分以上"，90分就是个可以量化的目标。可以量化的目标不仅可以让人明确衡量是否达到了目标，有时候还可以防止拖延。

3. 目标的可实现性

目标的可实现性（Achievable），即目标虽然有一定的挑战性，但是通过评估个人主客观条件确定可以达成的目标。这样目标既立足于人自身的水平，又可以激发人的潜能。例如，你计划在大一学年就找到业内顶级公司的实习机会，这个目标可行性不高，但如果你计划在大三学年找到一家顶级公司的实习机会，这就是一个可实现但有挑战性的目标了。我们都有这样的经验，如果一个目标不费吹灰之力就能达到，这样的目标对你来说吸引力不大；如果一个目标无论如何也达不到，这样的目标对你来说意义也不大；如果一个目标需要你努力才能达到，这样的目标对你来说较具吸引力，完成目标之后的成就感也较大。

4. 目标的相关性

目标的相关性（Relevant），即目标要与职业发展的总体目标或长期目标相联系。例如，立志毕业后要当一名英语教师，那么大学期间要把获得英语专业证书（大学生英语专业四级或八级）和教师资格证书作为毕业前的目标去努力。

5. 目标的时限性

目标的时限性（Time-bound），即目标的设定一定要有实现的期限，不能将目标统统定为"在大学毕业前完成"，而要有计划分步骤地在限定的时间内完成。以一周、一个月或学期为单位设立目标，会比将事情都堆到大四毕业前完成要有效得多。如"这个月""毕业前""毕业三年内"等。

在SMART的这几条标准之外，还有一条原则对于目标设立来说是非常重要的，那就是可控性。可控性主要是指你对影响到目标实现的因素具有相当强的控制能力。比如，"我的目标是在ABC公司获得一份工作"，这种表述方式就违反了可控性的原则。因为你能否获得这份工作并不取决于你自己，你有被拒绝的可能。但如果你将目标换成"在下周三之前向ABC公司申请个职位"，就是可行的，因为你能控制相关的因素。目标的可控性原则表明：你必须为自己的目标负责，而不能指望他人。当你确实需要他人的帮助时，你可以向他们表达，争取他们的合作，但同时对你的期望不能看得太重，必须做好被拒绝的准备。确切说，你能够控制的只有你自己，因此你的目标也必须完全地"属于"你。采用上述原则设立目标的好处是：它使你所制订的目标与计划有实现的可能，并且可以帮助你在一段时间之后回顾总结自己所取得的进步与不足，明确自己该干什么以及干得怎么样。

（二）职业目标管理应注意的几个问题

1. 目标设立的客观性

个人发展目标的确立与团队或企业目标一样，必须具有客观性，否则就只能停留在幻想中。也就是说，个人目标的设立必须建立在个人兴趣、爱好、知识、能力、身体条件及社会环境等因素的基础之上，目标应该是通过努力可以达到的，并且是可考核、可评价的，是明确、具体的，是可量化、可分解的。不具有客观性的目标是不可能实现的。如果一个人的身体条件本来是不适合运动的，那么成为长跑世界冠军的奋斗目标，就只能是一种幻想。

当然，个人的奋斗目标经确立，也不是一成不变的。随着个人的成长，知识与阅历的增加，以及兴趣、爱好的转移，阶段性地调整自己的目标更加有助于自己人生价值的实现。但也不能过分频繁地变换目标。频繁变换目标与没有目标，对于一个人的发展来说同样是危险的。

2. 目标分解的科学性

任何人都不可能一步跨入自己的理想世界，都不可能瞬间实现自己的人生目标与价值。个人的成功之路是由一个个目标铺就的，一个目标实现以后，必然出现一个新的目标。这些具体目标也是相互关联的，它们在人生总目标的统领之下，逐渐分解。一个人人生价值的实现过程就如攀登一座高峰，要想顺利到达峰顶就要从山脚往上攀，一步一步地踏点为我们支起了登顶的天梯，这每一个踏点也就是我们登顶过程中的一个个分目标。正是这些分目标的不断实现，才促使我们最终能够完成登顶的最大目标。

3. 目标的实现

目标的实现是以每一天、每一件事的努力为基础的。"世上无难事，只要肯登攀"，这是对"目标"及其实现途径的最贴切、最科学阐述。科学地制订目标、详细分解目标以后，如果不付诸实际的努力，也不会产生任何实际的成果。

实践作业

目前，你有关于毕业前或毕业后的一些目标吗？请写出来，然后用所学的SMART原则来重新表述这一目标，使其更具体、更有操作性与合理性。

毕业前（后），我的起始目标是：_____

用SMART原则来表述，这一目标是：_____

三、职业生涯目标体系的建构

当我们基于自我探索、外界探索的结果，确立了一个职业生涯的总目标时，为了更好地实现这一目标，我们可能通过目标分解与目标组合建构一个职业生涯的目标体系。

（一）职业生涯目标的分解

职业生涯目标的实现是通过一个个阶段目标的实现来达成的，目标分解就是将目标量化为可操作的阶段目标的有效手段，它是将目标清晰化、具体化的过程。我们可以按时间来分解目标，也可以按性质来分解目标，如图4-7所示。

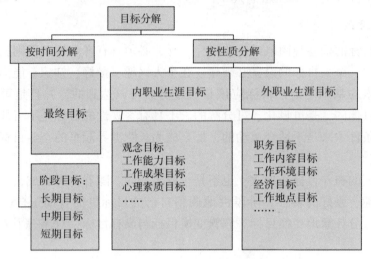

图4-7 职业生涯目标分解示意

1. 按时间分解目标

按时间分解，目标可分解为最终目标（人生目标）、长期目标、中期目标、短期目标，长期目标和短期目标有机联系，构成一个金字塔目标网，塔尖是长期目标，底部是无数个短期具体目标，如图4-8所示。设定正确的目标不难，但要实现目标却不容易。如果目标太远大，同学们往往会因为苦苦追求却无法得到而气馁。因此，将一个大目标科学地分解为若干个小目标，落实到具体的每天、每周的任务上，是实现目标的最好方法。

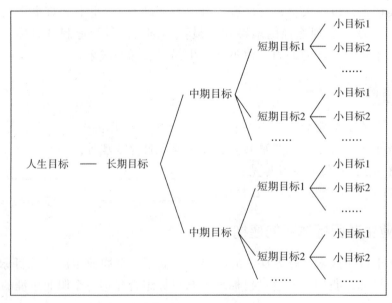

图4-8 目标时间分解图

（1）最终目标（人生目标）。最终目标（人生目标）是指整个人生的发展目标，时间可长达 40 年。一般说来，短期目标服从于中期目标，中期目标服从于长期目标，长期目标又服从于人生目标。具体实施目标，通常是从具体的、短期的目标开始的。

（2）阶段目标。阶段目标分为长期目标、中期目标和短期目标。

①长期目标。时间为 5 年以上的目标，它通常比较粗糙、不具体，可能随着企业内外部形势的变化而变化，在设计时以确定轮廓为主。例如，规划 30 岁时成为一家中型公司的部门经理，规划 40 岁时成为一家大型公司副总经理等。大一、大二的同学们立大志、立长志，树立长期职业发展目标，大学期间在志向的牵引下制订并完成自己的中标和短期目标，便有一个好的职业生涯开端。设定长期目标一般要考虑几个因素：目标是认真选择的，是能够与社会发展需求相结合；目标非常符合自己的价值观，为自己的选择感到自豪；对自己的目标有足够的兴趣；目标具有一定的挑战性；目标是能够实现的，在一定时间范围内可实现。

②中期目标。中期目标一般为 3~5 年，也就是大学期间应该达到的目标。它是在长期目标的基础上确立的，相对长期目标要更加具体。比如，毕业后直接进入职场、找到一份满意的工作；考上理想的学校和专业的研究生；到自己梦想的国家去留学；选择创业，实现当老板的理想，等等。

在制订中期目标时，需做到以下几点：与长期目标保持一致；结合自己的志愿和企业的环境及要求来制订，或结合自己所学专业、能力、兴趣和掌握的社会资源来确定；用明确的语言来定量说明；对目标实现的可能性进行评估；有比较明确的时间，且可适当调整；基本符合自己的价值观，充满信心，愿意公布于众。

③短期目标。短期目标通常是指时间区间在 1~2 年的目标，是中期目标和长期目标的具体化、现实化和可操作化，必须清楚、明确。如对专业知识的学习、职业选择等。通常，又可以将短期目标分解为很多小目标，如每年、每季度、每月、每周甚至每日目标。在制订短期目标时，需做到以下几点：目标可以是自己选择的或上级安排自己被动接受的，要切合实际，具备可操作性；明确规定具体完成时间；对现实目标有把握；服从于中期目标。

对大学生来说，短期目标十分重要，短期目标是否合理，决定着中期目标和长期目标是否可以实现。相对而言，短期目标的类型更复杂，依据不同标准有不同分类。

大学时期的目标可以按年级来制定，分为一年级目标、二年级目标、三年级目标、四年级目标，对于按年级制定目标，笔者有如下建议。

大学一年级：自我认知及对专业初步了解阶段。大学是独立人格形成的重要阶段，进行自我认知是同学们最重要的任务。挣脱了高考的大学生也许目前尚不知道自己今后想要从事什么具体的职业，然而，了解自己的人格特征、找到自己真正的兴趣所在是至关重要的。所以，在适应了大学学习生活之后，首先需要花时间尽可能了解自己的特长、爱好、兴趣和价值观。这些信息将帮助大学生了解感兴趣的专业和职业发展方向，并开始探索丰富多彩的工作世界。因此，大一新生应当有意识地主动进行自我认知，了解所学专业的特点及发展前景，具体内容如表 4-6 所示。

表 4-6　大学一年级自我及专业初步认知内容

序号	内容
1	发展自己现有的兴趣和能力，并不断发现自己潜在的兴趣和能力，通过参加学生会、通识教育课堂和课外活动等，抓住校内外提供的锻炼机会
2	阅读关于不同行业和职业的介绍材料，对行业和职业有基本的认识，比如了解某行业的发展前景如何、各种职业应该具备的基本素质与能力
3	与家人、朋友、老师以及周围所有可提供信息的人，谈谈自己的职业兴趣
4	做一些职业倾向测试，更多地了解自己，确认自己喜欢的职业和所长
5	刻苦学习，尽己所能争取取得好成绩，至少保证每门功课都能通过，顺利获取毕业证书及学位证书

大学二年级：生涯扩展阶段。通过大一的尝试之后，同学们对自身特质有了基本了解，同时对职业概况和工作世界有了初步的认识，但还要继续深入探索和收集有关生涯发展领域的信息。在这个阶段，可以做如下储备，如表 4-7 所示。

表 4-7　大学二年级生涯扩展阶段主要内容

序号	内容
1	通过暑期实习、社会实践和志愿者活动掌握第一手材料
2	了解你所感兴趣的职业群的有关信息，了解就业市场
3	与一些在生涯发展领域工作且令你感兴趣的人取得联系，并争取在某一专业工作岗位上度过一天。通过实习实践、兼职和志愿者活动获得工作经历，更多了解自己的工作偏好
4	主动参加就业市场和其他相关的生涯发展项目，增加对整个就业领域的了解
5	在实践和比较全面把握信息的基础上，逐步明确专业和职业发展方向，并作出初步的职业选择

大学三年级：整理与评估你的选项。社会实践和暑期实习会帮助你获得一些能力，这时你需要对自己的技能进行重新认识和评估，了解在哪些方面还有潜能。在大三这一专业课最为集中的学习阶段，可以进一步明确自己的方向。为明确你的专业和学术方面的目标，现在你要再次问问自己：我是谁？我到底要什么？

在这个阶段需要逐步明晰：从大一到现在你的兴趣是否有变化，对现在的行为有什么影响？你本科毕业后是直接找工作、攻读硕士研究生还是去海外留学？如果选择攻读硕士研究生，是继续学习本科专业还是换专业，是在本校读还是换学校读？如果希望留学，你想去哪个国家？最希望去哪几所学校？你需要为此进行哪些准备？如果想尝试创业，需要评估自身的创业意向和创业项目的可行性、外部资源支持情况。总之，同学们需要分析自己的选择是否合理，需要通过哪些渠道、具有什么知识结构和层次才能达成。要研究相关的工作单位和工作环境，寻找你与这些职业相吻合的能力。开始建立专门的联系渠道，以便能帮助你实现求职战略计划。

大学四年级：就业决定阶段。在这一阶段要为自己提前规划和确定生涯目标。面对从学生到职业人身份的转变，应提前准备好求职信、简历和成绩单，通过校园招聘会、人才市场和网络等确认自己的就业岗位。

在这一阶段需要思考的主要问题有：在你希望生活、工作的地区/城市，哪些职位可能提供给你？你怎样找到适合自己的岗位？你已经尝试找了几个职业，哪一个最适合你？

所要做的准备有：通过你的各种可利用的联系渠道寻找工作机会，并争取被推荐；尝试所有的机会，参加招聘会和用人单位的宣传活动；阅读提供就业岗位的目录，参加各种校园面试；与校友联系，了解他们在工作第一年面对的挑战、困惑和感受。

大四也是很多毕业生的就业恐慌时期，找工作让大部分学生感觉很辛苦，也可能备受挫折，而且结果不一定尽如人意。在这种情况下，要学会缓解自己的不安、焦虑、自卑等情绪。要知道，通过找工作，我们能不断地发现自己的不足，也会更加了解职场和职业，这些都是帮助我们在未来的职场取得成功的重要因素。能够主动认识到这些，相当于我们提前进入了职场。

大学四年的规划应该在大一期间完成，然后根据规划安排接下来的学习与生活。当然，随着年龄与知识的增长，我们的认识会发生变化，需要不断地对自己的目标进行调整，但总体的规划应该较早完成。

在制订年级目标的同时，同学们还可以细化自己的短期目标，比如制订上学期目标和下学期目标，按假期来制订暑假目标、寒假目标等。此外，我们还可以按内容来制订学习目标、生活目标、社团实践目标、兼职目标、实习目标等。

2. 按性质分解目标

美国职业心理学家施恩是最早把职业生涯分为外职业生涯和内职业生涯的人。他认为，外职业生涯指经历一种职业（由教育开始、经工作期、直到退休）的通路，包括职业的各个阶段，如招聘、培训、提拔、解雇、奖罚、退休等。外职业目标侧重于职业过程的外在标记，包括工作内容目标、职务目标、工作环境目标、经济目标、工作地点目标等。内职业生涯目标则侧重于职业过程中的个人内在收获与主观感受，包括知识和经验的积累、观念的改变、能力的提升，以及成就感、安全感等，主要包括观念目标、能力目标、成果目标、心理目标等。

（1）外职业生涯目标。外职业生涯目标是指从事职业时的工作单位、工作地点、工作内容、工作职务、工作环境、工资待遇等因素的组合及变化过程。外职业生涯的构成因素通常是由别人给予的，也容易被别人收回。一般来说，外职业生涯目标主要包括以下几项。

①职务目标。职务目标应当具体明确。

②工作内容目标。在现实生活中能够升到高层职位的毕竟是少数。位置越高，留给人们可以选择的机会也就越少。而且，能不能晋升很大程度上并不取决于我们自己。所以，不要只盯着职务目标的晋升，而应把外职业生涯目标规划的重心移到工作内容目标上来。

③经济目标。人们从事一项工作，获得经济收入是一大目的，毕竟谁也离不开生存的物质基础。在职业生涯规划中列出期望收入无可非议，但要注意切合实际和自己的能

力素质。要大胆地规划一个具体的数目，不要含糊不清或者不敢写。

④工作地点目标和工作环境目标。如果同学们对工作地点和工作环境有特殊要求，就要在规划中列出这两项内容。

（2）内职业生涯目标。只追求外职业生涯目标会让人遭遇很强的挫折感，怀疑上级对自己不公、上班太远、工作太累、辛苦半天没拿多少钱、评优晋级没有……越想越难受，每天都生活在抑郁之中。其实，我们还有一笔重要的财富不容忽视，那就是丰富的知识经验积累，观念、能力的提高，以及由此带来的快乐感、成就感。在分解和组合自己的职业生涯目标时，外职业生涯目标与内职业生涯目标应该是同时进行的，而且内职业生涯目标是应该重点把握的内容。

①心理素质目标。在职业生涯中，有人成功达到目标，有人半途而废，区别其实不在机遇和外部条件，每个人在职业生涯发展过程中都会遇到这样那样的困难，只有心理素质合格的人才能正视现实，努力去克服困难，冲向卓越。同学们为了自己的职业生涯规划蓝图能够化为现实，千万别忘记不断提高自身的心理素质。提高心理素质目标包括经受挫折、包容他议，也包括在暂时的成功面前保持清醒冷静。

②工作成果目标。在很多组织里，工作成果都是进行绩效考核的一个重要指标，扎实的工作成果带给我们极大的荣誉感和成就感，也为我们铺砌了通往晋升之途的阶梯。

③工作能力目标。工作能力是处理职业生涯中各种工作问题的能力的统称，如策划能力、管理能力、研究创新能力、与领导无障碍沟通的能力、与同事协调合作的能力等。必要的工作能力积累是达到职务目标和收入目标的前提。所以，工作能力目标应当优于职务目标。

④观念目标。观念是对人对事的态度、价值观。很多跨国大企业有自己的观念文化，这些观念影响着员工的行为，也影响着组织、领导、同事、客户对员工的态度。随时更新自己的观念，让自己总是站在前沿地带，也是大学生规划个人职业生涯的重要内容。

法国人力资源开发专家J.F.拉包雷认为，在职业生涯规划中，把目标定在本职范围内，发展职业生涯与职务晋升具有同等重要的意义。个人在既定的职位上发展，会经历以下四个阶段：学习阶段、进步阶段、掌握阶段、例行程序阶段。至少在前三个阶段，比较明智的做法是在面对更高职位的可能性之前，了解目前职业的各项工作情况，包括对工作的兴趣和自己从中可以再发展的潜力。每个管理人员在把目光放在下一个职务目标之前，都可以自我检查在目前职务上处于哪个能力阶段：在学习阶段，情况不熟，能力不足；在进步阶段，积极主动，知错改错；在掌握阶段，了解过程，方法得当；在例行程序阶段，运用自如，有所创新。

（二）职业生涯目标的组合

目标组合是处理不同目标相互关系的有效措施，是将若干分解后的阶段性目标按照内在的相互关系进行整合，以便于我们集中时间、精力和其他资源，达成更为有利的可操作性目标。目标组合有时间组合、功能组合和全方位组合三种方法，如图4-9所示。

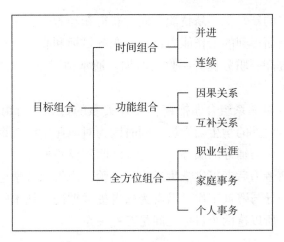

图 4-9　目标组合的三种方法

1. 时间组合

职业生涯目标在时间上的组合可分为并进与连续两种情况。

（1）并进。所谓职业生涯目标的并进是指同时着手实现两个平行的工作目标或建立和实现与目前工作内容不相关的预备职业生涯目标。有时候外部环境给予大学生的机会很多，这让大学生们面临着多个选择，于是会出现两个或多个不同方向的职业生涯目标。只要有足够的精力和能力来应对，能够处理得好，在一定的时期内，人们是可以做到"鱼与熊掌兼得"的；但对普通大学生来说，仍然建议同学们在一段时间内只制订一个大目标。这里所说的"同时着手实现两个平行的工作目标"，指的是短期内进行不同性质的工作，如学业任务与团队创业，恋爱婚姻与工作或学习深造等。而建立和实现与目前工作内容不相关的预备职业生涯目标，多发生在中年人、青年人身上，意在居安思危、未雨绸缪。这就涉及一个人的生涯平衡能力，在多个目标与多种任务之间实现平衡对一个人的时间管理、压力管理等自我管理方面提出了较高的要求。

（2）连续。连续组合，是指用时间坐标做纽带，将各个分目标前后连接起来，从而有序地实现各个目标。一般来说，较短期目标是实现较长期目标的支持条件。目标的期限性是相对的，随着时间的推移，长期目标成为中期目标，中期目标成为短期目标，短期目标成为近期目标。只有完成好每一个近期目标和短期目标，最终目标才有可能实现。

职业生涯目标分为最终目标和阶段目标（长期目标、中期目标、短期目标），各个阶段目标的设定大体与最终目标一致并互相关联。这里应该明确，阶段目标是在一段特定的时间内要达到的结果。如果将职业生涯的阶段目标转变为职业生涯最终目标，只需将各个阶段目标连接起来，加上一个时间表，再加上一个衡量目标达成结果的评估方式。

2. 功能组合

职业生涯目标在功能上的组合可以分为因果关系组合和互补关系组合两种。

（1）因果关系。有些分目标之间有非常明显的因果关系，主要体现在内、外职业生涯的关系上。在现实中，外职业生涯与内职业生涯的发展表现为确实的因果关系：个人知识、技能及经验的积累等可以帮助个体顺利入职、职位晋升；而入职新职业或职业晋升又

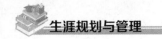

会促进个体去获取更多的新知识、新技能，同时获得新经验的积累，从而获得内职业生涯的进一步成长。如，前面提到的工作能力目标与职务目标和收入目标，前者是因，后者为果，表现为工作能力提高—职务提升—收入增加。通常情况下，内职业生涯目标是原因，外职业生涯目标是结果。

（2）互补关系。互补关系组合即把存在互补关系的目标进行组合，例如，小C毕业留校，希望能成为一名优秀的学生辅导员，同时因为对职业生涯咨询深感兴趣，希望能为学生提供专业的生涯咨询与辅导的服务。这二者之间不仅不冲突，相反，它们是可以相辅相成、相互促进的。前者为后者提供学生工作的经验，因为深入学生所以更了解学生，更有利于从事学生生涯辅导与咨询工作；后者为前者提供理论与技术的支持，可以为学生工作提供更专业的指导。所以这两个目标之间是互补关系。

3. 全方位组合

全方位组合已超越了职业的范畴，它涵盖了人生全部活动，是指个人的职业生涯目标与学业、家庭、人际关系、休闲娱乐等其他事务均衡发展、相互促进。也就说，追求职业目标的同时也要能照顾或平衡到生活的其他方面。事业不是生活的全部，任何一个人都不能离开家庭和休闲娱乐，完美的职业生涯规划不应把生活中的其他内容排斥在外。

目标组合可以超越狭隘的职业生涯范围，将全部的人生活动联系起来。制订职业目标的过程就是一个分解、选择、组合有机整合的过程。目标分解是为了使目标清晰，目标选择是为了使目标集中，目标组合是为了寻找目标因果关系。规划者一旦学会了整合生涯的目标，也就迈出了将美好理想变为现实的最坚实一步。假如一位大学生的大学四年目标里包含担任学生干部、带领团队创业、兼职、还要攻读第二学位，虽然这些目标也许能让他的大学生活过得非常充实，但如果他时间、精力上稍微分配不当，这些目标之间就容易发生冲突，甚至顾此失彼。因为对大部分学生而言，学习并获得学位是最本职的大学目标。担任多重社会角色时处理不当势必影响学习，所以在制订及追求这些分目标时要有全局意识。

四、了解职业发展路线

条条大路通罗马，每个人都有适合其发展的路径，但每个人都不同，谁也不能完全复制别人的成功之道。职业生涯路线是指一个人选定职业后从什么方向实现自己的职业目标，是向专业技术方向发展，还是向行政管理方向发展。发展方向不同，要求就不同。因此，在制订职业发展行动计划之前，必须结合职业决策进行选择，以便同学们安排今后的学习和工作，使其沿着职业生涯路线发展，以推动职业生涯目标的实现。

职业生涯路线选择的重点是对职业生涯选择要素进行系统分析，在对职业理想、职业能力、职业环境（我想做什么？我能做什么？环境允许我做什么？）方面的要素进行综合分析的基础上确定自己的职业生涯路线。职业生涯路线选定后，还要绘制出职业生涯路线图。典型的职业生涯路线图是个V形图。假设一个人22岁大学毕业参加工作，即V形图的起点是22岁。从起点向上发展，V形图的左侧是行政管理路线，右侧是专业技术路线。按照年龄或时间将路线划分为若干部分，并将专业技术等级或行政职务等级分别标在路线图上,作为自己职业生涯的目标,如图4-10所示。

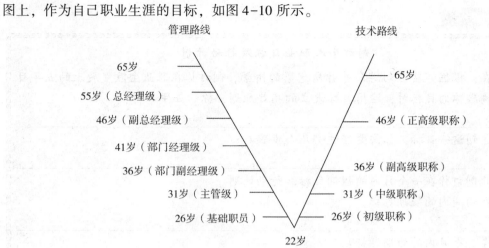

图4-10 职业发展路线(管理路线、技术路线)

在确定职业目标,进行职业决策后,考虑是向专业技术方向发展,还是向行政管理方向发展。不同的选择意味着不同的工作和生活方式。一般来说,有如下几种典型的职业发展路线,如表4-8所示。

表4-8 典型的职业发展路线

类型	典型特征	成功标准	主要职业领域	典型职业通路
技术型	职业选择时,主要注意工作的实际技术或职能内容。即使提升,也不愿到全面管理的位置,而只愿在技术职能区提升	在本技术区达到最高管理位置,保持自己的技术优势	工程技术、财务分析、营销、计划、系统分析等	财务分析员—主管会计—财务部主任—公司财务副总裁
管理型	能在信息不全的情况下分析解决问题,善于影响、监督、率领、操纵、控制组织成员,能为感情危机所激励,善于使用权力	管理的下级越来越多,承担的责任越来越大,独立性越来越强	政府机构、企业组织及其各部门的主要负责人	工人—生产组组长—生产线经理—部门经理—行政副总裁—总裁
稳定型	依赖组织,怕被解雇,倾向于按组织要求行事,高度的感情安全,没有太大抱负,考虑退休金	一种稳定、安全、氛围良好的家庭、工作环境	教师、医生、研究人员	更多地追求职称,如助教—讲师—副教授—教授
创造型	要求有自主权、管理才能,能施展自己的特殊才能,喜好冒险,力求新的东西,经常转换职业	建立或创造某种东西,它们是完全属于自己的杰作	发明家、风险性投资者、产品开发人员、企业家	无典型职业通路,极易变换职业或干脆自己单独干
自主型	随心所欲制定自己的步调、时间表、生活方式和习惯	在工作中得到自由与欢乐	学者、研究人员、手工业者、个体工商户	自由领域中发展自己的个人事业

生涯体验

制订个人职业目标及行动计划

现在,根据"生涯幻游"中你所想象的情景,制订你在职业生涯发展上的五年目标。在构思你的目标时,运用目标设立的指导原则,你的五年目标:

_____

要达到这一目标,你需要经过哪几个步骤?

_____

据此制订你在一个月内的短期目标和行动计划。
你在两周内的短期目标:

_____

你在一个月内的短期目标:

_____

到了短期目标的实现期限时,你是否实现了你自己的目标?为什么?(请应用目标设立的指导原则加以解释)

_____

你是否需要对自己的目标进行调整?

第四节　职业生涯行动方案的拟定

没有具体的行动方案,制订再多的目标都只是在画饼充饥。所以,个人职业生涯目标的实现,需要一套具体的行动方案。

一、职业生涯行动方案的含义与内容

职业生涯行动方案是指为了实现职业生涯目标采取的各种行动与措施的安排。制定职业生涯行动方案既要安排"应该做什么",也要安排"不能做什么",还包括个人资源配置计划。具体而言,职业生涯行动方案包括以下四个方面。

1. 学习拓展方案

例如,在专业知识技能方面,计划采取哪些措施提高专业知识与技能;在可迁移技能方面,如何开发潜能、拓展技能;在自我管理技能方面,准备从哪几个方面入手提升个人综合素质。

2. 工作预备方案

为实现职业目标,在入职前,计划采取哪些措施积累相关的实践经验,或通过哪些努力实现个人在工作中的良好表现与工作业绩等。

3. 人际维护方案

如何构建与维护人际关系网络,为未来职业发展寻找更广泛的支持与合作空间。

4. 工作家庭平衡方案

为平衡职业目标与生活目标、家庭目标等的种种努力与安排。例如，如何运用第一章中介绍的生涯九宫格平衡好大学四年的学涯生活。

生涯体验

用逻辑层次引领行动

罗伯特·迪尔茨（Robert Dilts）的逻辑层次图告诉人们，如果能将愿景、角色、价值观、能力、行动/行为、环境这六个环节顺畅连贯起来，我们便会身心一致，踏踏实实地根据职业目标去落实现实行动。因此，我们来练习一下用逻辑层次图引领自己的行动。逻辑层次图如图4-11所示。

图4-11　逻辑层次图

请小组内两位同学一组，分成A、B两个角色，A提问并记录答案，B进行回答。根据以下几个步骤，两人开始做以下一问一答的练习。

第一步，问愿景（理想时刻或最终目标，What）。

A问：想象一下，在未来的某一个时刻，你期待已久的某个职业愿望变成了现实，整个职业生活处于一种轻松、满足、成功、快乐的状态中，这时候，你会看到一个什么样的工作场景或生活画面？在那个场景中，你会听到哪些声音，你发自内心的感受是什么？

B答：_____

第二步，问角色（身份、职位、称谓，Who）。

A问：在那样一个画面中，你是谁？别人怎么称呼你？假如别人问你要一张名片，名片上是怎么介绍的？

B答：_____

第三步，问价值观（意义与动力，Why）。

A问：我很好奇，为什么你会期待这样的画面与这样的身份？或者说，它们对你为什么那么重要？

B答：_____

第四步，问能力（已经具备的与尚待提升的，Which）。

A 问：选择这样的职业与职业身份，你觉得可以尽情展示或者发挥你哪些方面的能力、天赋及个性特点呢？假如要在一定时间内（如毕业五年内）让画面变成现实，你觉得还需要提高哪些方面的能力？

B 答：_____

第五步，问行动（计划或行动方案，How）。

A 问：如果要在一定时间内（如毕业五年内）提升这些能力，你可能需要采取哪些行动？

B 答：_____

第六步，问环境（时间、地点，When 和 Where）。

A 问：你要迈出的行动第一步会是什么？你计划什么时候、在哪里开始你的行动？

B 答：_____

二、职业生涯行动方案的组成部分

行动方案的方案一般应包含子目标、时间安排、行动措施三个部分。

1. 子目标

子目标即每个阶段行动方案所要达到的目标。严格来讲，行动方案是承接目标的内容，但如果行动方案不纳入目标，就会"只见树木不见森林"。所以行动方案，尤其是每个阶段的行动方案，一定要将目标放在首位。

2. 时间安排

与职业生涯目标对应，行动也可按时间长短分为短期规划（一般为 3 年内）、中期规划（一般为 3～5 年）及长期规划（一般为 5～10 年）。通常，长期规划比较粗泛、不具体，只勾画大致轮廓，对长远未来的不确定性保持开放；中期规划较之于长期规划要具体一些，但一般也不要求太细致；短期规划则最具体、最细致，它是基于当下已知现实进行的安排，具有较强的可操作性。

3. 行动措施

行动措施包括为达到目标所采取的学习拓展、工作预备、人际维护、工作家庭平衡等方面的具体行动、需要动用的资源，以及方案要素间的协调方式与配合步骤等。大学是一个过渡阶段，大学四年的学涯发展规划是职业生涯短期规划的重点，学业生涯规划可参照生涯九宫格，从学业、人际、职业准备、情感生活、身心健康等九个维度，合理设计大学四年行动方案，为入职做准备。

进入职场后的行动方案，随着生涯角色的增加，行动维度也在不断增加，如增加了工作与家庭的平衡、职场适应，以及职位晋升等维度。因此，入职后的行动方案比学涯阶段的行动方案内容上更加多元，并且更有针对性。

三、职业生涯行动方案的监督及反馈

一个好的行动方案应该有实施的监督反馈机制，能根据环境和实施的结果及时强化或修正监督、评估及反馈的内容。

1. 保证至少每三个月检查一次计划实施的进度

过程监督十分重要，一方面可以评估自己制订的目标难度是否合理，动力水平是否足够；另一方面还可以觉察自己是否背离原来的职业生涯目标，偏离职业生涯规划的轨道，然后通过考察计划的落实情况，有针对性地提出改进方案。

2. 在设定行动方案的同时设置奖惩方法，并且严格执行

若想激励行动方案的完成，不妨借鉴心理学中的行为主义方法，用计划完成后的奖励措施来强化自己的行为。因此，不妨在设置行动方案的同时，写下送给自己的奖励办法，如"给自己买件新衣服""给自己放个假"等。在每个行动完成后及时跟进这些有诱惑力的"诱因"，以使下一个阶段的行动更有动力。

3. 与时俱进地评估目标的可实现性，对行动方案适时进行相应调整

监督反馈的一大功能在于监控支持目标实现的个人内在因素（能力、价值观等）及外在条件（家庭、社会等）是否发生了变化。如果发生了变化，要及时更换目标。目标是整个行动方案的灵魂和统帅，目标的调整就需要行动方案进行相应调整。

4. 时刻提醒自己执行行动方案

将职业生涯规划书或其中最有操作价值的那部分（即行动方案）存入手机、电脑或打印出来贴在床头、书桌旁等经常可看见的地方，时刻提醒自己计划的完成情况。

5. 和家人、朋友分享自己的行动方案

和家人朋友分享的好处有两点：一是可以获得信息及吸纳别人的意见，以弥补行动方案的不足；二是告诉别人意味着一种"承诺"，起到监督的作用；三是他们可以与你一同分享行动进展、实现每个阶段目标时的成就感与快乐。

第五节 撰写职业生涯规划书

一、职业生涯规划的主要原则

1. 目标导向原则

如前所述，目标是职业生涯规划的依据，目标导向行动是一个选择、寻找和实现的过程。一般而言，目标能提高人的动机水平。因此，可以说"心有目标，眼有今后，行动才有持续的战斗力"。

2. 可行性原则

大学生要使自己的职业生涯规划具有可行性就必须符合这十六字要求：择己所爱，择己所长，择己所利，择世所需。即一方面要符合个人的价值追求、能力、兴趣及性格，以

及要能获得个人支持系统最有力的支持；另一方面要以社会需求为出发点和归宿。只有二者兼顾，才能让规划具有可行性与可实现性。

3. 时间限定原则

由于职业生涯规划具有阶段性特点，其制订的目标和行动方案必须在规定的时间段去完成。而且每个阶段的规划都要有两个时间坐标，一个是开始的时间，另一个是预期实现或完成的时间。如果没有明确的时间限定，就会使规划陷入遥遥远期的幻想与空谈之中。

二、职业生涯规划的基本步骤

完整的职业生涯规划包含七个步骤：生涯觉醒—生涯目标—探索自我与探索外界—选择决策—路径规划—行动实施—评估调整。这七个步骤是循环的，不是单向的。在监督和评估反馈阶段，如果评估结果是负面的，规划不可行、不适用于自己，就需要及时回到第一步，按照完整的流程再走一遍，从而在相应环节找到原因，并对职业生涯规划进行调整与修改。只有让规划保持一种弹性、灵活、非封闭的状态，职业生涯规划才会实现其指导性与可操作性的价值。

三、职业生涯规划书的内容及格式

就像一个人开车出远门前要带上地图或打开 GPS 一样，职业生涯规划的内容和结果，应该在规划过程中及规划完成后，通过文字性的方案描绘出规划思路，以便理顺规划思路，提供操作指引，及时评估与修正。那我们该如何对自己的职业生涯规划进行描绘呢？这就涉及职业生涯规划书的撰写。一份完整的职业生涯规划书一般包括三个部分：扉页、目录和正文。职业生涯规划书框架结构如图4-12所示。

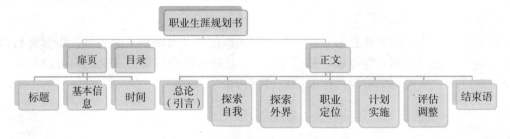

图 4-12 职业生涯规划书框架结构

（一）扉页

1. 标题

标题包括规划者的姓名、规划年限，如"×××大学毕业后的十年规划"。

2. 基本信息

基本信息包括姓名、性别、出生年月、学校、院系、电话、电子邮件等。

3. 时间

时间包括规划的起始日期、终止日期、年龄跨度、撰写时间。最好写上年龄跨度，如20～30岁，这样做的目的是提醒规划者人的生命周期是单向的、不可逆的，强调这份规划书的时间期限。

扉页参考范例如图4-13所示。

_____大学毕业后的十年规划				
个人基本资料				
姓名：		性别：	出生：	____年__月__日
学校：			院系：	
电话：			电子邮件：	
起始日期：			终止时间：	
年龄跨度：			撰写时间：	____年__月__日

图 4-13　扉页参考范例

（二）目录

为阅读方便，目录就是将正文部分的内容提炼后逐一罗列出来，具体写作目录可参考范例，如图 4-14 所示。

目　录

总论（引言）……………………………………
一、自我分析（探索自我）………………………
1. 职业兴趣 ……………………………………
2. 职业性格 ……………………………………
3. 职业能力 ……………………………………
4. 职业价值观 …………………………………
5. 自我分析小结 ………………………………
二、环境分析（探索外界）………………………
1. 家庭环境 ……………………………………
2. 学校环境 ……………………………………
3. 社会环境 ……………………………………
4. 职业环境 ……………………………………
5. 环境分析小结 ………………………………
三、职业定位 ……………………………………
1. SWOT 分析 …………………………………
2. 职业目标 ……………………………………
3. 具体路径 ……………………………………
四、行动方案 ……………………………………
五、评估调整 ……………………………………
1. 评估内容 ……………………………………
2. 评估时间 ……………………………………
3. 调整原则 ……………………………………
4. 备选方案 ……………………………………
六、结语 …………………………………………

图 4-14　目录参考范例

(三) 正文

正文包括总论（引言）、自我分析（探索自我）、探索外界、职业定位、计划实施、评估调整、结束语七个部分的内容。其中，探索自我、探索外界、职业定位、行动计划和评估调整是职业生涯规划书的重点内容。

1. 引言

引言包括个人对职业生涯规划的认识、职业生涯规划对个人及社会的意义、确定个人的职业发展方向和总体目标。

2. 自我分析（探索自我）

职业规划是一个自内而外的过程，探索自我的目的是进行初步的职业定位，对自己进行全方位、多角度的分析，关注自我与职业、环境两者的联系。大学生对自己进行慎重和正确评估的过程，是认识自己的一个重要过程，也是选择职业的重要前提。首先明晰自己期望达成的生涯目标是什么，想要成为什么样的人，自己具有哪些职业特质，然后再去寻找环境、机会、调适自己的生涯发展行动。探索自我的内容一般包括与职业发展关系最密切的兴趣、能力、性格、价值观等方面。关于探索自我部分，在本书第二章对相关理论和工具已详细介绍，本书附录中也推荐了一些国际通用的测评量表，希望同学们善于合理使用科学工具。例如，兴趣探索可以参考霍兰德职业兴趣理论，性格探索可以使用 MBTI 测评工具等。

这部分的撰写内容，首先要将正式评估（如测评）与非正式评估（如事件评述、他人评价等）进行综合评述，介绍自己眼中、他人眼中的自己，要从自己过往的生活、成长、学习、能力拓展的真实经历中发现你的与众不同、你的独特性，列举自己曾经在学校担任或参与的各种社团、社会实践等，分析自己在这些活动中表现出来的优势与不足，以此证明自己的工作胜任能力。其次，结合职业测评谈谈从职业测评结果中你发现了什么、有了什么样的启发等。最后，自我分析的结尾需要有对自己的总评价，评价结果需和后面的目标确定有因果关系。

在职业生涯规划书的撰写中，要注意不能只是把测评结果罗列出来，那样意义不大，并且容易给人感觉在借测评给自己贴标签。自我分析（探索自我）参考范例如图 4-15 所示。

```
(1) 我眼中的自己
_____

(2) 他人眼中的我
_____

(3) 职业测评报告分析
1) 职业兴趣（喜欢干什么）
我的职业测评报告结果显示，我的职业兴趣前三项是_____，
_____，_____。
我的现实表现：_____
```

图 4-15　自我分析（探索自我）参考范例

2) 职业能力（能够干什么）
我的职业测评报告结果显示，排名前五项的能力分别是_____、_____、_____、_____、_____，排名靠后的能力是_____、_____、和_____。
我的现实表现：_____
3) 性格特质（适合干什么）
我的职业测评报告结果显示：_____
我的现实表现：_____
4) 职业价值观（最看重什么）
我的职业测评报告结果前三项分别是_____，_____，_____。
我的现实表现：_____
5) 胜任能力（优劣势是什么）
我的优势能力：_____
我的弱势能力：_____
（4）自我探索小结
_____
_____
_____

图 4-15　自我分析（探索自我）参考范例（续）

3. 环境分析（探索外界）

所谓"知己知彼，百战不殆"，即认识了自己以后还要充分分析自身所处的环境。探索外界就是对影响职业选择的相关外部环境进行较为系统的分析。对自我职业特征分析之后，我们对"知己"已经有了一定的把握，接下来就是"知彼"。"知彼"主要包括家庭环境分析、学校环境分析、社会环境分析、职业环境分析及环境分析小结。关于职业探索，同学们可以参考本书中第三章内容，通过生涯人物访谈或社会实践等途径，对外界环境进行较为系统的探索和分析。

探索外界一定是基于探索自我后的方向，进行有针对性的探索分析。例如，根据自己的兴趣、能力等，寻找适合自己的职业方向，然后着重对这个职业方向涉及的环境信息进行搜集并分析，最后再反过来思考环境对自己的要求。在探索职业世界时，分析内容围绕目标而展开，且要有因果逻辑关系。

（1）家庭环境分析，包括家庭经济状况、家人职业、家庭社会关系网、家人期望等。在分析时，要与自己的职业生涯规划相联系，而不是面面俱到地进行纯客观分析。比如，来自农村家庭，父母吃苦耐劳的精神从小就熏陶了自己，或者家庭教育对后天职业道德的培养起到了一定作用。

（2）学校环境分析，主要分析学校特色、专业建设、课程设置、专业学习、实践经验等优质教学资源为学生职业能力提升提供的帮助。即使在同一学校的同一专业，由于内在自我的不同，外界投射到自我的结果也不同。因此，在对学校环境进行分析时，也要联系主观自我的部分，以及该部分与职业生涯发展的关系。

（3）社会环境分析，主要分析地域、行业、就业形势、就业政策、竞争对手等。社会环境包含的面非常广，较难把握，应主要选择与自己的职业生涯发展密切相关的环境和事件加以分析，关键是要进行个人独立的分析与思考，而不仅是陈述或摘录事实。

（4）职业环境分析，要遵循从宏观到微观的渐进性，从行业、职业到单位、岗位等。对于职业的探索，只有具体到较微观的部分，如某个岗位、某个专业方向，才是比较有效的、有导向意义的。另外，在撰写"探索外界"这一部分时，建议加入职业生涯人物的报告或记录表，作为外界探索所获信息的重要依据。环境分析（探索外界）范例如图4-16所示。

---

(1) 家庭环境分析（家人经济地位、家人期望、家族文化等对我的影响）。
_____
_____

(2) 学校环境分析（学校特色、专业学习、实习，实践经验等）。
_____
_____

(3) 社会环境分析（就业形势、就业政策、竞争对手等）。
_____
_____

(4) 职业环境分析。
对自己所选定的职业在社会环境中的发展过程和目前所处的社会地位，社会发展趋势对职业的影响等的认识和了解，具体包括：

A. 行业分析——人业匹配分析（行业现状，行业目前的优势与问题，行业发展趋势、前景预测，国际、国内重大事件对该行业的影响等）。
_____
_____

B. 职位分析——人岗匹配分析（个人暂定的目标职业岗位的工作内容、工作要求、发展前景等）。
_____
_____

C. 企业分析——人企匹配分析（个人暂定的目标企业在本行业的地位和发展前景；企业产品在市场上的发展前景；企业在本行业的竞争力；企业文化和企业制度，如××单位类型、企业文化、发展前景、发展阶段、产品服务、员工素质、工作氛围等）。
_____
_____

D. 地域分析——人域匹配分析（工作所在城市的发展前景、文化特点、气候水土、人际关系等）。
_____
_____

(5) 环境分析小结。
对客观职业信息及自我和职业的匹配进行综合阐述：
_____
_____

图4-16　环境分析（探索外界）范例

4. 职业定位

在制订职业目标时注意目标高低要适宜、可操作性强。基于第一部分的自我分析及第二部分的环境分析进行职业定位。职业定位的内容包括 SWOT 分析、职业生涯目标、职业生涯发展策略、职业生涯发展路径及具体路径等内容。综合第一部分（自我分析）及第二部分（环境分析）的主要内容得出本人职业定位的 SWOT 分析结果，如表 4-9 所示。

职业定位分析需要注意：职业定位的重点应放在 SWOT 分析之后的策略分析，只有完成策略分析，职业定位的价值方能体现出来；职业生涯目标的制订应客观与明确，职业发展路径应符合逻辑与现实。

表 4-9　SWOT 分析表

内部环境分析（S、W）	外部环境分析（O、T）	
	机会（O）	威胁（T）
优势（S）	优势机会策略（S-O）	优势威胁策略（S-T）
劣势（W）	劣势机会策略（W-O）	劣势威胁策略（W-T）

结论：_____

最后，得出职业定位小结，如表 4-10 所示。

表 4-10　职业定位小结表

职业目标	举例：_____年后在_____行业达到_____职位
职业发展策略	举例：进入_____类型的组织（到地区发展）
职业发展路径	举例：走专业技术型路线（管理路线等）
具体路径	举例：_____员、_____初级、_____中级、_____高级

5. 计划实施

目标制订后就是计划实施了，再美妙的蓝图也只有付诸行动才可能变为真实人生。因此，在职业生涯规划书中，还需要对如何实现自己的职业生涯目标确定一个具体、详细、可行的行动方案和实施步骤，需要详细列出计划名称、时间跨度、总目标、分目标、计划内容、策略和措施等，具体写作内容可参考表 4-11。

表 4-11　计划实施一览表

计划名称	时间跨度	总目标	分目标	计划内容（参考）	策略和措施（参考）	备注
短期计划（大学计划）	2016—2020年	如大学毕业时要达到……	如大一要达到……，大二要达到……，或在××方面要达到……	如专业学习、职业技能增加、职业素质提升、实践计划等	如大一以适应大学生活为主，大二以专业学习和掌握职业技能为主……；或为实现××目标，我要……	大学生职业规划的重点

计划名称	时间跨度	总目标	分目标	计划内容（参考）	策略和措施（参考）	备注
中期计划（毕业后五年计划）	2020—2025年	如毕业后第五年时要达到……	如毕业后第一年要……，第二年要……；或在××方面要达到……	如职场适应、三脉积累（知脉、人脉、钱脉）、岗位转换及升迁等	省略	大学生职业规划的重点
长期计划（毕业后十年或以上计划）	2020—2030年	如人到中年时要达到……	如毕业后第十年要达到……，第二十年要达到……	如事业发展、身体健康、心灵成长、子女教育、慈善等	省略	方向性规划

详细执行计划最好能够按照 SMART 原则进行。

"行动计划"需要注意以下内容。第一，行动计划方案的制订，要围绕职业生涯目标。前者是为后者服务的。在制订行动计划时，必须根据自我现状与职业生涯目标之间的差距，有的放矢，有针对性地采取行动，使自己的每一步行动都能离目标更近一步。第二，平衡各个目标，使其协调发展。生涯多角色的现实，决定了一个人在不同角色下会有不同的任务与目标。因此，在撰写职业生涯规划书时，应该尽量将不同生涯角色下的发展目标组合起来，以免出现多目标在计划实施时发生相互冲突。第三，行动计划要清晰、明了、准确。既然是职业生涯规划书，当然要让自己比较轻松地看清其中的要点，并且有利于执行。

6. 评估调整

职业规划本身包含着随时调整和不断完善的内涵。职业生涯规划中需评估与调整的内容包括职业的重新选择、生涯路线的选择、人生目标的修正、实施措施与计划的变更等。同学们开始进行职业生涯规划时，个人不可能对未来的外部环境情况了如指掌，对自己的一些潜在能力也可能了解得不够充分，这就需要在具体实施职业生涯规划的过程中，不断地对原有职业生涯规划进行评估，调整职业生涯目标，检验生涯策略和行动方案是否恰当，以适应环境的变化，保证职业生涯目标的合理性和行动方案的有效性，最终促成职业生涯目标的实现。

同学们在对职业生涯规划实施过程进行评估与调整时，可以借鉴 PDCA 循环法，即将整个过程划分为计划、执行、检查与行动四个步骤。不同的步骤紧密相连，形成封闭的循环链条。当一个 PDCA 循环完成时，下一个 PDCA 循环就会开始，从而为职业生涯管理提供长期、持续的支持与反馈，如图 4-17 所示。

P 代表 Plan，即计划，对应职业生涯规划步骤中的制定行动方案。

D 代表 Do，即执行，也就是具体实施行动方案。只有计划却没有行动是永远无法实现目标的。只有不惧风险立即行动才能使你拥有理想的工作和生活。

C 代表 Check，即检查，指检查行动方案实施的结果与目标是否一致。每个人在工作了一个阶段后，都应该反思自己目前所做到的与自己的理想还有多远。拿现在的自己和过去的自己比较，拿自己和别人比较，拿现状和理想比较，通过不断的"自检"及时发现问题、解决问题,这是进步不可缺少的过程。

A 代表 Act,即行动,是指纠正错误,调整方向,在对以往行动的结果进行检验的基础上,对方案进行调整、完善后再次执行。在反省之后,每个人都会获得一些经验和教训,我们需要把这些经验和教训带入下一个 PDCA 循环中去,向自己的职业理想不断靠近。

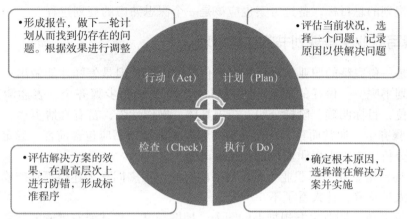

图 4-17 PDCA 循环法

通过反馈,客观认识职业生涯设计中存在的问题,理顺个人职业发展和外在职业环境的联系,保证职业生涯规划的正确方向。职业生涯规划是一个动态的过程,必须根据实施的情况及相应变化进行及时的评估与调整。评估与调整主要包括评估内容、评估时间、调整原则、备选方案,具体范例如图 4-18 所示。

---

1. 评估的内容

(1) 职业目标评估(是否需要重新选择职业) 假如一直……那么我将……

(2) 职业路径评估(是否需要调整发展方向) 当出现……的时候,我就……

(3) 实施策略评估(是否需要改变行动策略) 如果……我就……

(4) 其他因素评估(对身体、家庭、经济状况及机遇、意外情况的及时评估)

2. 评估的时间

一般情况下,我定期(半年或一年)评估规划;当出现特殊情况时,我会随时评估并进行相应的调整。

3. 调整原则

_____

_____

_____

4. 备选方案

_____

_____

图 4-18 评估与调整范例

评估调整需要注意以下几点。

（1）调整不是对原定职业发展方向和总目标的更换，而是在实施过程中对原有优势和条件的进一步优化与组合，是对策略步骤和方法的调适，以便行动更加有效，更有利于目标的达成。

（2）备选方案依然是你的"自我与环境匹配"第二个发展方向，是另一条发展路径，它同样朝向规划的总目标。备选方案也应该是一个深思熟虑的规划过程。

四、撰写职业生涯规划书的注意事项

以上就是一份完整的职业生涯规划书所包含的内容，但是怎样才能做出一份高质量的职业生涯规划书呢？一份好的职业生涯设计书，应该做到步骤齐全，表述清楚，图文并茂，分析到位，目标明确、阶梯分明、措施具体、操作性强，富有真情实感。

（1）步骤齐全。通常而言，一份完整的职业生涯规划书应包含前言、确定目标、自我分析、环境分析、未来人生职业规划、结束语等。

（2）表述清楚。在书写职业生涯规划书的时候，很多同学表述得不够准确，或者语言不通，或者太过累赘，让人看了不知所云。

（3）图文并茂。职业生涯规划书的图表、插图与文字表述要有紧密的联系，如只是为了好看，那就失去了其本身的意义。文字是用来描述你的职业生涯规划书的重要组成部分，适当的修饰会让人认为你的职业生涯规划书重点突出、内容充实。无须过分地装饰，否则会给人留下华而不实的感觉。

（4）分析到位。职业生涯规划设计要与自己的个人性格、兴趣、能力特长等相结合，充分发挥自己的优势，扬长避短。这就要求我们在进行职业生涯设计时，对自己的兴趣爱好有客观的分析，对自己的能力特长有正确的认知和评价，根据自己的真才实学和能力特长进行职业生涯规划设计。在进行环境分析时，要抓住重点，准确地分析自己的学习环境、家庭环境、职业环境情况，通过这些分析，让人知道你的职业目标实现起来应该是可行的。

（5）目标明确。一份好的职业生涯规划书必定有明确的目标，目标可以在前言中直接提出，也可以在分析中提出。

（6）阶梯分明，措施具体，操作性强。经过自我分析与环境分析后，就要说明你通过怎样的努力来实现你的职业目标了。有些同学只是写了近两三年的学习目标，那是远远不够的，要写到就业阶段、目标实现阶段，以及在每一阶段自己要做哪方面的努力、实现的目标，最终实现自己的职业目标。

（7）富有真情实感。职业生涯规划书可以没有华丽的辞藻、精美的图片，但是一定要有真情实感，文章要有血有肉，具有很强的操作性，设定的职业目标经过努力奋斗可以实现。

总之，职业生涯规划书是大学生职业规划的外在表现形式。一份好的职业生涯规划书，对职业生涯起着不可估量的作用，大学生在撰写的时候，要通过各种分析手段，充分分析自我，充分认识环境对自己职业的影响，为实现自己的职业梦想规划宏伟蓝图，成就自己辉煌的职业生涯。

"不积跬步，无以至千里。"有了一份精心打造的、属于自己的独一无二的职业生涯规划书，接下来更重要的则是"行动"！再长的路，一步一步脚踏实地地走，总能到达目的地；再短的路，不走出第一步，始终无法看到前进的足迹！

> **生涯体验**
>
> **给自己制订一份职业生涯规划书**
>
> 请给自己制订一份为期五年的职业生涯规划书。请对自己的职业性格、职业能力及职业兴趣进行评估,分析环境因素对职业发展的影响,采用SWOT工具进行分析,根据分析结果确定自己的职业目标,并制订相应的实施方案及评估调整方案。

视觉笔记(图4-19)

图4-19 视觉笔记

第五章　生涯管理与行动

生涯寄语

缺少了自我管理的才华，就好像穿上溜冰鞋的八爪鱼，眼看动作不断，可是却搞不清楚到底是向前、向后，还是原地打转。

——杰克森·布朗

卓有成效的人懂得要使用好他的时间，他必须首先要知道自己的时间实际上是怎样花掉的。

——彼得·德鲁克

人们经常想要改变他人，却少有人愿意改变自己。

——托尔斯泰

在我们生命中的每一天，每个人首先面临的就是情绪管理。因此，我毫不犹豫地将情绪管理称为整个人生的第一管理。

——卡耐基

知识导图

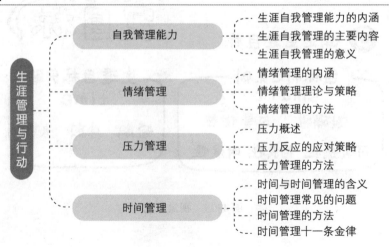

> **案例导入**
>
> **生命中的大石块**
>
> 有一天，管理专家为商学院的学生们做了一个小实验。专家拿出一个广口瓶放在桌上。随后，他取出一堆拳头大小的石块，把它们一块一块地放进瓶子里，直到石块高出瓶口再也放不下去了。他问："瓶子满了吗？"所有的学生应道："满了。"他又问："真的吗？"说着他从桌下取出一桶小碎石，倒了一些进去，并敲击玻璃壁使小碎石填满石块间的间隙。"现在瓶子满了吗？"这一次学生有些明白了，"可能还没有满。"一位学生说道。"很好！"他伸手从桌下又拿出一桶沙子，把它慢慢倒进玻璃瓶。沙子填满了石块间的更小的间隙。他又一次问学生："瓶子满了吗？""没满！"学生们大声说。然后专家将一壶水倒进玻璃瓶直到水面与瓶口齐平。他望着学生，"这个例子说明了什么？"一个学生举手发言："它告诉我们，无论你的时间表多么紧凑，如果你真的再加把劲，你还可以干更多的事！""有点道理，但还没说到点子上！"专家说，"它告诉我们，如果你不首先把石块装进瓶子里，而是先放入小碎石、沙子和水，你就再也无法把石块装进瓶子里了。只有先装石块，才会有意想不到的空间来装其他的东西。在以后的生涯中，你们必须清楚什么是石块，什么是碎石、沙子和水，并且记得要先装石块。"
>
> 发现与思考：
> （1）请问，什么是你生命中的"大石块"呢？
> （2）在大学四年，"大石块""碎石""沙子"和"水"分别代表哪些事情呢？

第一节 自我管理能力

现代管理大师彼得·德鲁克（Peter Drucker）早年下决心不断完善自己，在德国学习期间他不断运用对自己进行测评的反省方法，效果斐然，这使得他坚信自我管理是发展个人潜力的最佳方法。事实也多次证明，那些成功的人如比尔·盖茨、李嘉诚等，都是自我管理的大师。也可以说，是自我管理成就了他们。

一、生涯自我管理能力的内涵

"自我管理"这个概念源自美国伊利诺伊大学的荣誉教授弗雷德里克·康菲尔（Frederick H. Kanfer）所提倡的"自我调整"。他认为，自我调整包括三个重要内容，即自我监察、自我评估、自我强化。

美国著名心理学家奥尔波特（Allport）指出：人有主动作用，能自治本身，自己管理。我国著名教育家陶行知大力提倡实行学生自治，即学生学会自我管理的方法，重在培养具有自我管理能力、适应社会发展的人才。

自我管理又称为自我控制，注重的是一个人的自我教导及约束的力量，即行为的制约是通过内控的力量（自己），而非传统的外控力量（教师、家长等）。因此，大学生为了实现高等教育的培养目标及为满足社会发展对个人素质的要求，需要充分调动自身的主观能动性，卓有成效地利用整合自我资源（包括价值观、时间、心理、身体、行为和信息等），通过不断地自我认识、自我教育和自我控制，充分挖掘和利用一切可以利用的资源，不断发挥自己的心理潜能，使自己的生涯规划得以顺利实施，并最终达成生涯目标。

二、生涯自我管理的主要内容

1. 压力管理

压力是身体对它所承担的要求的反应，而压力管理就是个体用有效的方法应对在压力情况下生理、心理的唤起。压力是日常生活中常见的一部分，它来自许多不同的方面，在不同的时间以不同的方式影响着每一个人。如果管理得好，它可以起到积极的作用，助力于目标的实现；如果管理得不好或被忽略，它将可能成为一个可怕的杀手。

2. 时间管理

孔子感慨"逝者如斯夫，不舍昼夜"；庄子亦感叹"生而有涯"。时间管理的重要性不言而喻。每个人都同样地享有每年365天、每天24小时。可是，为什么有的人在有限的时间里既铸就了辉煌事业又能充分享受到亲情和友情，还能使自己的业余生活多姿多彩呢？关键的秘诀就在于，成功的管理者善于进行自我时间管理。能否充分合理利用有限的时间资源，使时间价值最大化，是时间管理成效大小的重要标志。时间管理就是通过有效安排自己的工作计划、掌握重点，使目标完成的任务量最大化、时间支付最小化的过程。

3. 情绪管理

情绪就像万花筒，能够变幻出喜、怒、哀、乐，而每个人每天都可能在不同的情绪下生活。情绪能改变人的生活，有助于改善人际关系和说服他人，情商高的人可以控制、化解不良情绪。在成功的路上，最大的敌人其实并不是缺少机会，或是资历浅薄，而是缺乏对自己情绪的管理。因此，情绪管理能力是每个人必须学习的。美国《先决领导》（Primal Leadership）的作者认为，平庸的领导人和顶尖的领导人，区别在于是否具备"情绪智慧"（Emotional Intelligence，EI）。情绪管理获得情绪智慧。情绪管理就是积极、有效地干预情绪，确保个体保持良好的情绪状态，实现对情绪的感知、控制、调节的过程。

4. 情感管理

情绪和情感都是人对客观事物所持的态度体验，只是情绪更倾向于个体基本需求欲望上的态度体验，而情感则更倾向于社会需求欲望上的态度体验。处世讲求的是情、理、法。因此，在处理各项关系时应非常重视情感因素。所以，我们要不断提高情感管理水平，懂得谦让与尊重，珍爱友情与爱情，以感恩的心回报亲情、社会，并要勇于承担在社会角色中被赋予的责任。

5. 行为管理

行为管理指个体通过有效的监控，达到思想与行动的高度统一，其目的是解决知行合一的问题。大学生行为管理能力的培养主要包括：自觉自立，勇于承担行为责任；克制坚持，能够忍受孤独和抗拒诱惑；敢于尝试，不断突破自我极限；规范行为，不断提升个人素养等。

三、生涯自我管理的意义

1. 可以有效提升职业生涯规划过程的执行能力，提高个体行为绩效

大学生正处在生涯探索期和生涯建立期的转换阶段，主要任务是通过生涯探索明确发展方向，完成具体的职业计划以及为此计划进行知识技能的储备。这一阶段对职业的选择和大学生今后职业生涯的发展有十分重要的作用。自主、有效的生涯管理有利于大学生准确定位并合理安排大学的学习和生活，有利于大学生构建合理的知识结构、提高综合素质，有利于提升大学生的职业素质并树立正确的择业观，有利于引导大学生参与社会竞争，实现顺利就业。

2. 可以增强对生涯环境的适应能力，以及应对各种困难和挫折的能力

生涯自我管理既能使大学生了解自身的长处和短处，又可以使大学生合理分配时间和精力完成阶段生涯目标，并逐步提高自身技能。

3. 可以实现个体自我价值的不断提升和超越，是职业成功的重要保障

我国学者宋专茂等对大学生学习成绩与16PF（卡特尔16个性因素测验）测定进行的相关分析表明，学习成绩优异的大学生普遍有着较强的自我约束、自我管理能力，较能把精力集中在一件事情上。一个人要获得成功有各种影响因素，其中自我管理能力是一项重要因素。具备高自我管理水平，才能根据目标采取各种策略，最大限度地利用各种资源，使行动效益达到最大化。

4. 能够有效促进身心健康

彼得·德鲁克在《21世纪的管理挑战》中认为，自我管理是个人为了取得更好的事业，积极寻求发展而能动地对自己进行管理。自我管理水平是个体社会适应效果、活动绩效及心理健康状况的重要因素。由此可见，自我管理不仅是身心健康的重要指标，而且是促进身心健康的重要手段。

总之，自我管理能力是我们必备的能力和素质，是实现生涯顺利健康发展的重要保障。本章将重点介绍压力管理与时间管理，帮助大学生掌握压力管理与时间管理的技巧与方法，从而实现高效管理时间与合理应对压力。

第二节　情绪管理

生涯故事

坏脾气的男孩

有一个男孩脾气很坏，于是他的父亲就给了他一袋钉子，并且告诉他，当他想发脾气的时候，就钉一根钉子在后院的围篱上。

第一天，这个男孩钉下了40根钉子。慢慢地，男孩可以控制他的情绪，不再乱发脾气，所以每天钉下的钉子也跟着减少了。

> 于是，父亲告诉他，现在开始每当他能控制自己脾气的时候，就拔出一根钉子。一天天过去了，最后男孩告诉他的父亲，他终于把所有的钉子都拔出来了。
>
> 于是，父亲牵着他的手来到后院，告诉他说："孩子，你做得很好。但看看那些围墙上的坑坑洞洞，这些围篱将永远不能恢复从前的样子了。你生气时所说的话就像这些钉子一样，会留下难以弥补的疤痕！"
>
> ——以上故事摘自查字典网

你现在的心情如何？是欢乐、烦恼、生气、担心、害怕、难过、失望或者是平静无常呢，还是你根本不懂自己的心情？一早起来，也许你看到阳光普照而心情愉快，也可能因为细雨绵绵而心情低落；你也许因为逃课没被点到名而窃喜，然而考试快到了又让你担心不已；谈恋爱的你心花怒放，失恋的你又垂头丧气……我们拥有许多不同的情绪，而它们似乎也为我们的生活增添了许多色彩。然而，有情绪好不好呢？一个成功的人应不应该流露情绪？会不会因为被人说太情绪化，所以宁愿不要有情绪？其实真正的问题并不存在于情绪本身，而在于情绪的表达方式。能以适当的方式在适当的情境表达适度的情绪，就是健康的情绪管理之道。

一、情绪管理的内涵

1. 情绪

情绪是身体对行为成功的可能性乃至必然性在生理反应上的评价和体验，《礼记·礼运》中，记载情绪包括喜、怒、哀、惧、爱、恶、欲；心理学中把情绪分为喜、怒、忧、思、悲、恐、惊。行为在身体动作上表现得越强就说明其情绪越强，如喜会手舞足蹈，怒会咬牙切齿，忧会茶饭不思，思会痛心疾首等，这些表现就是情绪在身体动作上的反应。简单地说，"情绪"就是人对事物的态度的体验，它包括以下三个方面：情绪的主观感受、情绪的外在行为表现、情绪的生理基础。

2. 情绪管理

情绪管理是以最恰当的方式来表达情绪，如同亚里士多德所言："任何人都会生气，这没什么难的。但要情绪管理能适时适所，以适当方式对适当的对象恰如其分地生气，可就难上加难。"据此，情绪管理指的是要适时适所，即对适当的对象恰如其分地表达情绪。肖汉仕教授认为，情绪管理是指用心理科学的方法有意识地调适、缓解、激发情绪，以保持适当的情绪体验与行为反应，避免或缓解不当情绪与行为反应的实践活动，具体包括认知调适、合理宣泄、积极防御、理智控制、及时求助等方式。

二、情绪管理理论与策略

（一）情绪 A B C 理论

20 世纪 60 年代初，美国心理学家阿尔伯特·艾利斯（Albert Ellis）提出了"情绪 ABC 理论"。该理论的宗旨是：以理性的思维方式和观念，代替不合理的思维方式，进而改善由非理性观念带来的情绪问题。

有一个大家非常熟悉的故事。有两个秀才起去赶考，路上他们遇到了一支出殡的队伍。

看到那一口黑乎乎的棺材，其中一个秀才心里立即"咯噔"一下，凉了半截，心想：完了，真触霉头，赶考的日子居然碰到这个倒霉的棺材。于是，他心情一落千丈，走进考场，那个"黑乎乎的棺材"一直挥之不去。结果，文思枯竭，名落孙山。另一个秀才也看到了，开始心里也"咯噔"了一下，但转念想：棺材，棺材，咦！那不就是有"官"又有"财"吗？好兆头！看来今天我要鸿运当头了，一定考中。于是，他心里十分兴奋，情绪高涨，走进考场，文思如泉涌，果然一举考中。回到家里，两人都对家人说：那"棺材"真的好灵。

艾利斯的"ABC 情绪理论"认为，人的情绪主要来源于自己的信念以及他对生活情境的评价与解释，即：事情的前因（Antecedent）通过当事者对该事情的评价与解释，以及对该事情的信念（Belief）这个桥梁，最终才决定产生什么样的结果（Consequence）。

一个秀才之所以落得名落孙山的结果（C1），是因为他在考场上文思枯竭，而文思枯竭是因为情绪不好，情绪不好又是因为他看到了令他感到"触霉头"（B1）的棺材（A）。

另一个秀才之所以金榜题名（C2），是因为他在考场上文思泉涌，而文思泉涌是因为情绪高涨，情绪高涨又是因为他看到了令他感到"好兆头"（B2）的棺材（A）。

在现实生活中，有人会因为失败而一蹶不振，也有人会因为战胜失败而成就一番更大的事业；有人会因为面对强大的敌人而畏惧，也有人会因为挑战巨人而使自己快速成为巨人；有人会因为产品卖不出去而抱怨产品，抱怨公司，抱怨顾客，也有人会因为产品卖不出去而创出大受市场欢迎的新产品与新服务；有人会因为上司过于严厉而跳槽走人，也有人会因为"严师出高徒"而使自己能胜任更复杂的工作，最后不断晋升到高位。

ABC 情绪管理理论提醒我们，在碰到棘手的事情时，一定要适时提醒自己：我对这件事的理解是否正确、客观、全面？通过理性分析，你可以走出情绪的困境。

（二）情绪管理策略

1. 情绪觉察和接纳——"3W 法"

（1）What——我现在有什么情绪？

由于我们平常比较容易压抑感觉或者常认为有情绪是不好的，因此常常忽略我们真实的感受。因此，情绪管理的第一步就是要先能察觉我们的情绪，并且接纳我们的情绪。情绪没有好坏之分，只要是我们真实的感受，我们就要学习正视并接受它。只有当自己认清我们的情绪，知道自己现在的感受，才有机会掌握情绪，也才能为自己的情绪负责，而不会被情绪所左右。

（2）Why——我为什么会有这种情绪？

我为什么生气？我为什么难过？我为什么觉得挫折无助？我为什么……找出原因我们才知道这样的反应是否正常，才能对症下药。

（3）How——如何有效处理情绪？

想想看，可以用什么方法来疏解自己的情绪呢？平常当你心情不好的时候，你会怎么处理？什么方法对你是比较有效的呢？也许可以通过深呼吸、肌肉松弛法、静坐冥想、运动、听音乐等来让心情平静，也许会以大哭一场、找人聊聊、涂鸦、写作等方式，来宣泄一下或者换个乐观的想法来改变心情。

2. 有效调节情绪

弗洛伊德用"水库"的观念，比喻说明人类情绪的处理过程。他认为，每个人的身体里面仿佛都有一座"情绪水库"，当负面情绪出现时，就会存放在"情绪水库"之中，如

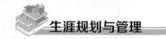

果"情绪水位"累积到所谓的警戒线,个体就会开始出现脾气暴躁、无法适当控制情绪的情形,而导致容易发脾气。如果继续恶化下去,"情绪水库"崩溃的结果就是出现心理方面的毛病。维持心理健康的重要一点,就是不要让自己的"情绪水库"累积太多的水量,要想办法将"情绪水位"疏解掉。

三、情绪管理的方法

诺贝尔文学奖得主赫曼·赫塞(Hermann Hesse)说:"痛苦让你觉得苦恼,只是因为你惧怕、责怪它;痛苦会紧追你不舍,是因为你想逃离它。所以,你不可逃避,不可责怪,不可惧怕。你自己知道,在心的深处完全知道——世界上只有一个魔术、一种力量和一个幸福,它就叫爱。因此,去爱痛苦吧。不要违逆痛苦,不要逃避痛苦,去品尝痛苦深处的甜美吧。"要记住,其实情绪本身并无是非、好坏之分,每一种情绪都有它的价值和功能。因此,一个心理健康的人不否定自己情绪的存在,而且会给它一个适当的空间。只要我们能成为情绪的主人,不是完全让它左右我们的思想和行为,就可以善用情绪的价值和功能。

在许多情境下,一个人应该坦然接受自己的情绪,把它视为正常。例如,我们不必为想家而感到羞耻,不必因为害怕某物而感到不安,对触怒你的人生气也没有什么不对。这些感觉与情绪都是自然的,应该允许它们适时适地存在,并加以缓解。这远比压抑、否认有益多了,接纳自己内心感受的存在,才能谈及有效管理情绪。管理情绪的方法,就是要能清楚自己当时的感受,认清引发情绪的理由,再找出适当的方法缓解或表达情绪,下面介绍几种常用的方法供大家参考。

(一) 6H4AS 法

6H4AS 法是用来增加快乐,减少烦恼,保持合理的认知、适当的情绪、理智的行为的一种情绪管理方法。一方面,用智慧去打开种快乐的资源,以便增加快乐,优化情绪,即 6H(Happy),奋斗求乐、化有为乐、化苦为乐、知足常乐、助人为乐、自得其乐。另一方面,当陷于苦恼、生气、愤怒等负性情绪而出现行为冲动时,使用 4AS(A 为 Ask,即反问、反思;S 为 Step,即步骤)技术来自我管理情绪,以便改变情绪。

(1) 值得吗?自我控制!

(2) 为什么?自我澄清!

(3) 合理吗?自我修正!

(4) 该怎样?自我调适!

(二) 适度宣泄法

过分压抑只会使情绪困扰加重,而适度宣泄则可以把不良情绪释放出来,从而使紧张情绪得到缓解、放松。因此,遇到不良情绪时,最简单的办法就是宣泄。宣泄法就是把内心不愉快的感觉毫无保留地倾诉出来,抒发负面情绪,释放体内的重负,保持心理平衡的一种手段。宣泄一般是非公众场合或在知心朋友中进行的。常见的宣泄手段有哭泣(痛苦、悲伤的时候)、运动(将心理能量转化为身体能量)、倾诉(向至亲好友倾诉自己认为的不公平或委屈等)、书写(把不良情绪变成文字写出来)等。一旦发泄完毕,心情也就随之平静下来。必须指出,在采取宣泄法来调节自己的不良情绪时,必须增强自制力,不要随便发泄不满或者不愉快的情绪,要采取正确的方式,选择适当的场合和对象,以免造成不良后果。

> 生涯故事

> **林肯的建议**
>
> 林肯在担任美国总统期间，曾有一位陆军部长斯坦顿对他说，一位少将用侮辱的语言指责他偏袒某些人。林肯建议斯坦顿写一封内容尖刻的信回敬那个家伙："可以狠狠骂他一顿嘛！"林肯说。斯坦顿立即写了一封措辞强烈的信，然后拿给总统看。"对了对了，"林肯高声叫好，"要的就是这个！好好训他一顿，真写绝了，斯坦顿。"但是当时斯坦顿把信装进信封里时，林肯却叫住他，"你干什么去？""寄出去啊！"斯坦顿有些摸不到头脑了。"不要胡闹！"林肯大声说，"这封信不能发，快把它扔到炉子里面去。凡是生气时候写的信，我都是这样处理的。这封信写得好是因为你在写信的时候已经解了气，现在感觉好多了吧？那就请你把它烧掉，再写第二封吧。"
> ——以上故事摘自百度文库

（三）心理暗示法

心理暗示是指在无对抗的条件下，通过语言、行动、表情或某种符号，对心理和行为产生影响，也就是个人通过语言、形象、想象等方式对自身施加影响的心理过程。这个概念最初由法国医师库埃于1920年提出，他的名言是"我每天在各方面都变得越来越好"。自我暗示分为积极自我暗示与消极自我暗示。对自己实施积极的暗示，是调整自己情绪的好办法。积极的心理暗示令我们保持好的心情、乐观的情绪、自信心，从而调动人的内在因素，发挥主观能动性。心理学上所讲的"皮格马利翁效应"也称期望效应，讲的就是积极的自我暗示。而消极的自我暗示会强化个性中的弱点，唤醒潜藏在心灵深处的自卑、怯懦、嫉妒等，从而影响情绪。

与此同时，我们可以利用语言的指导和暗示作用，来调适和放松紧张情绪，使不良情绪得到缓解。

> 生涯体验

> 当个人静坐时，默默地说"勃然大怒""暴跳如雷""气死我了"等语句时心跳会加剧，呼吸也会加快，仿佛真的发起怒来。
> 如果默念"喜笑颜开""兴高采烈""把人乐坏了"之类的语句，那么他的心里面也会产生一种乐滋滋的体验。

由此可见，言语活动既能唤起人们愉快的体验，也能唤起不愉快的体验；既能引起某种情绪反应，也能抑制某种情绪反应。因此，当在生活中遇到情绪问题时，我们应当充分利用语言的作用，用自我对话或书面语言对自身进行暗示，缓解不良情绪，保持心理平衡。比如，默想或用笔在纸上写出下列词语："冷静""三思而后行""制怒""镇定"等。实践证明，这种暗示对人的不良情绪和过激行为有奇妙的影响和调控作用，既可以松弛过分紧张的情绪，又可以激励自己。

（四）注意力转移法

注意力转移法，就是把注意力从引起不良情绪反应的刺激情境转移到其他事物上去，或从事其他活动的自我调节方法。当出现情绪不佳的情况时，要把注意力转移到使自己感兴趣的事情上去，如外出散步、看电影、看电视、读书、打球、下棋、找朋友聊天等，有助于使情绪平静下来，在活动中寻找到新的快乐。这种方法，一方面中止了不良刺激源的作用，防止不良情绪的泛化、蔓延；另一方面，通过参与新的活动特别是自己感兴趣的活动，而达到增强积极的情绪体验的目的。

（五）自我安慰法

当一个人遇到不幸或挫折时，为了避免精神上的痛苦或不安，可以找出一种合乎内心需要的理由来说明或解释。如，为失败找个理由用以安慰自己，或寻找理由强调自己所有的东西都是好的，以此冲淡内心的不安与痛苦。这种方法对于帮助人们在面对大的挫折面前接受现实、保护自己、避免精神崩溃是很有益处的。因此，当人们遇到情绪问题时，经常用"胜败乃兵家常事""塞翁失马，焉知非福""坏事变好事"等词语来进行自我安慰，可以摆脱烦恼，缓解矛盾冲突，消除焦虑、抑郁和失望，达到自我激励、总结经验、吸取教训之目的，有助于保持情绪的安宁和稳定。

（六）交往调节法

某些不良情绪常常是由人际关系矛盾和人际交往障碍引起的。因此，当我们遇到不顺心、不如意的事而有了烦恼时，主动找亲朋好友交流、谈心，比一个人独处、胡思乱想、自怨自艾要好得多。在情绪不稳定的时候，找人谈一谈，具有缓和、抚慰、稳定情绪的作用。另外，人际交流还有助于交流思想、沟通情感、增强自己战胜不良情绪的信心和勇气，能更理智地对待不良情绪。

（七）情绪升华法

情绪升华法是指把不良的自身能量转化为具有建设性的活动能量。我们可以通过自身努力提高自己的才干，完善自己的人格，成为出类拔萃者，把不良情绪的这种能量引到正确的方向上去，把挫折变成力量，把压力变成动力。如一同学因失恋而痛苦万分，但他没有因此消沉，而是把注意力转移到学习中，立志做生活的强者，证明自己的能力。

在上述方法都失效的情况下，仍不要灰心，在有条件的情况下，去找心理医生进行咨询、倾诉，在心理医生的指导和帮助下，克服不良情绪。

生涯体验

遭遇、反应、处理

请详细阅读下列问题，想象你可能会有的情绪反应，列举尽可能多的处理方法。

1. 当你在走廊与朋友边走边聊天的时候，有个人突然冲过来把你撞倒了。
    你的反应、感受：＿＿＿＿＿＿＿＿＿＿＿＿＿＿＿＿＿＿＿＿
    处理方法：＿＿＿＿＿＿＿＿＿＿＿＿＿＿＿＿＿＿＿＿＿＿＿

2. 当你排队买东西时，有人不守秩序插到你前面。
    你的反应、感受：＿＿＿＿＿＿＿＿＿＿＿＿＿＿＿＿＿＿＿＿
    处理方法：＿＿＿＿＿＿＿＿＿＿＿＿＿＿＿＿＿＿＿＿＿＿＿

3. 有人给你取了个不雅的绰号，不时嘲弄你。
你的反应、感受：_____
处理方法：_____

4. 有人不知趣，经常倒你水瓶的水喝，你口渴时却没水了。
你的反应、感受：_____
处理方法：_____

5. 外出时，你碰见一位熟人，不知为什么他却没和你打招呼。
你的反应、感受：_____
处理方法：_____

6. 你把一本好书借给别人看，他却弄丢了。
你的反应、感受：_____
处理方法：_____

心理测试

测测你的情商（EQ）

情商（Emotional Quotient，EQ）就是一个人掌控自己和他人情绪的能力。这是欧洲流行的一组测试题，可口可乐公司、麦当劳公司等世界500强企业，都曾以此为员工EQ测试的模板，帮助员工了解自己的EQ状况。本测试一共33道题，测试时间为25分钟，最高EQ值为174分。假如你已经准备就绪，请开始计时。

第（1）～（9）题：请从下面问题的选项中，选择一个与自己最切合的答案。

(1) 我有能力克服各种困难。
A. 是的　　　　　　B. 不一定　　　　　　C. 不是的

(2) 如果我能到一个新的环境，我要把生活安排得……
A. 和从前相仿　　　B. 不一定　　　　　　C. 和从前不一样

(3) 一生中，我觉得我能实现自己所预想的目标。
A. 是的　　　　　　B. 不一定　　　　　　C. 不是的

(4) 不知为什么，有些人总是回避或冷淡我。
A. 不是的　　　　　B. 不一定　　　　　　C. 是的

(5) 在大街上，我常常避开我不愿打招呼的人。
A. 从未如此　　　　B. 偶然如此　　　　　C. 有时如此

(6) 当我集中精力工作时，假如有人在旁边高谈阔论……
A. 我仍能用心工作
B. 我不能专心工作且感到愤怒
C. 介于A、B之间

(7) 我不论到什么地方，都能清晰地辨别方向。
A. 是的　　　　　　B. 不一定　　　　　　C. 不是的

(8) 我热爱所学的专业和所从事的工作。
A. 是的　　　　　　B. 不一定　　　　　　C. 不是的

(9) 气候的变化不会影响我的情绪。
A. 是的　　　　　　　　B. 不是的　　　　　　　C. 介于A、B之间

第(10)~(25)题：请从下面问题的选项中，选择一个与自己最切合的答案。

(10) 我从不因流言蜚语而气愤。
A. 是的　　　　　　　　B. 不是的　　　　　　　C. 介于A、B之间

(11) 我善于控制自己的面部表情。
A. 是的　　　　　　　　B. 不太确定　　　　　　C. 不是的

(12) 在就寝时，我常常……
A. 极易入睡　　　　　　B. 不易入睡　　　　　　C. 介于A、B之间

(13) 有人侵扰我时，我……
A. 不露声色　　　　　　B. 大声抗议，以泄己愤　　C. 介于A、B之间

(14) 在和人争辩或工作出现失误后，我常常感到精疲力竭，不能继续安心工作。
A. 不是的　　　　　　　B. 是的　　　　　　　　C. 介于A、B之间

(15) 我常常被一些无谓的小事困扰。
A. 不是的　　　　　　　B. 是的　　　　　　　　C. 介于A、B之间

(16) 我宁愿住在僻静的郊区，也不愿住在嘈杂的市区。
A. 不是的　　　　　　　B. 不太确定　　　　　　C. 是的

(17) 我被朋友、同事起过绰号，被讥讽过。
A. 从来没有　　　　　　B. 偶尔有过　　　　　　C. 这是常有的事

(18) 有一种食物使我吃后呕吐。
A. 没有　　　　　　　　B. 记不清　　　　　　　C. 有

(19) 除了看见的世界外，我的心中没有另外的世界。
A. 没有　　　　　　　　B. 记不清　　　　　　　C. 有

(20) 我会想到若干年后有什么使自己极为不安的事。
A. 从来没有想过　　　　B. 偶尔想到过　　　　　C. 经常想到

(21) 我常觉得自己的家庭对自己不好，但是我又确切地认识他们的确对我好。
A. 否　　　　　　　　　B. 说不清楚　　　　　　C. 是

(22) 每天我一回家就马上把门关上。
A. 否　　　　　　　　　B. 不清楚　　　　　　　C. 是

(23) 我坐在小房间里把门关上，但我仍觉得心里不安。
A. 否　　　　　　　　　B 偶尔是　　　　　　　C. 是

(24) 当一件事需要我决策时，我常觉得很难。
A. 否　　　　　　　　　B. 偶尔是　　　　　　　C. 是

(25) 我常常用抛硬币、翻纸牌、抽签之类的游戏来猜测凶吉。
A. 否　　　　　　　　　B. 偶尔是　　　　　　　C. 是

第(26)~(29)题：下面各题，请按实际情况如实回答，仅需回答"是"或"否"即可，在你选择的答案下打"√"。

(26) 为了工作我早出晚归，早晨起床我常常感到疲劳不堪。
　　是　　　　　　　　　　　　　　　否

(27) 在某种心境下我会因为困惑陷入空想并将工作搁置下来。
　　是　　　　　　　　　　　　否
(28) 我的神经脆弱，稍有刺激就会使我战栗。
　　是　　　　　　　　　　　　否
(29) 睡梦中我常常被噩梦惊醒。
　　是　　　　　　　　　　　　否

第（30）～（33）题：每题有5个选项，请选择与自己最切合的答案，在你选择的答案下打"√"。答案如下：①从不；②几乎不；③一半时间；④大多数时间；⑤总是。

(30) 工作中我愿意挑战艰巨的任务。　　　　　①　　②　　③　　④　　⑤
(31) 我常发现别人好的意愿。　　　　　　　　①　　②　　③　　④　　⑤
(32) 能听取不同的意见，包括对自己的批评。　①　　②　　③　　④　　⑤
(33) 我时常勉励自己，对未来充满希望。　　　①　　②　　③　　④　　⑤

计分方法：计分时请按照记分标准，先算出各部分得分，最后将几部分得分相加，得到的那一分值即为你的最终得分。

第（1）～（9）题，A为6分，B为3分，C为0分，合计_____分。

第（10）～（25）题，A为5分，B为2分，C为0分，合计_____分。

第（26）～（29）题，"是"为0分，"否"为5分，合计_____分。

第（30）～（33）题，从①至⑤5个选项的分数分别为1分、2分、3分、4分、5分，合计_____分。

合计分数累加后，总计为_____分。

参考答案：

90分以下，说明你的EQ较低，你常常不能控制自己，极易受自己的情绪影响。很多时候，你易于被激怒、动火、发脾气，这是非常危险的信号。你的事业可能会毁于你的暴躁。对于此，最好的解决办法是能够给不好的事物一个好的解释，保持头脑冷静，使自己心情开朗，正如富兰克林所说："任何人生气都是有理的，但很少有令人信服的理由。"

90～129分，说明你的EQ一般，对于一件事，你不同时候的表现可能不一样，这与你的意识有关，你比较有EQ意识，但这种意识不是常常都有，因此需要你多加注意、时时提醒。

130～149分，说明你的EQ较高，你是一个快乐的人，不易惊恐担忧，对于工作，你热情投入、敢于负责，你为人更是正义正直、同情关怀，这是你的长处，应该努力保持。

150分以上，说明你的EQ很高，你的情绪是你事业有成的一个重要前提。

课外阅读1

有趣的情绪小故事——笑是良药

1. 笑声护士

据美国芝加哥《医学生活周报》报道，美国一些大型医院和心理诊所已经开始雇用"幽默护士"。她们陪同重病患者看幽默漫画并谈笑风生，以此进行心理治疗。幽默与笑

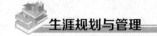

声,帮助不少重病患者或情绪障碍者解除了烦恼与痛苦。

笑声一般都是人们所喜欢的,每个人都不愿意看到朋友愁眉苦脸。最新的医学研究发现,笑口常开可以防止传染病、头痛、高血压,可以减轻过度的精神压力,因为欢笑可以增加血液中的氧分,并刺激体内免疫物质的分泌,对抵御病菌的侵袭大有帮助。而不笑的人,患病概率较高,而且一旦生病之后,也常是重病。美国医学界将欢笑称为"静态的慢地"。笑能使肌肉松弛,对心脏和肝脏都有好处。如果生活中没有时间去慢跑,我们可以每天多笑一笑,甚至哈哈大笑几十次,以调节身体状态,促进健康。

耶鲁大学心理学教授列文博士说:"笑表达了人类征服忧虑的能力。"笑又往往是人欢乐的一种表达,之所以欢乐,是人体在生理上产生了某种愉悦的缘故。赶紧笑起来吧!别等到生病以后才咧开嘴。

2. 笑的妙用

名医张子和曾采用使人发笑疏导法治愈了一个人的怪病。当时有个官吏的妻子,精神失常,不吃不喝,只是胡乱叫骂,用各种药物治疗了半年也无效。张子和则叫来两个老妇人,在病人面前涂脂抹粉,故意做出各种滑稽的样子,这个病人看了不禁大笑起来。第二天,张子和又让那两个老妇人表演摔跤,病人看了又大笑不止。后来张子和又让两个食欲旺盛的妇人进餐,一边吃一边对食物的鲜美味道赞不绝口,这个病人看见她俩吃得津津有味便要求尝一尝。从此她开始正常进食,怒气平息,病全好了。

著名科学家法拉第,年轻时由于工作十分紧张,导致精神失调、身体非常虚弱,虽然长期进行药物治疗却毫无起色。后来一位名医对他进行了仔细的检查,但未开药方,临走时只说了一句话:"一个小丑胜过一打医生!"法拉第细思之后,终于明白了其中的奥秘。从此以后,他经常抽空去看马戏、滑稽戏与喜剧,经常高兴得开怀大笑,愉快的心情使他恢复了健康。

3. 欢笑诊所

据说现在每天早上,在印度孟买的大小公园里,可以看见许多男女老少站成一圈,一遍又一遍地哈哈大笑,这是在进行"欢笑晨练"。印度的马丹·卡塔里亚医生开设了150家"欢笑诊所",人们可以在诊所里学到各种各样的笑,如"哈哈"开怀大笑,"吃吃"抿嘴偷笑,抱着胳膊会心微笑等,以此来治疗心情压抑等心理疾病。

4. 笑能拯救生命

加利福尼亚大学的诺曼教授,40多岁时患上了胶原病,医生说,这种病康复的可能性是五百分之一。他按照医生的吩咐,经常看滑稽有趣的文娱体育节目,有的节目使他捧腹大笑,有的节目使他从心底发出微笑。他除了看有趣的节目,平时还有意识地和家人开开玩笑。一年后医生对他进行检查,发现指标开始好转。两年以后,他身上的胶原病竟然自然消失了。为此,他撰写了一本《五百分之一的奇迹》,书中提出:……如果消极情绪能引起消极的化学反应的话,那么,积极向上的情绪就可以引起积极的化学反应……爱、希望、信仰、笑、信赖、对生的渴望等,也具有医疗价值。许多中外心理学家、运动学家认为,一般性的笑,能使模膈膜、咽喉、腹部、心脏、两肺,甚至连肝脏都获得一次短暂的运动。捧腹大笑,它还能牵动脸部、手臂和两腿肌肉的运动。当笑停止之后,脉搏的跳动会低于正常的频率,骨骼肌也会变得非常松弛。

5. 装笑也管用

美国一广告公司的部门经理弗雷德工作一向出色。有一天，他感到心情很差。但由于这天他要在开会时和客户见面谈话，所以不能有情绪低落、萎靡不振的神情表现。于是，他在会议上笑容可掬，谈笑风生，装成心情愉快而又和蔼可亲的样子。令人惊奇的是，他的这种心情"装扮"却带来了意想不到的结果——随后不久，他就发现自己不再抑郁不振了。

美国心理学家霍特指出，弗雷德在无意中采用了心理学的一项重要规律：装着有某种心情，模仿着某种心情，往往能帮助我们真的获得这种心情。有些人通常在情绪低落的时候避不见人，直到这种心情消散为止。这么做是好办法吗？

多年来，心理学家都认为，除非人们能改变自己的情绪，否则通常不会改变行为。当然，情绪、行为的改变也不是说变就变、想变就变的"瞬间"现象，而是有一个心理变化的内在过程。心理学家艾克曼的最新实验表明，一个人老是想象自己进入了某种情境，并感受某种情绪时，这种情绪十之八九果真会到来。需要注意的是：随着年龄、性别、职业、性格等因素的不同，情绪变化的程度和时间也不一样。情绪有了变化之后，伴随每一种情绪的外在表现，生理反应也会出现变化。华东师范大学心理学系孔教授研究后认为，一个故意装作愤怒的实验者，由于"角色"行为的潜移默化影响，他真的也会愤怒起来，表现在待人接物、言谈举止等方面；同时，他的心率和体温（心率和体温都是愤怒的生理反应指标）也会上升。为了调控好情绪，不妨偶尔对自己的心情进行一番"乔装打扮"。

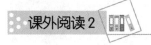

课外阅读2

情绪与健康

《黄帝内经》中记载"怒伤肝，喜伤心，思伤脾，忧伤肺，恐伤肾"。

"怒伤肝"是说怒则气上，伤及肝而出现闷闷不乐、烦躁易怒、头昏目眩等，亦是诱发高血压、冠心病、胃溃疡等疾病的重要原因。

"喜伤心"是说喜可使气血流通、肌肉放松，易于恢复身体疲劳。但欢喜太过，则损伤心气。

"思伤脾"是由于思虑过度，使神经系统功能失调，消化液分泌减少，即可出现食欲不振、讷呆食少、形容憔悴、气短、神疲力乏、郁闷不舒等。

"忧伤肺"，忧是与肺有密切牵连的情志。人在极度忧伤时，可伤及肺，出现干咳、气短、咯血、音哑、呼吸频率改变、呼吸功能受损。《红楼梦》中多愁善感、忧郁伤身的林黛玉，就是一个例子。

"恐伤肾"是指惊恐可干扰神经系统，出现耳鸣、耳聋、头晕，并可置人于死地。民间俗说"吓死人"，就是因为恐则气下。

对大学生来说，情绪健康具体表现为：情绪的基调是积极、乐观、愉快、稳定的；对不良情绪具有自我调控能力；情绪反应适度；高级的社会情感（理智感、道德感、美感等）得到良好的发展。

第三节 压力管理

心理学家常说，焦虑是推动世界前行的动力。引发焦虑的往往是生活中的各种压力。压力是人类生活的常态，也是自然界的常态，所以，适者生存是物种进化的法则。如达尔文（Darwin）所说，"能够生存下来的，既不是最健壮的，也不是最聪明的，而是最能够适应变化的物种"。这句话凸显了一个道理——对压力的有效管理是生存和生活的艺术。

人一生都与压力相伴相随。那到底什么是压力？它对我们的生涯发展会有什么影响？我们该如何有效管理压力？这是本节要探讨的内容。

生涯体验

> **边抓边逃**
>
> 8～10人一组，围成圆圈，每个人伸出右手，掌心向下；同时伸出左手，食指顶在左边那人的右手掌心下。老师开始读事先准备好的故事，要求大家听到这段话中出现某个字或词（如听到"抓"字）时，伸出的右手要迅速抓住左边人的食指，而伸出的左手食指要同时尽可能地逃脱，避免被抓。
>
> **发现与思考：**
> （1）你逃脱了多少次，被抓了多少次？
> （2）你是否因为反应错误而出现误抓和误逃的情况？
> （3）为什么会出现反应错误？
> （4）在游戏中你的体验是什么？

在这个活动中，同学们会普遍感受到压力与紧张。那么，到底什么是压力？它来源于哪里？人们对压力的反应都是一样的吗？我们可以管理压力吗？一起来分享这些问题的答案。

一、压力概述

"压力（Stress）"一词原来是物理学中使用的一个概念，是一个外来词，来源于拉丁文"Stringere"，原意是痛苦。后来被加拿大学者汉斯·塞尔耶（Hans Selye）博士引入医学界。之后，"压力"一词开始广泛应用于社会科学领域。现在，人们更多地将其视为一个心理学概念。从心理学上讲，压力是个体在察觉需求与满足需求之间产生的能力不平衡感。美国心理学家拉扎鲁斯（Lazarus）认为，心理压力是个人感受到的要求与资源的不平衡感。

（一）压力的性质

不同的心理学流派对，压力有不同的解释。
（1）精神分析学派认为，压力是人生早期时的矛盾冲突。
（2）行为心理学派认为，压力是由刺激引起的某种经过学习的反应。

（3）认知心理学派认为，压力起因于个人对事物的看法而不是事物本身。

（4）社会心理学派认为，压力是由社会和文化的因素造成的。

《新牛津英语词典》对压力的解释为：压力是指由于不利或苛求的环境、精神或情绪产生的紧张及不安的状态。

以上解释都从不同角度说明了压力的性质。

（二）压力的分类

通常，人们普遍认为压力是一个不好的东西，压力常常被描述为威胁生命的东西或是破坏我们舒服感的一种状态。其实压力也有分类，汉斯·塞尔耶博士把压力分为积极压力和消极压力。

积极压力是一种正向的压力。它可以使我们有更大的动力和能量来完成工作，但又没有超过我们的承受能力；它是没有达到破坏程度的压力，可以激励我们奋进。

消极压力则是一种负向的压力。当你"实际可以完成"和你"认为自己应该完成"之间存在明显的不平衡时，就会产生消极压力，它会使我们觉察到异常的压迫感，随之产生生理和心理的不良症状。

（三）压力的来源

压力的来源即压力源，是指具有威胁性或伤害性并因此带来压力感受的事件或环境。压力源与压力的不同在于，压力是主观感受，而压力源是刺激事件。一般而言，压力源可分为以下三类。

1. 心理因素

（1）挫折。挫折是因为个体的需求和想达到的目标被阻碍而产生的心理感受。按照引起挫折的原因，又可分为内因性挫折和外因性挫折。因内在及本身的阻碍而引起的挫折，即为内因性挫折，如身体疾病、能力缺乏、孤独寂寞等，都会让人有挫折感。因外在环境的阻碍而引起的挫折，就是外因性挫折，如意外事故、不和睦的人际关系、不公平的制度等。不论是内因还是外因引发的挫折感，都会给人带来压力。

当许多挫折接踵而至时，其压力效应就会不断累积，最终可能会使人因为最后一个小小的挫折而感到无法承受，这就是人们常说的"压死骆驼的最后一根稻草"。

（2）冲突。冲突最容易带给人们压力。人们可能因为两个或多个生活事件的矛盾和冲突而产生压力。冲突又分为趋避冲突、双趋冲突、双避式冲突。趋避冲突，就是必须从两个或多个目标中选择其中一个，但每个目标各有优缺点。例如，在高薪但偏远的地方工作，与在低薪但繁华的大城市工作中进行职业选择，这就是趋避冲突。双趋冲突就是多个目标选项都各有吸引力，难分伯仲。"鱼与熊掌不可兼得"就是对这种冲突的经典比喻。解决这类冲突一般遵循"两利相权取其重"的决策原则。双避式冲突是多个目标都有风险，但无法避免，必须在其中进行选择，这时冲突就发生了。对于此类冲突，只能"两害相权取其轻"。在现实中，人们遇到的选择冲突往往是上述三种冲突交织在一起的。

（3）强迫。当个人或他人迫使自己达到某个目标时就会感受到被强迫的压力。例如，有些同学为了实现父母的心愿，勉强自己选择考研。结果，想玩的时候不敢玩，有很期待

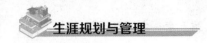

的就业机会时也只能放弃，造成自己矛盾重重，疲惫不堪。

2. 环境因素

在现实生活中，有许多压力来源于外在环境，如日常生活秩序的改变（如搬家、新生入学、毕业、入职等）；工作责任有大小，一般责任越大，压力也越大；还有生活琐事、自然环境恶化等，都可能成为环境因素带来的压力源。

3. 角色因素

角色间冲突、角色内冲突，以及角色超载等，都是与角色因素有关的压力源。角色间冲突指一个人在家里既是孩子的妈妈，又要扮演老师的角色辅导孩子功课，这时妈妈角色与教师角色容易发生冲突。角色内冲突指对于同一个角色，却得到矛盾的信息。例如，一个高中生，老师和家长跟他说，辛苦熬三年，考上大学你就自由了，就不用辛苦考试了，但上大学的表哥表姐却跟他抱怨说，大学很辛苦，要考各种证书，自由的时间并不多。角色超载是指组织对个人提出了过高的角色期待，使个人产生重大的角色压力。

学习、工作、人际关系、生活中的重大事件以及每天的琐事都会带来问题。识别压力的来源并很好地控制它们，可以防止焦虑产生并转化压力。大学时的压力一般来源于学习本身、未来发展、校园人际关系、社会家庭环境，如表5-1所示。职场中的压力来源主要来自工作本身、职业发展、工作中的关系、组织结构的氛围，如表5-2所示。

表5-1 大学时的压力来源

(1) 学习本身	(2) 未来发展
学习基础差，学习难度大	就业的压力
学习单调，缺乏动力	职业生涯选择迷茫
学习氛围不好	担心不能适应社会需要
教师讲课难以接受，听不懂	担心自身学历太低
惧怕考试不及格、拿不到文凭	担心学校名气不大
家庭的期望	自身形象
(3) 校园人际关系	(4) 社会家庭环境
同学间相互竞争	物质诱惑太多
与某些同学难以相处	学校的规章制度限制过严
看到有些同学家庭富裕心理不平衡	对城市文化、校园文化不适应
成绩优异却不能得到褒奖	家庭矛盾
恋爱问题	家庭经济压力

表5-2 职场中的压力来源

(1) 工作本身	(2) 职业发展
工作环境条件差	得不到提拔/提拔过高
不能或极少参与决策	工作缺乏安定感
投入/产出的压力	职位、薪酬等变动不大，前景渺茫
单调，缺乏变化	缺乏业绩评估程序
客户难以应对	
不必要的形式或程序	

续表

（3）工作中的关系	（4）组织结构的氛围
工作独立，缺乏同事或社会支持 工作职责难以区分 与下属有矛盾 圆满完成工作却不能得到褒奖	变化太快/太多 缺乏有效的咨询支持决策 行为有很多限制/条框 市场竞争激烈 频繁出差

> **生涯体验**
>
> **寻找压力源——压力圈图**
>
> 在大小圈球内写下最近生活中的各种压力事件（大球代表大的压力事件；小球代表小的压力事件），并将每个压力圈球给你带来的感觉写在旁边，如图5-1所示。
>
>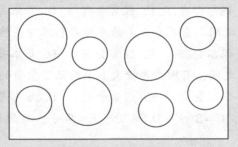
>
> 图5-1 压力圈图
>
> 定期记录压力源，可以使你找到产生压力的真正原因，并清晰看到某一类特定事件在压力源中所占的比重，会更有针对性地进行压力管理。

（四）压力状况识别

请你思考一下这个问题：

一杯水有多重？

这杯水的重量并不重要，重要的是你能拿多久？拿一分钟，谁都可以；拿一个小时，可能觉得手酸；拿一天，可能就得进医院了。其实，这杯水的重量是一样的，但是你拿得越久，就越觉得沉重。这就像我们承担着压力一样，如果我们一直把压力放在身上，不管时间长短，到最后就会觉得压力越来越沉重而无法承担。我们必须做的是放下这杯水，休息一下后再拿起，如此我们才能拿得更久。

这则思考阐明了一个简单的道理：无论什么样的压力，唯有科学面对，才能获得解决之道。

适度的压力可以使我们集中精力，创造性地解决问题；而过度的压力则会让我们苦恼而焦虑。如何知道一个人的压力是否过度了呢？

（1）情绪方面：紧张、敏感、多疑、焦躁不安、难以放松、忧虑烦恼等。

（2）生理方面：口干舌燥、心跳急促、异常出汗、便秘、失眠、疲劳、精神不振、胃口差、没食欲等。

（3）行为方面：抱怨、争执、挑剔、哭泣、暴力、责备、生活作息混乱、寝食难安等。

生涯体验

测测你的压力有多大

1. 在过去的一个月之间，精神上或是身体上是否曾感到过难以承受？
   A. 完全没有　　B. 偶尔会有　　C. 经常会有　　D. 基本每次　　E. 总是这样
2. 在过去的一个月之间，有打算按照自己的生活信念而行，却遭遇挫折的时候吗？
   A. 完全没有　　B. 偶尔会有　　C. 经常会有　　D. 基本每次　　E. 总是这样
3. 在过去的一个月之间，有过感觉自己作为正常人最基本的需求都得不到满足的时候吗？
   A. 完全没有　　B. 偶尔会有　　C. 经常会有　　D. 基本每次　　E. 总是这样
4. 在过去的一个月之间，有关于未来的不确定和不安茫然吗？
   A. 完全没有　　B. 偶尔会有　　C. 经常会有　　D. 基本每次　　E. 总是这样
5. 在过去的一个月之间，有因为事情太多而忘记了重要的事情吗？
   A. 完全没有　　B. 偶尔会有　　C. 经常会有　　D. 基本每次　　E. 总是这样

A＝1分，B＝2分，C＝3分，D＝4分，E＝5分，各题得分相加后除5，即为结果。

结果评估：2.8以上为压力"山"大，1.8～2.8之间为中度压力，1.8以下为低度压力。数值越高的人，越应该充分休息。

以上是一个简单的小测验，课后同学们可以花一点时间完成附录6的压力测试表（PSTRT）。通过测试，可以进一步了解自己的压力程度。

二、压力反应的应对策略

对压力的反应，是从消极适应到积极适应的连续过程。有很多反应不一定是完全消极或完全积极的，而是介于二者之间。在此只讨论积极和消极的适应方式，如图5-2所示。

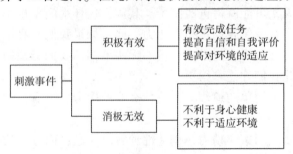

图5-2　压力反应的应对策略

（一）积极有效的压力反应

英国心理学家韦顿（Weiten）认为，积极有效的压力反应，就是积极乐观地面对自己的问题。他提出，具有建设性的压力调适方式应该包括如下特点：直面压力问题；不离开现实世界；准确和真实评测压力情况，而不是扭曲事实；学习认识压力，并拒绝用有伤害力的情绪反应方式；意识清醒，并且理性地去评估选择可行的行动；不采用不实际的想法，也就是不异想天开。

（二）消极无效的压力反应

消极无效的压力反应包括过度抽烟、酗酒、滥用药物、网络成瘾、疯狂购物等。现实疗法（Reality Therapy）创始人、美国精神病学家威廉·格拉塞（William Glasser）在其著作《控制理论》中提到，如果我们连续使用上述这些压力应对方法，不论我们主观感觉有多好，我们都将失去更多，甚至失去对生活的自我控制感。他认为，当我们使用麻醉自己的方法时，等于阻止自己寻找直接而有效的方式来处理压力。长期消极无效的压力处理方式，会导致情绪衰竭、自我感丧失、个人能力下降。

生涯案例

如此减压

小孙已经在图书馆考研自习室连续奋战一个月了，每天闭馆才离开自习室。作为家中独子，承载了太多人的厚爱和期望。高考失利后就读了一所独立学院，因此，他早早立志，必须考取高考目标大学的硕士研究生和博士研究生。

为了考研他放弃了所有求职的机会。随着考研日期一天天临近，小孙心中的压力越来越大，甚至已经无法专心复习，各种烦躁与焦虑撕扯着他的内心。"万一我又没考好怎么办？"这样的问题在他头脑中挥之不去，他经常反复问父母"考不上怎么办？"，然而，他得到的回答几乎一模一样，"我们相信你一定会考上，这次一定不会再考差的。"

他开始一根接一根地抽烟，好像从嘴里吐出的不是烟，而是堵在他心中的那股压力，但实际上效果适得其反。

发现与思考：
（1）你遇到过与小孙类似的考前或赛前压力吗？
（2）你都是如何应对这些压力的？

三、压力管理的方法

压力管理（Stress Management）就是个体用有效的方法应对在压力情况下的生理、心理唤起。压力管理可以分成两部分：第一是处理造成压力源的问题；第二是处理压力所造成的反应，包括情绪、行为及生理等方面。

压力每天都在，有压力才有动力，但面临的压力过大、过多会损害身体健康。现代医学证明，心理压力会削弱人体免疫系统，从而使外界致病因素引起机体患病，导致心理失

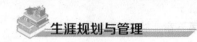

衡，引起抑郁、焦虑等心理疾病。现代生活的压力，像空气一样围绕着我们。那么，我们如何面对各种压力呢？我们可以从以下方面进行管理和应对。

（一）改变认知，减少压力源

随着社会竞争不断升级和生活节奏日益加快，遭遇困难、逆境和挑战是难免的。但这些事情是否会成为压力源，则取决于人们对它们是否有不愉快、厌恶、抱怨、愤恨、焦虑等消极的感受与评价。这个就是"合理生涯信念与乐观解释风格"中不断强调的：影响我们的不是事情本身，而是我们对事情的看法。认知的转变是解决压力问题的关键。当认知得到调整，很多原来认为是造成压力的问题，也许就不再是大问题了。很多时候，我们想通了、想明白了，就不紧张、不害怕了，压力就随之消失了。

（二）直面压力，克服拖延症

遇事马上做，这是解决压力的有效方法。遇到有难度的事，越拖延压力越大。为逃避困难采取的拖延策略，往往给自己带来更大的压迫感。"若无闲事挂心头，便是人间好时节。"拖延并不能省下时间和精力，更无法逃避问题，相反，它只会使你心事重重，举步维艰。这时，解决压力的最好办法，就是当机立断，马上行动，不仅解决了问题或完成了任务，还彻底地消除了压力。

（三）建立良好的支持系统

寻求社会支持和帮助，对于改善压力有着非常重要的作用。社会支持包括来自家人、朋友、同学、老师、同事、领导及心理机构等。个体要学会成为有效的社会支持网络中的一部分，在必要时积极寻求他人的帮助，不能把自己孤立起来。国内一些企业已经开始尝试导入一种名为员工帮助计划（Employee Assistance Program，EAP）的项目，把它作为帮助员工处理包括压力在内的职业心理健康问题的整体解决方案。在已经实施 EAP 的企业里，管理者可以利用这个项目有效实施压力管理。国内成功实施 EAP 的企业经验表明，EAP 在对工作压力进行系统诊断、针对性干预、有效预防等方面显示出强大的力量，对管理者心理压力管理具有显著的效果。

（四）自我减压的技巧

1. 冥想减压

如果我们感到压力较大，那么不妨每天利用学习或工作的间歇时间进行 10 分钟的冥想放松。事先准备好舒缓的音乐，如果带有放松指导语最好，以舒适的姿势坐好，随着音乐放松自己身体的每一部分。在冥想放松过程中不用过于注重技术，更多的是去体验放松的感觉。每天坚持 10 分钟，两周之后就可以感受到效果了。

2. 呼吸减压

我们在感觉压力大的时候，可以通过调节呼吸来进行减压。5 分钟的深呼吸可以让自己狂跳的心脏放慢速度，可以让焦躁的情绪平复下来，可以让自己因压力而颤动、抽搐的肌肉恢复平静……深呼吸过后再去学习或工作，这样压力缓解了，思路也变得更加清晰。

生涯体验

> **呼吸放松练习**
>
> 在任何紧张的情况下，我们都可以用简单的呼吸法来消除紧张和压力，让自己轻松起来。这个过程只需要35~40秒的时间。现在，邀请同学们选择一个舒服的姿势坐着或站着。我们一起进行呼吸放松练习。
>
> 练习的步骤如下。
> (1) 尽量坐直或站直，闭上眼睛，把全部的注意力放在你的呼吸上。
> (2) 缓慢地吸气，吸气快到极限，心中慢数，从1数到3。
> (3) 轻轻屏住呼吸，屏气快到极限，心中慢数，从1数到3。
> (4) 缓慢地呼气，呼气快到极限，心中慢数，从1数到3。
> (5) 再次轻轻地屏住呼吸，屏气快到极限，心中慢数，从1数到3。
> (6) 重复三次以上呼吸步骤，然后回到正常的呼吸状态。
>
> 每天进行3~5次呼吸放松练习，可以帮助你在短时间内获得放松的状态。

3. 运动减压

适当运动有利于消除疲劳，激发活力，调节大脑功能，可以起到锻炼身体、消除压力的作用。适用的运动方式有游泳、有氧慢跑、跳绳、打乒乓球等。每天安排半个小时左右的运动，即可轻松减压。

此外，还可以通过瑜伽、静坐、催眠、想象等方式来减压。

（五）心理调节减压法

1. 一吐为快

假如你正为某事所困扰，千万不要闷在心里，把苦恼讲给你可信的、头脑冷静的人，以取得解脱、支持和指正。

2. 开怀大笑

开怀大笑是消除压力的最好方法，也是种愉快的发泄方法。"笑一笑，十年少"，忧愁和压力自然也就消散了。

3. 听听音乐

轻松的音乐有助于缓解压力。如果你会弹钢琴、吉他或其他乐器，不妨以此来对付心绪不宁。

4. 阅读书报

读书可以说是最简单、消费最低的轻松消遣方式，不仅有助于缓解压力，还可使人增加知识与乐趣。

5. 重新评价

如果真做错了事，要想：谁都有可能犯错误。若事与愿违，就应进行重新评价，不钻"牛角尖"，继续正常工作。

6. 大声喊叫

在僻静处大声喊叫或放声大哭，可使悲哀的情绪发泄出来，也是减轻压力的一种方法。

7. 与人为善

遇事千万别怀恨在心。怀恨在心付出的代价是使自己的情绪紧张，是用别人的错误惩罚自己。

8. 不要挑剔

不要对他人期望过高，应看到别人的优点，不应过于挑剔他人行为。

9. 留有余地

不要处处争先，强求自己时刻都以一个完美形象示人。生活不需如此，你给别人留有余地，自己也往往更加从容。

10. 学会躲避

从一些不必要的、纷繁复杂的活动和人为制造的杂乱中脱离出来。在没有必要说话时最好保持沉默，听别人说话同样可以减轻心理压力。学会说"不"。

11. 免当超人

不要总认为什么事都应做得很出色，应明白哪些事你可稳操胜券，然后集中精力干这些事。淡泊为怀，知足常乐，可以减轻心理压力。

12. 做些让步

即使你完全正确，做些让步也不会降低你的身份，"退一步海阔天空"。何况一些事也许冷处理更好，退一步会有更多余地。

13. 遇事沉着

沉着是一个人成熟的标志之一。沉着冷静地处理各种复杂问题有助于舒缓紧张情绪。

14. 逐一解决

紧张忙乱会使人一筹莫展，这时可先解决当务之急，其他事再一个一个地处理。

15. 平息怒火

遇事切莫发火，学会克制自己，平息怒火。待怒气平息后，你会更有把握地、理智地处理问题，多想"车到山前必有路"。

16. 做点好事

不妨帮助别人做点好事，这样可缓解你的烦恼，给你增添助人为乐的快乐。

17. 眺望远方

当你烦躁不安时，请睁大眼睛眺望远方，看看天边会有什么奇特的景象。既然昨天和以前的日子都过得去，那么今天和往后的日子也一定会安然度过。

18. 换个环境

适当地改变环境可以减轻心理压力，这并非消极的回避，有益的"跳槽"可另谋新的岗位，再自我反省，吸取教训。

19. 外出旅游

思想压力过大，不妨在亲朋好友的陪同下，外出旅游。秀丽的祖国山河，定会使你心醉。此情此景，让你把一切忧愁和烦恼抛到九霄云外。

20. 放慢节奏

当局面一团糟而无法控制时，不妨放慢节奏，清空日程表，进行一次"冷处理"。

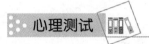

你的心理抗压能力

也许你很久没骑脚踏车了，但不妨想一想你喜欢或者正在使用的脚踏车应该是哪一款？

A. 轻便型脚踏车　　　　　B. 电动脚踏车　　　　　C. 变速越野车

心理测试题解析：

A. 轻便型脚踏车

选择A：压力承受能力50%。轻便型脚踏车最大的特点就是无论什么路面，骑起来都比较轻巧，对于骑车的人来说自然省力不少。选择这项的人，通常来说无法忍受自己承受过大的压力。不过这并不代表你丝毫不能承受压力。有时候压力反而能够成为你的动力，让你发奋实现目标。

B. 电动脚踏车

选择B：压力承受能力20%。把它归类为脚踏车是因为它还有两个踏板，只要有足够的电力，骑车的人可以毫不费力地行驶在马路上。选择这个选项的朋友，对于压力非常敏感。在现实生活中，你绝对不允许也不会让自己承受过大的压力。一旦超过自己的承受范围，立即放弃是较优选择。不过，有时压力可以帮助你完成不少事情。不妨试一试，让压力变成自己的动力。

C. 变速越野车

选择C：压力承受能力80%。相信很多人喜欢它能够随时随地变速的特点，骑车的人可以在不同的路面选择不同的方式让自己轻松骑过去。正如这款车的特点一样，你对于压力有着良好的调节能力。你会非常理智地判断出何种程度的压力对于自己是有利的。而当压力过大时，你优秀的调节能力就体现出来了。你会调整自己的心态或做些事情使外来的压力减轻。有时，压力对你来说反而是一种表现自我的途径。

第四节 时间管理

> **生涯知识**
>
> **李开复答大学生——如何利用大学里充足的时间**
>
> 问题：大学里时间很多，究竟做些什么事情才是不浪费时间呢？不是上网，不是聊天，不是喝酒吃饭。我觉得大学里应该有很多的事情要做的，却总在徘徊，现在已经大二了，好像什么都没学到似的，大学里究竟要做些什么呢？
>
> 李开复：绝不能因为时间多了，就浪费时间。大学是人生的关键阶段，因为这是你一生中最后一次有机会系统性地接受教育，这是你最后一次能够全心地建立你的知识基础。这可能是你最后一次可以将大段时间用于学习的人生阶段，也可能是你最后一次可以拥有较高的可塑性、不断修正自我的成长历程，也许是你最后一次能在相对宽容的、可以置身其中学习为人处世之道的理想环境。
>
> 所以，这四年是你最宝贵的四年。有无数毕业的学生，感叹自己四年过去，什么都没有得到。千万不要让你自己三年后成为这些学生。
>
> 时间多了，就需要自己安排时间、计划时间、管理时间。我这里有几个如何管理时间的建议。
>
> （1）不要成为"紧急"的奴隶。事分轻重缓急，这里面的"重"和"急"是不一样的。"准备明天的考试"是"急事"，而"培养自己的积极性"是"重要事"。人的惯性是先做最紧急的事，但往往因为这么做而致使重要的事被荒废。大部分紧急的事情其实并不重要，而许多重要的事情并不紧急。因此，不要把全部的时间都去做那些看起来"紧急"的事情，一定要留一些时间做那些真正"重要"的事情，比如，打好知识基础、学习做人等。每天管理时间的一种方法是，早上确定今天要做的紧急事和重要事，睡前回顾这一天有没有做到两者的平衡。
>
> （2）分清楚"必须做"的事和"不必做"的事，以及"足够好就好"的事和"足够好仍不够好"的事。有那么多的"紧急事"和"重要事"，想把每件事都做到最好是不实际的。"足够好仍不够好"的事要做到最好，但是"足够好就好"的事尽力而为就可以了。建议你用良好的态度和胸怀接受那些你不能改变的事情，多关注那些你能够改变的事情。虽然我提倡"追随我心"，但是在追随你的兴趣的同时，一定要把必须做的事做好。这是一种基本的责任心。
>
> （3）以终为始，做一个长期的蓝图规划，一步一步地向着你的目标迈进。这样，你就能一步一步地看到进展，就会更有动力、更自信地继续做下去。时间管理与目标设定、目标执行具有相辅相成的关系，时间管理与目标管理是不可分的。每个小目标的完成，会让你清楚地知道你与大目标的距离远近，你每日的行动承诺是你的压力和激励，而且行动承诺必须结合你的长远目标。所以，要想有计划地工作和生活，需要你管理好自己的时间。

> （4）如果不知道做什么，面对诱惑一定要坚持住，多余的时间应该用在能让自己不断提高的事情，如去图书馆看书、上网查资料看新闻、去听讲座等。大学四年的关键时刻是最容易迷失的时候。你必须有自控的能力，让自己交一些好的朋友，学习一些好的习惯，不要沉迷于对自己没有帮助的习惯（像网络游戏）里。
>
> ——以上资料摘自豆丁网

请你思考一下，如果银行每天早晨向你的账号拨款8.64万元，你在这一天可以随心所欲，想用多少就用多少，用途没有任何规定，条件只有一个，用剩的钱不能留到第二天再用，也不能结余。前一天的钱你用光也好，分文不花也好，第二天你又有8.64万元再次进入你的账户。思考一下，如果你有这样一笔钱，你将怎么使用呢？

我们先来想一下8.64万元到底是一个什么样的概念。请同学们做一个简单的计算，我们一天有24小时，每小时有60分钟，每分钟有60秒，算一算，我们很快就得出答案，一天有8.64万秒。如果我们把金融财富转化为时间财富，那你如何来规划这8.64万秒的时间呢？接下来我们一起来讨论大学生如何进行时间管理。

一、时间与时间管理的含义

1. 时间

时间是什么？哲学家说："时间是物质运动的顺序性和持续性，其特点是一维性，是一种特殊的资源。"《现代汉语词典》中对"时间"的解释是："物质存在的一种客观形式，由过去、现在、将来构成的连绵不断的系统。"这些解释似乎都过于抽象，而事实是，虽然我们对"时间"这个词不陌生，但是要真正解释清楚什么是时间，却是一件非常困难的事情。

法国启蒙思想家伏尔泰（Voltaire）曾提出一个意味深长的问题："世界上哪样东西是最长又是最短的，是最快又是最慢的，是最能分割又是最广大的，是最不受重视又是最值得惋惜的；没有它，什么事情都做不成；它使一切渺小的东西归于消灭，使一切伟大的东西生命不绝。"这就是时间。时间具有五项独特性：供给无弹性、无法存储、无法取代、无法暂停、失而难得。供给无弹性是指时间的供给是固定不变的，无论你是贫穷还是富贵，无论你是男还是女，无论你年轻还是年纪大，每天的时间都是固定不变的8.64万秒。时间无法存储，它跟我们的钱不一样，我们的钱今天没有用完，可以留到明天用，但是如果时间今天没有用完，就不能够再留到第二天了。时间也无法取代与暂停，所谓"一寸光阴一寸金，寸金难买寸光阴"。同时它也是失而难得的，失去了它再也回不来了。

2. 时间管理

现代管理大师彼得·德鲁克（Peter Drucker）指出，不能管理时间，便什么都不能管理。善于管理时间，就是善于规划和管理我们的人生。

时间管理是为提高时间的利用效率和有效性，有意识地运用预期、评估、计划等手段，对自己生活中各项事务进行合理计划与控制，有效安排与运用的管理过程。时间管理的目的就是将时间投入与你的目标相关的工作中，达到"三效"，即效果、效率、效能。效果，是确定的期待结果；效率，是用最小的代价或花费换来满意的结果；效能，是用最小的代价或花费获得最佳的期待结果。时间管理的原则是"预先计划，追求效率"。预先计划，能使我们对自己的时间安排有一个整体的把握；追求效率，能使我们在有限的时间里产出更多的成果。

在现实生活中，我们经常发现，我们的紧张、焦虑等压力感，很多时候是与我们的时间管理密切相关的。通过下面这个案例，你会发现，不善于时间管理会带来迷茫、焦虑、忙乱，甚至挫败等各种负面情绪。

生涯案例

我的时间都去哪儿了？

小王同学刚进大学就被大学丰富的校园生活彻底迷住了，他加入了学生会并参加了三个社团和两个协会，开会、活动是常有的事。另外，他还在校外找了一份家教的兼职工作。小王的日程安排，从每天早上一睁眼到晚上睡觉前都是满的，有时甚至连吃饭的时间都没有，因为在他看来所有的事情都一样的重要、一样的紧急。刚开始这种忙碌让小王很充实，但是不久就出现了问题，由于疲于完成各种任务，有些工作和计划只能一拖再拖，被同学认为工作效率低下。小王很困惑，为什么每天这么努力，但是时间却总是不够用。

发现与思考：

(1) 帮小王分析一下，他的时间都去哪儿了呢？

(2) 小王想找回属于自己的时间，大家给点建议吧！

小王的情况并不是一个个案，而是大学生中常见的一种情况，我们的时间都去哪儿了？大学生时间管理方面常存在哪些问题呢？这是一个令人困惑的问题。传统的时间管理观念是以事件的紧急程度来划分事件的优先级，只要是紧急的事情，就要先处理，因此会出现一种怪现象，时间管理者每天忙于处理那些急事，结果焦头烂额甚至身心俱疲，但获得的价值并不一定是最大的。实际上，紧急的事件有很多种，有重要的，也有不重要的；有能创造价值的，也有不能创造价值的；有可以做的，也有可以不做的。因此，学会管理自己的时间，是大学生自我管理的必修课。

二、时间管理常见的问题

在大学生群体中最典型的时间管理问题有以下几种，请对照自己，找找你有哪些时间管理问题。如果不在以下所列的几项中，请补充在横线上。

1. 目标模糊

很多大学生并不知道自己在大学里想要干什么，缺乏目标就缺乏了行动的方向，因此虽忙忙碌碌，最后却不知道自己取得了什么样的效果。

2. 欠缺计划

给碌碌无为的那些同学提个醒，务必分清轻重缓急，重视计划的制订与执行，避免徒劳无功。

3. 事必躬亲

给校园各类团队负责人温馨提醒，琐碎的事务会占用过多时间，而且会剥夺团队成员发挥才能的机会。事必躬亲是团队管理者一个严重的时间管理问题。

4. 不会拒绝

一个人之所以不好意思拒绝他人，可能是基于这些原因：接纳比拒绝容易，想做一个好人,不了解拒绝的重要性等。

5. "手机控"

手机的使用本是为了让我们的生活更便捷、高效,但手机已成为浪费时间的最重要根源,这是极具讽刺性的一件事。同学们可以算算每天(24小时)的时间被手机"吸"走多少。

6. "电脑控"

"电脑控"也许在网游、网购,也许在追剧。电脑与手机已成为不少大学生的时间"杀手"。

7. 拖延症

许多同学都知道事情的重要性,但往往因无法改掉拖延的恶习,而不得不到最后一刻草率了事甚至不了了之。

8. 三餐附加功能

三餐往往自带很多附加功能,如交友、倾诉、八卦等,若每餐都被附加这么多功能,那三餐将会额外占用很多时间。

9. 拖而不决

"我一直纠结于要不要考研、考公务员、参加某某大赛",这些拖而不决的决策难题,不仅在影响我们的情绪情感,更在消耗我们宝贵的时间。其解决之道在于"试试看"。行动了才能收集到有效信息,才能检验主观判断的对与错,才能达成理性的决策。

其他时间管理问题:_____

生涯体验

时间管理测试

请根据自己在日常学习与生活中对待时间的方式与态度,选择最适合你的一个答案。

(1) 星期天,你早晨醒来时发现外面正在下雨而且天气阴沉,你会怎么办?(   )

A. 接着再睡

B. 仍在床上逗留

C. 按照一贯的生活规律,穿衣起床

(2) 吃完早饭后,在上课之前,你还有一段自由时间,你怎么利用?(   )

A. 无所事事,根本没有考虑学习点什么,时间不知不觉地过去了

B. 准备学点什么,但又不知道学什么好

C. 按照预先的学习计划进行,充分利用这一段自由时间

(3) 除每天上课外,对所学的各门课程,在课余时间里怎样安排?(   )

A. 没有任何学习计划,高兴学什么就学什么

B. 按照自己最大的能量来安排复习、作业、预习,并紧张地学习

C. 按照当天所学的课程和明天要学的内容制订计划,严格、有序地学习

(4) 你每天晚上怎样安排第二天的学习时间?(   )

A. 不考虑

B. 心中和口头进行安排

C. 书面写出第二天的学习计划

（5）为自己拟定了"每日学习计划表"，并严格执行。（   ）

A. 很少如此 B. 有时如此 C. 经常如此

（6）我每天的休息时间表有一定的灵活性，以使自己有一定时间去应付预想不到的事情。（   ）

A. 很少如此　　　　　　B. 有时如此　　　　　　C. 经常如此

（7）当你发现自己近来浪费时间比较严重时，你有何感受？（   ）

A. 无所谓

B. 感到很痛心

C. 感到应该从现在起尽量抓紧时间

（8）当你学习忙得不可开交，而又感到有点力不从心时，你怎样处理？（   ）

A. 开始有些泄气，认为自己脑袋笨

B. 有干劲，有用不完的精力，但又感到时间太少，仍然拼命学习

C. 开始分析、检查自己的学习时间分配是否合理，找出合理安排学习时间的方法，在有限的时间里提高学习效率

（9）在学习时，常常被人干扰打断，你怎么办？（   ）

A. 听之任之

B. 抱怨，但又毫无办法

C. 采取措施，防止外界干扰

（10）当你学习效率不高时，你怎么办？（   ）

A. 强打精神，坚持学习

B. 休息一下，活动活动，轻松轻松，以备再战

C. 把学习暂停下来，转换一下兴奋重心，待效率最佳的时刻到来，再高效率地学习

（11）怎样进行课外书籍的阅读？（   ）

A. 无明确目的，见什么看什么，并经常读出声来

B. 能一面阅读一面选择

C. 有明确目的地进行阅读，用快速阅读法加强自己的阅读能力

（12）你喜欢什么样的生活？（   ）

A. 按部就班、平静如水的生活

B. 急急忙忙、精神紧张的生活

C. 轻松愉快、节奏明显的生活

（13）你的手表或书房的闹钟经常处于什么状态？（   ）

A. 常常慢

B. 比较准确

C. 经常比标准时间快一些

（14）你的书桌井然有序吗？（   ）

A. 很少如此　　　　　　B. 偶尔如此　　　　　　C. 常常如此

(15) 你经常反省自己处理时间的方法吗?(　　)

A. 很少如此 B. 偶尔如此 C. 常常如此

评分方法:选择 A,得 1 分;选择 B,得 2 分;选择 C,得 3 分。

将你自己各题的得分加起来,然后根据下面的评析判断出自己的时间管理能力和水平。

35~45 分,有很强的时间管理能力。在时间管理上,你是一个成功者,不仅时间观念强,而且还能有目的、有计划,能合理、有效地安排学习和生活时间,时间的利用率高,学习效果良好。

25~34 分,较善于对时间进行管理。时间管理能力较强,有较强的时间观念,但是,在时间的安排和使用方法上还有待进一步提高。

15~24 分,时间自我管理能力一般。在时间的安排和使用上缺乏明确的目的性,计划性也较差,时间观念较淡薄。

14 分以下,不善于时间管理。时间管理的能力很差,不仅时间观念淡薄,而且也不会合理地安排和支配自己的学习时间和生活时间。你需要好好地训练自己,逐步掌握时间管理的技巧。

请完成时间管理测试,了解你的时间是如何管理的,然后在小组内分享自己的感受与想法。

三、时间管理的方法

罗斯·杰伊(Ros Jay)强调,时间管理的核心部分是如何合理安排时间。时间管理不是要把所有的事情做完,而是更有效地运用时间,时间管理的目的除了要决定每一单元该做些什么之外,另一个重要的目的就是决定什么事情在当下不用做,它最重要的功能是提醒和指引。我们可以利用时间的技巧与方法,提高时间的利用率。时间管理的方法有很多,这里我们来分享几种影响较大的方法。

(一)帕累托原则

在时间管理上,有个非常重要的时间法则,就是 80∶20 法则。这是由 19 世纪意大利经济学家帕累托(Pareto)提出的,故又称帕累托原则。其核心内容是生活 80% 的结果几乎源于 20% 的活动。比如,在工作或生活上可能有一种现象,就是 20% 的事成就了 80% 的价值,如果我们能管理好这 20% 的事,就掌握了大部分的利益;反之,如果不善管理,忙着处理 80% 的事情,到头来可能发现这些收益不过只有 20% 而已。所以,做事情抓重点,是重要的时间管理法则。根据这一原则,我们结合四象限法对要做的事情分清轻重缓急,进行如下排序。

(1)重要且紧急(比如救火、抢险等),必须立刻做。

(2)紧急但不重要(比如有人通知你临时开会,有人突然打电话请你吃饭等),在优先考虑了重要的事情后,再来考虑这类事。人们常犯的毛病是把紧急当成优先。其实,许多看似很紧急的事,拖一拖,甚至不办,也无关大局。

(3)重要但不紧急(比如学习、制订计划、与人谈心、体检等),只要没有前一类事的压力,应该当成紧急的事去做,而不是拖延。

（4）既不紧急也不重要（比如娱乐、消遣等），可以等有空闲的时候再说。

怎样才能抓重点呢？在大学生活中，应该把十分重要的项目挑选出来，专心致志地完成，把待办事项根据重要性和紧急程度进行排序，然后根据80∶20法则分配时间，把时间用在更重要的事情上。

（二）四象限法

四象限法是美国著名管理学家、《高效人士的七个习惯》的作者史蒂芬·柯维（Stephen Covey）提出的，他在时间管理理论中，把工作按照重要和紧急两个维度进行划分，确定了四个基本象限，即重要且紧急、重要但不紧急、紧急但不重要、不紧急也不重要，如图5-3所示。

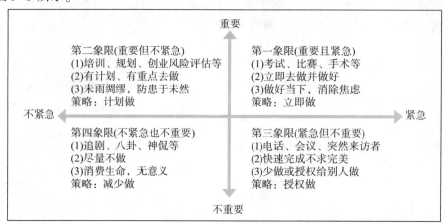

图5-3 四象限法

按处理顺序划分：先是重要且紧急的，接着是重要但不紧急的，再到紧急但不重要的，最后才是不紧急也不重要的。

1. 第一象限：重要且紧急（立即做）

首先要有准确的判断能力，确定哪些是重要且紧急的事情，这些事情必须亲自完成，不能拖延、不能授权，应优先处理。但如果你总是有重要且紧急的事情要做，说明你在时间管理上存在问题，要设法减少它。很多重要的事情都是因为一拖再拖或事前准备不足而变得迫在眉睫。该象限的本质，是缺乏有效的计划，导致处于第二象限"重要但不紧急"的事情转变到第一象限，这也是传统思维状态下的管理者的通常状况，就是"忙"。

此类型的工作太多，会令人感到压力大，忙于危机处理和收拾残局，而且由于时间有限，往往不能做得很好。诸如，近在眼前的重要考试或比赛、马上到期的活动策划案等，是考验我们经验、判断力的时刻，也是可以用心耕耘的园地。

2. 第二象限：重要但不紧急（计划做）

此类型的事情很重要，而且会有充足的时间去准备，有充足的时间去做好。可见，投资此类型的回报才是最大的。时间管理理论强调尽可能地把时间花在处理此类型的事情上，例如今年或大学四年的规划、团队问题的发现与预防、参加职业资格证书培训等事项，这样才能减少"重要且紧急"的工作量。

荒废该领域将使"重要且紧急"的第一象限日益扩大，个人可能承受更大的压力，在危机中疲于应付。反之，多投入一些时间在这个领域有利于提高实践能力，缩小第一象限的范围。做好事先的规划、准备与预防措施，很多急事将无从产生。这个领域的事情不会对我们造成催促力量，所以必须主动去做，否则它们就会在某个时候，进入第一象限，造成我们的紧张与压力。

3. 第三象限：紧急但不重要（授权做）

"紧急但不重要"的工作因为它的紧急性，往往使人们难以脱身。例如，电话、会议、突如其来的访客都属于这一类。表面看似属于第一象限，因为迫切的呼声会让我们产生"这件事很重要"的错觉，因此这一象限的事件具有假象。有些人花很多时间在这里面打转，自以为在处理"重要且紧急"的工作，其实不过是在满足别人的期望与标准。这样的事情应该少做或授权给别人做，将能分配出去的事尽量授权给他人干，这样可以节约时间做最重要的工作。避免因短视近利而轻视目标与计划。

4. 第四象限：不紧急也不重要（减少做）

这种类型的事情是没有意义的，但是很难抗拒，因此，必须想方设法走出去，丢掉那些与目标无关、无效益的事。现实中的许多人往往在"重要且紧急"与"重要但不紧急"之间来回奔走，忙得焦头烂额，健康的休闲娱乐在这时就是必要且有意义的，如散步、旅游；然而，像无节制地玩手机，通宵上网玩游戏，阅读令人上瘾的无聊小说，追那些毫无内容的肥皂剧等，这样的活动不但不是真正的休闲，反而可能对身心造成毁损，刚开始时也许有滋有味，到后来你就会发现其实是很空虚的，是对生命的浪费。

总之，高效的时间管理的核心原则是：先轻重，后缓急，要事第一。也就是说，在考虑做事的先后顺序时，应先考虑事情的"轻与重"，再考虑事情的"缓与急"。

> **生涯体验**
>
> **你的时间管理**
>
> 请用"我的时间管理四象限图"对自己的时间进行管理，内容填入图5-4中。
>
> （1）评估过去的某天、某周或某年的时间管理是否符合四象限法。
>
> （2）完成对将来的某天、某周或某年的计划内事件的分类，尝试进行时间的自我管理。

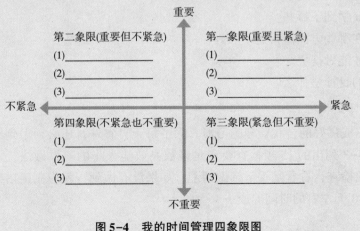

图5-4 我的时间管理四象限图

（三）记问思查法

从某种角度说，检查是成功之母。每天你去自查，你今天所做的事情，包括学习、工作、人际关系、运动、休闲等，是否会让你离自己目标越来越近？如果我们能通过"记、问、思、查"的方法，养成好的时间管理习惯，那么我们的生涯管理一定是非常高效的。

1. 记——随手记

准备一本自我管理手册，每天晚上睡觉之前，给自己一点时间，计划好明天的时间分配。同时，管理手册随身带，养成随时记录的习惯，随时记录事件、心得和灵感，这样可以培养敏锐的观察能力和思维能力，增强对生活的掌控感。

2. 问——清晨六问

清晨是一天的开始，清晨的规划关系到一天学习和工作的效率。因此，利用清晨的一点时间思考一天的学习和工作进行是十分必要的。每一天的安排可以从清晨六问开始。

（1）今天的核心大目标是什么？
（2）今天的具体目标有哪些？
（3）今天重要的三件事是什么？
（4）今天准备学到哪些新的东西？
（5）今天准备在哪些方面进步一点点？
（6）今天如何能更快乐些？

3. 思——静夜六思

相对于清晨，晚上具有承前启后的过渡作用。《论语·学而》有"吾日三省吾身"的名言，意思就是，我们每天应该对自己一天的所言、所行、所思进行反省，自我觉察，以达到自我提高的目的。此外，作为一个过渡，我们还应该在晚上明确明天的目标。静夜六思将为今天与明天进行很好的连接。

（1）今天是否完成了小目标？
（2）今天是否更接近了大目标？
（3）今天又学到了哪些？
（4）今天在哪些方面做得还不够好？
（5）如何才能做得更好？
（6）明天的目标是什么？

4. 查——自查改进

大学生要养成良好的自我管理的习惯，除了每天自省外，还必须做到经常性地全面检查与改进。表5-3列出的15项检查要点是多数高效能人士的习惯做法，大家也可以选择数项，经常对照检查，看看是否坚持做到了，如果没有做到，就应制定措施及时改进。好习惯一般需要30天左右的时间养成。

表 5-3 习惯养成检查表

检查要点	是否做到		改进计划
	是	否	
(1) 确定明确的目标			
(2) 分割、细化目标			
(3) 目标与价值观符合			
(4) 按照四象限法分配时间			
(5) 遵循 80∶20 法则进行事件排序			
(6) 制订详细的行动计划			
(7) 有合理的时间分配表			
(8) 制定有辅助的方案			
(9) 设定目标达成的期限			
(10) 达成每天的目标			
(11) 特定时间里专注于某一件事			
(12) 天天检查、反思			
(13) 把东西放在相对固定的位置			
(14) 控制电话、拜访时间			
(15) 马上改善最薄弱的环节			

（四）时间 ABC 分类法

这种时间管理法是将自己的工作按轻重缓急分为三种：A（紧急且重要）、B（次要）、C（一般）。根据各项工作的优先级来统筹安排，粗略估计各项工作时间和占用百分比，同时在实际工作中记录耗用时间，对比计划时间安排和耗用时间，分析时间的运用效率，逐步调整自己的时间，有效地开展工作。

（五）麦肯锡 30 秒电梯理论

麦肯锡公司曾经有过一次沉痛的教训。该公司曾经为一家重要的大客户进行咨询，咨询结束的时候，麦肯锡的项目负责人在电梯间里遇见了对方的董事长，该董事长问麦肯锡的项目负责人："你能不能说一下现在的结果呢？"由于该项目负责人没有准备，而且即使有准备，也无法在电梯从 30 层到 1 层的 30 秒钟内把结果说清楚。最终，麦肯锡失去了这个重要客户。从此，麦肯锡要求公司员工凡事要在最短的时间内把结果表达清楚，凡事要直奔主题、直奔结果。麦肯锡认为，一般情况下人们最多记得住一、二、三，记不住四、五、六，所以凡事要归纳在三条以内。这就是如今在商界流传甚广的"30 秒电梯理论"（或称"电梯演讲"）。

不管是运用哪种时间管理方法，都必须考虑工作过程的不确定性，要为意外事件留有一定的时间。第一是要为每项工作的计划留有多余的空间。第二是要努力让自己在不留余地又饱受干扰的情况下，完成预计的工作。实践证明，工作效率高的人通常比效率低的人在时间管理方面更为有效和精确。第三是另外准备一套应变计划。在仔细分析将要做的事

情后,将事情分解为若干个单元,找到迅速完成工作的必要步骤,满怀信心地在规定的时间内完成工作。

四、时间管理十一条金律

(一)要和你的价值观相吻合

你一定要确立个人的价值观,假如价值观不明确,你就很难知道什么对你最重要;如果你的价值观不明确,那么时间分配一定做不好。时间管理的重点不在于管理时间,而在于如何分配时间。你永远没有时间做每件事,但你永远有时间做对你来说最重要的事。

(二)设立明确的目标

成功等于目标,时间管理的目的是让你在最短的时间内实现更多你想要实现的目标。你必须把目标写出来,找出一个核心目标,并按重要性依次排列,然后依照你的目标制订详细的计划,依照计划行动。

(三)改变你的想法

美国心理学之父威廉·詹姆士(William James)通过对时间行为学的研究,发现这样两种对待时间的态度:这件工作必须完成,它实在讨厌,所以我能拖便尽量拖;这不是件令人愉快的工作,但必须完成它,所以我得马上动手,好让自己能早些摆脱它。当你有了动机之后,迅速踏出第一步是很重要的。不要想立刻推翻自己的整个习惯,只需强迫自己现在就去做你所拖延的某件事。从明早开始,每天都从你的时间表中选出最不想做的事情先做。

(四)遵循80:20法则定律

生活中肯定会有一些突发和迫不及待要解决的问题,如果你发现自己天天都在处理这些事情,那表示你的时间管理并不理想。成功者花最多时间做最重要的事情,而不是最紧急的事情,然而一般人都是做紧急但不重要的事。

(五)安排"不被干扰"时间

每天至少要有半个小时到一个小时的"不被干扰"时间。假如你能有一个小时完全不受任何人干扰,把自己关在自己的空间里思考或者工作,这一个小时可以抵过你一天的工作量。

(六)严格规定完成期限

帕金森定律说:你用多少时间完成工作,工作就会自动变成需要那么多时间。如果你用一整天的时间做某项工作,你就会花一天的时间去做它;而如果你只有一小时的时间做这项工作,你就会更迅速有效地在一小时之内做完它。

(七)做好时间日志

你花了多少时间做哪些事情,把它详细地记录下来,早上出门(包括洗漱、换衣、早餐等)花了多少时间,搭车花了多少时间,出去拜访客户花了多少时……把每天花的时间一一记录下来,你会清晰地发现浪费了哪些时间,这和记账是一个道理。当你找到浪费时间的根源时,你才有办法改变。

（八）理解时间大于金钱

用你的金钱去换取别人的成功经验，一定要抓住一切机会向顶尖人士学习。仔细选择你接触的对象，因为这会节省你很多时间。假设与一个成功者在一起，他花了 40 年时间获得成功，你跟 10 个这样的人交往，不就浓缩了 400 年的经验吗？

（九）学会列清单

把自己要做的每一件事情都写下来，这样做首先能让你随时明确手头的任务。不要认为自己可以用脑子把每件事情都记住，当你看到自己长长的列表时，也会产生紧迫感。

（十）同一类事情最好一次把它做完

假如你在做书面作业，则那段时间都做书面作业；假如你在思考，则用一段时间只进行思考；打电话的话，则最好把电话累积到某一时间段一次把它打完。当你重复做一件事情时，熟能生巧，效率一定会提高。

（十一）做最有效率的事情

你必须思考一下，要做好这份工作，到底哪几件事情对你是最有效率的，把它们列出来，分配时间把它们做好。

自我时间管理倾向测试题

(1) 星期一上学的时候，老师通知你周五下午有一次重要的考试，你会（   ）。

A. 取消放学后的简单休息，马上投入复习中去

B. 主要整理以往的笔记，辅助同步练习

C. 从周一到周四都在考虑这件事情，周五早上开始抽空复习

D. 在自己情绪好的时候复习

E. 想复习，但总是因为各种原因被打断

(2) 你的记事本里写了（   ）。

A. 下周的详细日程安排

B. 要去的地方和要做的事情

C. 自己的涂鸦和喜欢去的地方

D. 用醒目的大字写着一些重要的事情

E 为每天要做的事情列出长长的单子，标出优先要做的

(3) 你约的朋友又迟到了接近一个小时，你会觉得（   ）。

A. 不高兴——我是个很守时的人

B. 没关系，我宁愿多看几本杂志也不想马上就回家

C. 心情不好，一整天都会为此别别扭扭

D. 很惊慌，觉得耽误了自己的学习时间

E. 很庆幸自己出发前打了电话，知道他（她）还没到，我也推迟时间

(4) 在你的抽屉里（   ）。

A. 尽管像个垃圾堆，但我用起来效率很高

B. 从来没有装满，里面的东西经常会丢失或用掉

C. 堆满了没看完的复习资料

D. 当我想找某样东西时，需要把整个抽屉翻个底朝天

E. 堆得很满是为了证明我的作业真的很多

(5) 你的好朋友全家旅行，把他（她）的小狗托付给你照顾两天，你会说（　　　）。

A. 让我问问爸爸妈妈，明天再答复他（她）

B. 这礼拜我也可能要出去，但我会尽量挤出时间来

C. 交给我好了，保证完成任务

D. 没问题——虽然我有很多的事情，但可以帮忙照顾

E. 可以——然后让他（她）写清楚详细的照顾事项安排，并请他（她）逐一解释

(6) 你做事耽误了时间，是因为你（　　　）。

A. 担心做的事不能百分之百完美

B. 沉浸在空想里

C. 在我进行下一步前，需要时间来把自己可能的选择一一澄清

D. 感到不知所措

E. 总是觉得时间充裕

(7) 你要招待4个朋友，你（　　　）。

A. 自己很快地做一些简单的饭菜，以节约时间

B. 为了精益求精地做道我拿手的饭菜，误了开饭时间

C. 胡萝卜用完了，让第一个来的客人去买

D. 忘记煮米饭了，只好出去买面食

E. 力求面面俱到诚意邀请，准备好饭菜，也准备鲜花、蜡烛以营造气氛，但结果都不太满意

(8) 对你而言，生活就像（　　　）。

A. 变戏法

B. 马拉松

C. 海滩

D. 做游戏

E. 一场战斗

(9) 你要写一篇文章，可总是觉得没有一点灵感，你（　　　）。

A. 先写别的作业

B. 看看别人的文章

C. 希望有人能够帮助自己完成这项作业

D. 觉得厌烦，昏昏欲睡

E. 把它放在一边，先玩会儿

(10) 下面哪种情况最令你恼火（　　　）。

A. 平庸

B. 不注意小节

C. 把记事本放错地方

D. 烧坏东西
E. 缓慢、沉闷、毫无新意的日子

记分方法：按照表5-4，根据你每题所选择的答案，计算每题对应的得分。

表5-4　选项对应得分

题目序号	(1)	(2)	(3)	(4)	(5)	(6)	(7)	(8)	(9)	(10)
A	5	5	3	5	5	3	5	1	5	3
B	3	1	2	3	1	2	3	5	3	2
C	2	2	1	2	2	5	2	2	2	5
D	4	4	4	4	4	1	4	4	4	1
E	1	3	5	1	3	4	1	3	1	4

然后，把你得到的1分、2分、3分、4分、5分的次数分别相加，并对照下面的结论和建议。

得1分最多者：忙碌型

建议：留出更多令自己心平气和的时间——做做运动或每天安排几次沉思冥想、外出散步或者深呼吸等活动，会令你效率倍增。

得2分最多者：白日梦型

你宁可迟到也不愿做时间的奴隶。从来搞不清小事要花多少时间，经常不能有始有终地完成计划。

建议：买两本日历——一本用于学习，一本用于日常生活，并将它们放在显眼处。给每件事情定个最后的期限，在日历上标明，每完成一件事就在日历上划掉。

得3分最多者：完美主义者

追求尽善尽美，没有时间观念，把大量的时间花在细枝末节上。

建议：按照每件事的重要性分配你的时间和精力。

得4分最多者：紧张、刺激型

建议：做每件事情都比计划的提前一点开始行动，从容应对。

得5分最多者：把握时间型

建议：工作之余尽情放松自己，不要苛求别人同自己一样高效率。

 实践作业

七天行动计划

从现在开始，请用本章所学的压力管理和时间管理的方法和技巧，用一周的时间，实施时间管理和压力管理计划。可任选一种方法、给自己制订一周的计划，并坚持自我监督与检查。一周之后，看看自己的生活发生了什么变化。下周上课时，邀请3~5位同学上台分享计划、实施过程及心得体会。

▲ 视觉笔记（图5-5）

五、生涯管理与行动

① 情绪管理

- 6H4AS法
- 适度宣泄法
- 心理暗示法
- 注意力转移法
- 自我安慰法
- 交往调节法
- 情绪升华法

压力的来源

心理因素　环境因素　角色因素

压力管理的方法

- 改变认知，减少压力源
- 直面压力，克服拖延症
- 建立良好的支持系统
- 自我减压的技巧
- 心理调节减压法

② 压力管理

时间管理的方法

- 帕累托原则
- 四象限法
- 记问思查法
- 时间ABC分类法
- 麦肯锡30秒电梯理论

③ 时间管理

图5-5　视觉笔记

第六章 促进学习

🔔 生涯寄语

博学之，审问之，慎思之，明辨之，笃行之。

——《礼记·中庸》

🔺 知识导图

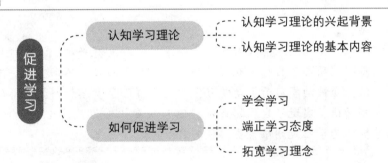

"机会垂青于有准备的人"，充分的准备是一个人获得机会的前提和基础。对于大学生来说，大学阶段的学习至关重要，能否顺利地完成由中学生到大学生的转变，能否顺利地完成大学期间各阶段的任务，能否顺利找到自己喜欢并胜任的工作，关键在于大学生的自我规划意识和能力，在于对大学学业的合理规划和安排。就像生涯规划是贯穿人一生的全过程一样，大学生的职业准备也是一个连贯的过程，它与四年的学习生活同步，贯穿于整个大学期间。因此，大学生需要有计划、分步骤地进行学业与职业发展规划。

本章内容包括认知学习理论和促进学习的办法。通过本章的学习，同学们能够了解学习的相关理论，掌握大学学习的方法和知识获取途径，进而对自己的学业进行规划，将学业规划与职业规划紧密结合，为职业选择做好充足准备。

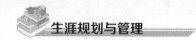

第一节 认知学习理论

> **生涯案例**
>
> **案例一：** 小张，大二在读学生，入学后整日不思学业，认为"学习无用"，曾给同学们算了一笔账："读4年书8万元，高中毕业打工挣8万元，来回16万元，拿去买房或开店都能赚钱。"在父母极力劝说下才来到大学学习，但坚定"学习无用"，导致成绩极差，最近收到学校要求退学的警告。
>
> **案例二：** 林林，计算机科学与技术专业2007级学生。他热爱自己的专业，入学时就为自己规划了要当一名出色的网络工程师的目标。他应聘到学校网络管理中心，利用课余时间做兼职，培养自己的实际应用能力。他不满足于书本上的知识，从图书馆借阅了大量书籍扩充自己的知识面。在老师的指导帮助下，大三学年他和班级的几个志同道合的同学组成团队，开始尝试做网站，不为赚钱，只为积攒经验，增加实力。大四上学期他和他的团队代表学校首次参加大学生ACM程序设计大赛，就取得了第一名的好成绩。他也因在比赛中的突出表现，被该次比赛的赞助商阿里巴巴公司录取，是2011届计算机专业第一个找到工作的同学，也是为数不多的几个挣年薪的同学。
>
> **发现与思考：**
>
> 从案例中不难看出，两人有极大反差，小张对学习没有兴趣也没有规划，学业岌岌可危；林林有明确的奋斗目标和职业方向，并为自己的目标不懈努力，充分、合理地安排课余生活，变被动学习为主动学习，积极为自己争取参加科技竞赛的机会，最终把握机会脱颖而出，实现了自己的目标。你怎么看"学习无用论"？你知道学习的奥秘吗？如果你认为学业规划很重要，该怎么做呢？

学习是如何发生的，有哪些规律，学习是以怎样的方式进行的？近百年来，教育学家和教育心理学家围绕着这些问题，从不同角度、运用不同的方式进行了各种研究，试图回答这些问题，也由此形成了各种各样的学习理论。

学习理论简称"学习论"，是说明人和动物学习的性质、过程和影响学习的因素的学说。学习理论一般分为两大理论体系：刺激-反应（S-R）理论和认知理论。刺激-反应理论又称联想主义（或行为主义），是继承英国联想心理学派的一种理论体系，哲学上受洛克的经验论的影响。这派理论一般把学习看作刺激与反应之间联结的建立或习惯的形成，认为学习是自发的"尝试与错误"（简称试误）的过程。

任何一位学习理论研究者回顾20世纪的学习理论的时候，都无法忽视认知学习理论的巨大影响。它产生于德国格式塔学派的顿悟说，继而受到当代认知心理学的影响，其代表人物主要有早期认知理论的韦特海默、考夫卡、苛勒、勒温和托尔曼以及现代认知学习学派的布鲁纳、奥苏伯尔、加涅等。正是因为如此众多富有创造力的学者们的成果，才使认知学习理论取代以往的行为主义的学习理论，在今天的教育实践中发挥着越来越重要的作用。

一、认知学习理论的兴起背景

一般认为，认知学习理论发端于早期认知理论的代表学派——格式塔心理学的顿悟说。但是，认知学习理论的真正形成却是 20 世纪六七十年代。

从认知学习理论兴起的社会背景来看，它是现代社会发展需要的产物。第二次世界大战之前，几乎所有心理学的研究都局限于实验室，行为主义的研究范式霸占了学习领域。当时对于学习的研究仅仅涉及动物和人的外部行为，很少涉及人的内部心理历程。然而，第二次世界大战中涌现的大量实际问题对之提出了挑战，战争对人的认知与决策提出了越来越高的要求。第二次世界大战之后，信息时代以及知识经济时代的来临，更加强调对于人们的信息选择、接收以及信息编码、存储、提取与使用过程的研究。这些实际的社会需要直接刺激了认知学习理论的产生与兴起。

从认知学习理论的科学技术背景来看，它也是心理学与邻近学科交叉渗透的产物。控制论、信息论以及计算机科学与语言学的发展直接影响到了认知学习理论的产生。很多认知学习理论的重要观点，都与这些学科有不解之缘。如，罗伯特·加涅（Robert M. Gagne）的累积学习的一般理论模式就直接借鉴了控制论与计算机科学的某些重要思想。又如，语言学家乔姆斯基（Chomsky）强调研究人的认知过程以及人的语言的先天性与生成性，他的观点使很多学习研究者开始从行为主义转向认知主义。

当然，认知学习理论也是心理学自身发展的结果。在过去的几十年间，学习理论经历了重大的变革。20 世纪前半个世纪，占主导地位的关于学习的概念是以行为主义原则为基础的，学习被看作是明显的行为改变的结果，是能够由选择性强化形成的。因此，在行为主义者看来，环境和条件，如刺激和影响行为的强化，是学习的两个重要的因素，学习等同于行为的结果。然而，这是与事实相违背的。如，著名的认知心理学家布鲁纳就认为，在我们学习的过程之中，我们必须考虑到以往的认知结构对于现有的学习过程的影响。由于行为主义学习理论在研究中不考虑人们的意识问题，只是强调行为，把人的所有思维都看作是由"刺激-反应"间的联结形成的。这就引起了越来越多心理学家的不满，使他们开始放弃行为主义的研究立场，转向研究人的内部心理过程，从而促进了认知主义学习理论的发展。

二、认知学习理论的基本内容

（一）认知学习理论的基本观点

首先，认知学习理论要研究的是个体处理其环境刺激时的内部过程，而不是外显的刺激与反应。在认知主义学习理论学派看来，是学习个体本身作用于环境，而不是环境引起人的行为。环境只不过是提供潜在的刺激，至于这些刺激是否受到注意或者受到进一步的加工，则取决于学习者内部的心理结构。并不是所有的刺激都会经过感觉登记进而进入长时记忆系统，在学习者对于外部信息进行加工的时候，会经历一个选择阶段。个体根据自己以往的认知结构对外部刺激进行选择；与此同时，在这个与外界信息进行交换的过程中，个体也会不断地根据反馈来调整自己的认知。

其次，学习的基础是学习者内部心理结构的形成与改组，而不是外显的刺激-反应联结的形成或者行为习惯的加强或改变。所谓的心理结构，就是指人对世界和自身的心理认识，各种心理认识之间存在着一定的联系，成为一个有结构的整体。认知结构则是以符号表征的形式存在的。在认知学习理论看来，学习的基础并不像行为主义认为的那样是通过训练，促使刺激与反应之间的联结形成与巩固，而更应该注意探讨学习者内部的心理结构的性质以及它们的变化过程。当新的经验改变了学习者现有的心理结构时，学习也就发生了。

最后，无论是以格式塔心理学为代表的早期认知学习理论和还是今天的以加涅等人为代表的认知理论，几乎都认可两条基本原理：第一，不平衡原则，即认为个体现有的认知结构在进行学习的时候，试图加工所选择的刺激，如果不成功，则会导致结构的失衡。个体在力图重新得到平衡的时候，认知结构的变化也就随之发生了。第二，迁移原则，几乎每一位认知学习论者都相当重视学习的迁移，新的认知结构始终会受到以往的认知结构的影响。

（二）认知学习理论的代表观点

1. 早期认知学习理论

一般而言，早期的认知学习理论多以动物为研究对象，同时研究结论往往来自研究者对外界事物的观察；后期的认知学习理论则直接研究人类的教学过程，同时多采用比较严谨的实验设计。

（1）格式塔学派的顿悟说。格式塔学派的观点直接影响到今天认知学习理论的形成与发展。格式塔学派的代表人物是考夫卡、韦特海默、苛勒等。该派认为，学习的实质是构造与组织一种完形，而不是形成刺激-反应的联结。

根据格式塔心理学的基本观点，1913—1920年，时任普鲁士科学院人类研究所所长的苛勒在南非的特纳里夫群岛，对黑猩猩的学习行为进行了系统的研究而得出学习不是盲目的尝试，而是对情境认知后的顿悟。顿悟是自发地对某种情境中各刺激间的关系的豁然领会。苛勒对黑猩猩进行了长达7年的研究，以观察动物解决问题的过程。他认为，动物解决问题（学习）不是尝试—错误的渐进过程，而是突然顿悟的结果。这种顿悟不是对个别刺激产生反应，而是对整个情景、对对象间的整体关系理解的结果。苛勒十分注重刺激与反应之间的组织作用，这种组织作用表现为旧结构（格式塔）的豁然改组和新结构的豁然形成。这个旧格式塔改组为新格式塔的过程就是顿悟。人和动物都是靠顿悟来学习的。

（2）托尔曼的认知——期待说。托尔曼吸收了完形说的思想，认为行为是个整体，不仅包括可观察到的行为，而且应包括有机体在进行活动中的所有东西，即外部的、内部的、身体的、脑内的，主张研究有机体的整体行为。由此提出"中介变量"的概念，认为刺激与反应之间的关系不是简单的S-R的二项式，而是S-O-R的三项式。O是中介变量，即中介过程或心理过程，是介于实验变量与行为变量之间并把二者联结起来的因素，它为实验变量所决定，又直接决定行为变量。他设计的著名的"潜伏学习"实验，即证明了这一点。以往行为主义形形色色的刺激-反应学习理论的基本观点都认为，在行为和反应之间没有什么中间变量，动物或者人类在一定的内部和外部的刺激或者强化物的驱使之下进行学习，当以后遇到适当环境刺激的条件的时候，动物或者人类所习得的动作就会被发动起来。然而托尔曼根据自己的研究认为，动物学或者人类在学习过程中所学会的不是连贯的动作反应，而是获得了关于他周围的环境、学习目标的位置以及如何实现目标的方法的知识，这些知识促进动物或者人类形成了所谓的"认知期待"，而这种认知期待将直接影响到学习者下一次活动的方向与强度。也就是说，通过学习过程，学习者学会的不是简单的动作或者反应，而是学会了达到目标的途径和手段，即学会的不是动作而是学会了意义。这一过程正是通过上述 O 这个中介变量而完成的。

2. 现代认知学习理论

（1）布鲁纳的认知发现说。布鲁纳的学习理论与他的儿童认知发展理论密切相关，而他的著名的结构主义教学论思想则是以这两者为基础。之所以将布鲁纳的理论称为认知发现说，原因在于两点：其一，布鲁纳强调，学习过程是一种积极的认知过程。他认为学习的实质在于主动地形成认知结构。学习任何一门学科，都有一连串的新知识，每个知识的学习都要经过获得、转化和评价这三个过程。布鲁纳曾经指出："学习一门学科，看来包含着三个差不多同时发生的过程。"同时他又强调说："不论我们选教什么学科，务必使学生理解该学科的基本结构。"其二，他非常重视人的主动性和已有经验的作用，重视学习的内在动机与发展学生的思维，提倡知识的发现学习。他说："发现不限于那种寻求人类尚未知晓的事物之行为，正确地说，发现包括用自己的头脑亲自获得知识的一切形式或方法。"他认为，发现学习具有以下一些优点：有利于激发学生的潜力；有利于加强学生的内在学习动机；有助于学生学会学习；有利于知识的保持与提取。

（2）奥苏伯尔的认知同化说。奥苏伯尔（D. P. Ausubel）是美国著名的认知派教育心理学家，在他的《教育心理学：一种认知观》（*Educational Psychology*: *A Cognitive View*）（1978 年），提出了独具特色的"有意义学习"理论，即认知同化说（又称认知-接受）。

认知同化说的基本观点是，新知识的学习必须以已有的认知结构为基础。学习新知识的过程就是学习者积极主动地从自己已有的认知结构中提取与新知识最有联系的旧知识，并且加以"固定"或者"归属"的一种动态过程。过程的结果导致原有的认知结构不断地分化和整合，从而使学习者能够获得新知识或者清晰稳定的意识经验，原有的知识也在这个同化过程中发生了意义的变化。

根据将要学习的新内容与学习者已经知道的相关内容之间的关系，奥苏伯尔把学习分为下位学习（Subordinate Learning）、上位学习（Superordinate Learning）和并列结合学习（Combinatorial Learning）三类。如果将要学习的新内容在包容范围和概括水平上低于学习者原有认知结构中已有的相关内容，这时的学习就是下位学习或类属学习（Subsumptive Learning）。如，学生在学习正方形、长方形、三角形时已形成了轴对称图形的概念（已有知识），在学习圆时，"圆也是轴对称图形"这一命题（新知识）的学习，就是下位学习。如果将要学习的新内容在包容范围和概括水平上高于学习者原有认知结构中已有的相关内容，这时的学习就是上位学习或总括学习。如，学生原有认知结构中已经有了正方形、长方形、三角形的概念，在学习新概念轴对称图形时，发生的就是上位学习。如果将要学习的新内容仅仅是由原有认知结构中已有的相关内容的合理组合构成的，因而仅仅能与认知结构中相关内容的一般背景相联系，而不能与认知结构中某些特定的内容构成下位关系（从属关系）或上位关系（总括关系），那么，这时的学习就是并列结合学习。学生在数学、自然科学、社会学科和人文学科中所学习的大部分概念是并列结合学习的例证。在并列结合学习中，由于只能利用原有认知结构中一般的非特定的相关内容起固定作用，因此对于新内容的学习和记忆都比较困难。

奥苏伯尔根据学生进行学习的方式，把学生的学习分为接受学习和发现学习；根据学

习过程的性质,则把学习分为机械学习与有意义的学习。

接受学习,即学习者把现成的定论作为学习材料,与其已形成的认识结构联系起来,以实现对这种学习材料掌握的学习方式。

发现学习,是在教师不加讲述的情况下,学生依靠自己的力量去获得新知识,寻求解决问题方法的一种学习方式。发现学习依靠学习者的独立发现。与布鲁纳强调发现学习相反,奥苏贝尔更强调接受学习。

机械学习,即不加理解、反复背诵的学习,亦即对学习材料只进行机械识记。

有意义的学习指的则是语言文字或者符号所表述的新知识能够与学习者认知结构中已有的旧知识建立一种实质的、非人为的联系。有意义的学习需具备两个条件:一是学生要具备有意义学习的意向,即把新知识与认知结构中原有的适当观念关联起来的意向;二是学习材料对学习具有潜在意义,即学习材料具有逻辑意义,并可以和学生认知结构中的有关观念联系。这两个条件缺一不可,否则会导致机械学习。

(3)加涅的累积学习说。加涅被公认为是将行为主义学习理论与认知主义学习理论相结合的代表。他从两大理论中汲取合理的成分,并且在20世纪70年代之后,引进现代信息论的观点和方法,从而成为认知学习理论流派中强调信息加工模型的代表人物。

加涅认为,学习过程是信息的接收和使用的过程,学习是主体和环境相互作用的结果,"个体先前的学习导致个体的智慧日益发展"。因此,他在教学上主张给学生最充分的指导,使学生能够沿着仔细规定的学习程序,一步一步循序渐进地进行学习。正是在这种意义上,加涅的认知学习观又可以称为认知指导学习理论。

根据上述关于学习的一般观点,加涅在《教学方法的学习基础》一文中认为,知识学习可以看作动机阶段(预期)→了解阶段(注意选择性和知觉)→获得阶段(编码储存通道)→保持阶段(记忆储备)→回忆阶段(检索)→概括阶段(迁移)→作业阶段(反应)→反馈阶段(强化)的过程。

加涅认为,外部事件可以使用激化、维持、促进或者增强学习内在过程的种种方式加以计划和执行。这个过程就是教学过程。加涅将与上述学习过程有关的教学过程也划分为八个阶段。

①动机阶段:一定的学习情境成为学习行为的诱因,激发个体的学习活动,在这个阶段要引发学生对达到学习目标的心理预期。

②了解阶段:在这个阶段,教学的措施要引起学生的注意,提供刺激,引导注意,使刺激情境的具体特点能被学生有选择地觉知。

③获得阶段:这个阶段起着编码的作用,即对选择的信息进行加工,将短时的记忆转化为长时记忆。

④保持阶段:获得的信息经过复述、强化之后,以一定的形式(表象或概念)在长时记忆中永久地保存下去。

⑤回忆阶段:这一阶段为检索过程,也就是寻找储存的知识,使其复活的过程。

⑥概括阶段:把已经获得的知识和技能应用于新的情境之中,这一阶段涉及学习的迁移问题。

⑦作业阶段:在此阶段,教学的大部分是提供应用知识的时机,使学生显示出学习的效果,并同时为下阶段的反馈做好准备。

⑧反馈阶段:学习者因完成了新的作业并意识到自己已达到预期目标,从而使学习动机得到强化。加涅认为,值得注意的是强化主宰着人类的学习,因为学习动机阶段所建立

的预期，此刻在反馈阶段得到了证实。

加涅累积学习说的另一个重要思想是他关于学习的分类。加涅1965年出版了《学习的条件》，该书于1970年、1977年和1985年历经三次修订，成为一本关于学习的分类的经典著作。在这一本书中，加涅根据产生学习的情境，把学习分成八类，由低而高顺次排列层级，具体为：

第一类，信号学习：经典条件反射，包括不随意反应；

第二类，刺激反应学习：操作条件反射；

第三类，连锁学习：一系列刺激反应动作的联合；

第四类，语言的联合：与第三类学习一样，只不过它是语言单位的连接；

第五类，多重辨别学习：区分多种刺激的不同之处；

第六类，概念学习：在对刺激进行分类时，对事物抽象特征的反应；

第七类，原理学习：概念的联合；

第八类，解决问题：在各种条件下应用原理达到最终目的。

1977年，加涅在对自己的著作进行修订的时候，指出这八类学习的划分仍然对于学校学习不适合，于是他根据学生的学习结果，提出五种学习结果的划分：第一种，言语信息，指的是能够用语言文字表达的知识；第二种，智慧技能，指的是运用符号办事的能力；第三种，认知策略，控制以及调节自己的认知活动的特殊认知技能；第四种，动作技能，指的是协调自身肌肉活动的能力；第五种，态度，指的是决定个人行为选择的内部状态。

第二节　如何促进学习

一提起学习，在校大学生很容易把它与分数、文凭、学历等联系起来。实际上，我们不能把大学阶段的目标界定得如此狭隘，而应把"如何提高自身素质和能力"作为大学阶段追求的主要目标。快速发展的当代社会需要高素质、高能力、全面发展的人才，那种只知死记硬背而不会灵活运用，高分低能、高文凭低水平的人是适应不了社会的迅猛发展的。只有撇开"身外之学"的旧观念、旧方法，坚持探索浩瀚的知识世界，构建丰富合理的知识结构，才能在激烈的社会竞争中发挥优势。

生涯案例

失落的米明

米明现在是某大学大二的学生，曾经以优异的高考成绩获得学校的新生奖学金，但是现在他却面临着退学的境地。这些都要从大一刚入学说起。米明进入大学后，并没有因为高额的奖金受到激励，反而有解脱的欣喜。原来在读中学的时候，父母管教严格，学习和生活都是按部就班进行的。到了大学，远离了父母，米明感到自由了。他没有好好静下心来思考上大学的目的，而是随波逐流寻找给自己带来短时快乐的活动。自由的大学生活给了他许多个人时间与空间，他逐渐迷上了网络游戏，且一发不可收拾：要上的课，他不去了；要做的作业，他不做了；甚至连考试，他也不愿意去参加。当面临退学的时候，米明才恍然发现自己浪费了太多美好时光。

发现与思考：

为什么米明无法抵挡网络世界的诱惑？如何了解学习的目的？

仔细梳理米明的大学学习与生活，我们不难发现，他无法抵挡网络世界的诱惑，原因是大学一开始，他就没有明确的学习目标，反而是在一种他认为的"自由"状态中游离，最后陷入网络世界中无法自拔。在大学，像米明这样的情况不少，高中阶段面对繁重的学业，很多同学想着进入了大学就解放了，于是等到进入大学就松懈了，学习劲头锐减，空虚无聊成为新生的普遍症状。这时，对于男生而言，网络游戏很容易乘虚而入，让他们在虚拟世界里找到虚幻的满足感。因此，对所有大学生来说，先要找到目标，想想四年的学习应该怎样安排，四年后准备做什么，这对于大学生尤为重要。

进入大学后，很多同学或多或少在思考着如何明确自己的学习目的，下面列出了大多数学生学习的原因。

A. 证明自己的学习能力。

B. 知识本身的吸引力。

C. 取得学习另一门课程的资格。

D. 得到学位证书。

E. 能找到一份好工作。

F. 父母或老板要求我学习。

可将上述内容分为三组。A、B属于个人原因，想要的回报就是学习本身。如果你选了它们，你可能会感到心里很踏实。如果你选了C、D、E，这表明学习对你很重要，但得到回报的时间较长，你可能学习得很枯燥。选择F的人可能是一个厌恶学习的人，自己根本不想学习，只是迫于各方面的压力而为之。

对于大学生而言，必须知道自己通过学习想要得到什么，因为有效的学习依赖清晰的学习目标，主观目的越明确，越能够突破现实的局限和限制，获取广博的知识。

学业规划作为职业生涯规划在大学阶段的体现，是自身理想和社会现实的结合。学生应该根据自身情况，结合现有的条件和制约因素，为自己确立整个大学期间的学业目标。大学是社会的缩影，是迈进社会的过渡阶段，制订良好的学业规划可以更好地适应现代社会发展的需要，对今后的成长成才及职业理想的实现具有重要意义。

一、学会学习

（一）理论学习

叶圣陶先生曾经说过，"教是为了不教"。从中学到大学，是学习阶段的改变，也是对一个成为大学生的年轻人学习能力的挑战。中学时代家里的事可以少干或不干，学习的事老师已规定好了。而大学则不同，生活上要自理，学习上上课的时间是有限的，一节课程虽然时间不长但要讲几页甚至几十页的内容，部分同学感到自己没办法跟上节奏，学习压力大，学习节奏快，竞争激烈。这是由于中学长期应试教育的观念在我们头脑中根深蒂固。

学习成绩不理想是学习策略不良或者说是学习方法不正确造成的，我们身边一定有很多这样的例子。中学的时候,大部分同学是学校的佼佼者,曾多次被人羡慕和崇拜过,但是到了大学以后,还是用以前的学习方法,不但成绩平平而且感觉力不从心、事倍功半。学习策略障碍或者说学习方法不正确,对我们大学生的自尊心和自信心都会有所打击。有效学习,首先要正确处理因策略不良而导致的心理感受,因为消极的情绪会影响人的思维,如果处理不好很有可能造成恶性循环,导致大学几年一直处于补考、重修的痛苦之中。只有待心境平和之后再仔细分析问题,才能找到更适合自己的办法。

1. 有效提高记忆效率

不要为了记忆而记忆,其实,最好的记忆方法是归纳总结,所以一定要掌握一些归纳总结的具体方法,比如通过绘制流程图、列图表、编提纲等方式,让知识在头脑中形成一个清晰的结构,这样既可以抓住学习内容的重点和难点,又可以使知识系统化、条理化,更重要的是降低了记忆的工作量、减轻了心理压力,最终使记忆更牢固。

2. 认真做听课笔记

现在很多同学既不会听课也懒得记笔记,有些人认为有了U盘,直接将老师上课的课件拷贝回来就可以了,完全不记记笔记;有些同学觉得老师没有板书,"无法"记笔记,这样理解都是不对的。笔记是自己对课程内容的理解和思考,体现了自己学习的重点、难点和疑问,只有记笔记,才能在复习时节省时间、把握要点、分析难点。

3. 拓展阅读

阅读有两种方法:鲸吞法和牛食法。鲸吞法就是泛读,类似于看报纸、看标题、看轮廓,一目十行。牛食法就是精读,对相对价值较高的知识,细嚼慢咽,反复体会,深入理解。在这个知识爆炸的时代,只会牛食的人,只会营养不良;只会鲸吞的人,只会收获肤浅。最好是将两者有机结合,相辅相成。为了扩大知识面,拓展思维能力,要根据所学文章进行拓展式阅读。力求得法于课内,得益于课外,运用从课堂精读方面获得的知识和经验去独立阅读,由课内带动课外,提出问题,分析阅读,摘引优美语句,写出读后感,或是针对某一个作家,尽可能收集他的代表性作品,细心阅读,阅读之后谈感受、写体会,以此拓宽知识视野。

4. 理论与应用相结合

大学学习是学生将高度抽象的专业理论知识运用于实践的活动。理论来源于实践,必须回到实践中接受检验。学习的过程也是人的认识过程,它必然要符合人的认识规律。脱离实践的理论,是无法生存的理论,也是无法掌握的理论。大学所学的理论,是前人或他人在实践中升华的东西,这种理论要在实践中检验它的真理性。因此,大学生通过参加课程设计、实习、实验、调查、毕业设计等实践活动,将课堂教学理论运用于实践,在实践中培养自己的动手能力、操作能力、运用知识解决问题的能力、创新能力等,要在实践中树立学习的观念。

5. 制订学习计划

古人常说"预则立,不预则废",是指无论做什么事情都要先做好计划,才能取得较好的效果,否则就可能失败。学习也是如此,在明确了学习目标之后,大学生应该根据实际情况以及所确定的目标制订学习计划。很多大学生有这样的想法,认为大学学习非常自由，不用像高中一样制订学习计划。实则不然，大学的学习更需要计划性。与中学相比，大学的学习更强调自主性，有更多的时间供自己支配，这需要学生充分发挥主观能动性来掌握学习进度。如果大学生没有制订学习计划的意识，整个大学学习被动地受作业和考试主导，容易降低学习积极性和学习兴趣。有效的学习计划意味着拥有明确的学习目标和学习步骤，能提高学生的学习干劲和学习热情。而且，学习计划的制订就是对时间的合理安排。学生能制订高效的学习计划也意味着能主动掌握时间，提高学习效率。

（二）实践学习

通过本章的学习，在校大学生可以发觉身边可利用的实践资源，结合自身规划，争取合适的实践机会，从而在实践中总结得失，合理修正规划目标。

1. 大学生社会实践方式

想要真正了解一个职业，最好的方法就是亲自去体会。对于在校大学生而言，参加社会实践和各种形式的实习、兼职是很好的选择。当然，社会实践应该是经过筛选之后与自己想从事的职业相符或相关的。这种社会实践不同于正式就业，不仅可以帮助你更清楚地认识该职业是否真的适合自己，也为自己以后真正从事该职业积累了经验和感悟。

对于大学生来说，实践的目标还是学习，那都要学习什么呢？要学六个方面：做人、做事、能力、知识、规则、思维方式。做人是根本，也是一辈子的事，要向上司、有为的同事等学习，看看人家是怎么为人处世的。做事就是办事能力，要学习如何分析问题、解决问题；能力，泛指一切让自己有提升的能力等；知识，包括社会中的知识、工作上的知识、交际上的知识等；规则，只要有人的地方就有规则，比如明确的条文、潜藏的规则等，尤其是那些工作上的规则，只有了解规则才能有效遵守和使用；思维方式是很难学的，这只能在潜移默化中处处留心总结，尤其是积极的心态、端正的态度等。

实践主要包括见习、实习、科技创新、职业体验及角色扮演等。

（1）见习。要想深入地了解职业环境，就必须到一线企业，拥有第一手资料。如果有条件的话，大学生可以到企业所在地参观见习，进行现场考察。若条件不允许，展览会也是提供企业一线信息的好场所。参加行业展览会，很多事情都能了解。在校期间，学生社团、教学计划中也有企业见习的安排，要把握机会多看、多听、多思考。

（2）实习。许多规模比较大的用人单位，如跨国公司、机关、高校等常常有招聘实习生的机会。能去用人单位实习是一件对双方都有利的事情。从大学生的角度来看，实习不仅是从课堂理论学习走向实际应用的必要环节，也是对职业环境进行实际了解的重要途径。通过实习，大学生不仅可以深入了解用人单位的管理体制、发展潜力等情况，还可以学习用人单位的管理经验、技术方法，为毕业设计等提供素材，为就业创造条件。如果用人单位需要招聘人员，而你在实习期间的表现又不错，那你就可能成为拟招聘的最佳人选。大学生选择实习单位，要结合自己的职业生涯规划目标，锁定与自己专业对口的单位，同时应从是否有利于实现自己的职业生涯规划目标和发挥自己的专业特长着手，而不能一味追求名气、规模。同时，还应重视实习单位的"软环境"，特别是有意向去企业实习的大学生，要把企业是否建立了完善的现代化管理机制作为选择标准之一。

（3）科技创新。大学生素质拓展活动是课堂教学的延伸，大学生应结合专业，有针对性地选择素质拓展活动内容，从而深化专业学习，提高专业水平。如计算机专业的学生，可以应聘到学校网管中心实习，参加各类专业认证考试；营销专业的学生开展市场调查活动，参加公司、企业举办的市场营销方案策划大赛等。

创新是现代人才的必备素质。大学生应在大学生素质拓展活动中注重培养创新意识和创新思维习惯，并学习和掌握创新的基本方法和手段，多参与课外科技活动（如电子设计大赛、机械设计大赛、广告设计大赛等）和交流活动，参加交叉学科、新型学科的学术报告会等。

（4）职业体验。职业体验，是指大学生结合专业特点和自己的职业兴趣，以职业认知、体验为目标，通过对自己希望从事的职位、岗位的了解、观察、体会，深入客观地认识该职位、岗位。职业体验的主要内容有两大方面：一方面是对该职位、岗位工作具体内容的了解；另一方面是对该职位、岗位对人才专业知识、技能和素质要求的认识。职业体验可以增加大学生对职业的深入了解，并根据结果判断自己是否适合从事该职业。

（5）角色扮演。如果能找到好的合作伙伴，可以就各自喜欢的职业角色编排话剧和小品。这种带有游戏性质的方法其实也是一个很有效的职业体验和了解过程。因为在扮演的过程中，你只有深切体会到人物的内心活动，感受到职业要求的导向作用，才能比较传神地演绎该角色。

> **生涯体验**
>
> **职业体验话剧**
>
> 5个同学为一组，自编自演一个话剧，要求如下。
> （1）每个人都必须有明确的职业角色，不得重复，一定要邀请观众观看。
> （2）语言、行为必须职业化，要生动表现出其职业的特点。
> （3）情节要有波澜，要有矛盾和冲突。
> （4）排练表演完毕后，要写出各自的心得。
> （5）向观众征询意见，并评选出最佳表演者。

2. 大学生社会实践的资源

荀子说"不闻不若闻之，闻之不若见之，见之不若知之，知之不若行之……行之，明也。"就是讲未有听说不如听说过，听说过不如眼见为实，眼见为实不如明晓事理，明晓事理不如亲自实践……实践可以使人明知道理。我国教育家陶行知最早提出"教学做合一"的教学模式，他认为"只有手到心到才是真正的到"。

由于用人单位对高校毕业生的实践能力和实际操作水平的要求在逐渐提高，偏重理论教学的模式培养出来的学生势必难以适应市场经济发展的需要。实践教学环节对于巩固理论教学成果、培养学生创新能力和开拓精神具有不可替代的重要作用。那么就来看看，在我们的身边有哪些可以利用的实践资源。

（1）利用校内资源，开展实践。

①利用学校的实验条件。首先，大学生应重视实践教学课程。实践教学课程是理论教学课程的补充，通过学生实际动手操作验证老师课堂理论教学的观点，在操作过程中加深对课堂知识的理解和吸收。其次，课余时间自己设计实践课程。结合课上学习和实验课操

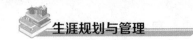

作过程中的疑问，自行设计实验课题，利用学院的实验设备和条件，在实验指导教师的指导下，自主创新和研发，提高自身的综合素质。

②提早进入教师科研课题。在有一定的专业基础后，尽早进入实验室参与教师科研工作。学生根据学习兴趣和教师的研究方向选择导师。导师一旦与学生确定了指导与被指导的关系，就可以帮助学生制订个性化的培养方案和培养目标，指导学生选择专业方向，吸收学生参加科学研究。

华中科技大学 Dian 团队创始人刘玉教授，用了8年的时间培育了400余名优秀学生，就在一些研究生感叹工作不好找时，从 Dian 团队走出的本科生成为"抢手货"：有的被北京大学、清华大学等名校教授"预订"继续深造；有的进入华为、腾讯、百度、中兴、长虹等企业工作。在新的一批团员被企业一抢而空后，还有知名企业主动上门开展专场宣讲会，希望能吸纳到明年的毕业生。是刘玉老师选择的学生成绩好，还是这些学生都是"天才"呢？刘教授选择团员看重的不是学习成绩，而是科研激情和创新能力。而她所做的，就是点燃这种激情，将这种激情维持更久。这也告诉我们在校学生，"优秀是一种习惯，细节决定成败，态度决定一切，好的态度可以带来更多的机会"。

③参与各种竞赛，培养专业创新能力。21世纪呼唤创新型人才，我国各高校从各自实际出发构建高校创新人才培养模式，推动学生开展各种科研活动便是其中重要的一环。大学生参加课余科研活动，可以把理论与实践相结合，深化专业学习，拓宽专业发展领域，可以从中领悟自我教育、自主科研、自己动手的内涵，可以培养创新思维和创新精神。

目前美国高校中，学生课余科研活动已由最初的小发明、小创造、写论文发展到大规模的创业设计大赛，已由学校走向社会，向纵深发展并广泛与社会接触。创业计划大赛为美国经济发展培养了大批实干型人才。从某种意义上说，它已成为知识经济时代美国经济的直接驱动力之一。清华大学于1998年首次举办了"首届清华大学学生创业计划大赛"，成功开辟了通过创业计划竞赛开展创业教育的新思路。大赛的成功在社会上引起了强烈的反响。1999年，共青团中央、中国科协、全国学联决定把创业计划竞赛推向全国，举办"挑战杯"中国大学生创业计划大赛，创业计划大赛以它独特的操作方式、全方位培养人才的模式，逐渐成为高校学生课余科研活动的重头戏。

不少高校根据自身情况，根据学生的教学课程安排开展了较为丰富的科技创新活动。依托大学生科学与技术协会，教师在活动过程中指导学生，学生在活动中培养自己的创新能力。

大学生要跟上时代发展步伐，不应把目光局限于课本学习上，还应该积极参加各种课余科研活动。

第一，要对大学生课余科研活动有正确认识。科研活动形式多样，有小发明、小创造、科研课题研究、科研作品展示、学术讲座、创业计划大赛等，大学生不能只抓"大"而放"小"。创业计划大赛、科研课题研究等要求学生必须有一定科研基础，而学术讲座这些经常性的课余科研活动可以帮助学生提高能力、积累经验。

第二，开展课余科研活动要以打好专业基础为前提。大学生的首要任务是学习专业知识。系统教育不仅可以培养专业素质，而且可以培养分析、判断问题的能力，大学生不能丢开专业知识学习，只顾埋头于课余科研活动。急于求成、好高骛远无益于大学生素质的提高，没学会游泳，就下海弄潮，只会耽误了自己。

第三,要注意培养科研活动的兴趣。兴趣是最好的老师,有兴趣就容易产生强烈的好奇心、求知欲,并坚持下去。大学生要想在科研活动中有所收获,就必须调整心态,培养兴趣。参加课余科研活动应主动积极,不断创新,而不是流于形式,不问结果。

培养兴趣有以下途径:一方面多读多看,广为涉猎,了解交叉学科知识,多读一些学术期刊、专业报纸;另一方面积极参加社会团体活动、兴趣小组活动、科技活动、学术讲座活动等。

第四,开展课余科研活动要善于以实践为主。少说多做,大学生才能逐渐提高自己的科研能力;厚积薄发,大学生才能在课余科研活动中有所建树。各种科技活动、"挑战杯"全国大学生课外学术作品大赛、创业计划大赛、电子设计大赛等为大学生提供了很好的实践机会和舞台,应把握好每一个机会。有些人认为自己能力有限、不够条件参加,没尝试就放弃,这样科研水平难以提高。

第五,开展课余科研活动要紧密结合专业。科研项目选择不要把面撒得过宽,要选择自己较有把握的、有意义的项目。可以选择自己最有感受的一点深入研究下去。对大学生来说,更现实的做法是:在专业学习的过程中,深入思考所遇到的问题,然后查阅相关资料,看看是否有过这方面的研究,研究的角度与自己的有何异同,自己的研究是否有新意,对于该专业研究有何意义,从而确定研究方向和角度。也就是说,要了解该项目的研究现状,对该项目的研究理论及现实意义进行合理的推测,对自己的研究基础有清楚的认识,在此基础上理清思路,确定研究的步骤与方法,并在实施过程中不断充实材料,向有关专家多方征求意见,扎实开展研究。

④担任学生干部。担任各种学生干部,包括班级干部、年级干部、院系干部等,既是协助学校和老师做好有关学生管理和教育工作,也是最常见的可供同学们锻炼自我的舞台。在学生干部的舞台上,不少同学通过组织、参与各类活动,大大提升了自己的综合素质,形成了某一或某些方面的职业能力或专长,如组织、协调、管理能力。

⑤学校提供的各种勤工助学的机会。勤工助学,指同学们在课余时间,参加各种兼职锻炼,获得一定劳动报酬的各种实践活动。对学生来说,主要有两类:一类是学校提供的,一类是自己寻找的。其中,学校提供的勤工助学机会,一般是校内实践机会最多的一类。对同学来说,参加学校提供的勤工助学,可以一举多得:可以适当缓解经济压力;可以培养良好的工作态度,形成一定的实践技能;可以熟悉学校有关部门的工作,更加了解学校的方方面面。

⑥校内实习基地的见习和实习。一些学校,尤其是一些工科类院校,拥有教学实验室、实习车间、实习工厂等用于教学的实习基地。这些见习、实习活动,部分就在高校内。对于同学们来说,认真对待校内见习与实习活动,一定会受益多多。

⑦各种学生社团,尤其是带有职业性质的社团。大学的社团五花八门,社团活动丰富多彩,有一些带有职业性质的社团,负责人往往会开展一些专业讲座、到企业参观等活动。同学们可以根据自己的需要,在先了解的基础上,有选择地参加一些学生社团,给自己一定的锻炼机会。如有文艺特长或爱好的同学可以申请参加学校的艺术社团,希望从事记者和编辑职业的同学可以申请参加学生记者站,希望锻炼自己口才的则可以参加辩论社,希望成为网络工程师的可以参加网络协会或者学校网管中心。此外,同学们还可以根据自己的实际情况,经学校批准,创建新的学生社团。

⑧用人单位的校内职业宣讲活动。一些用人单位,会不定期地前往高校召开校园宣讲

会。校园宣讲会一般会详细介绍实习生招聘的岗位、实习期间一系列的培训计划、实习期间的薪酬福利、企业的文化等。通过企业了解其状况、用人需求,也许能从中发现新的实践机会。

(2)利用社会资源,开展专业实践。校外实习是大学生真正认识、接触和参与社会实践的一个重要环节。利用课余时间,主动深入社会,争取到企业的实习、锻炼机会。寒暑假的社会实践、到知名企业的参观实习、毕业设计是学生可以利用的了解企业、走进企业的好机会。

校园实践体验

1. 每天生活、学习的校园是我们再熟悉不过的地方了,在校园中有哪些是我们可以利用的实践机会呢,尝试填写表6-1。

2. 社会中的实践机会也有很多,深入行业、企业中多了解,多收获,尝试填写表6-2。

表6-1 大学校园实践资源探寻表

探寻项目		探寻内容				
		位置	开放时间	使用条件	注意事项	负责人或联系人
校园硬件	图书馆					
	教室					
	实验室					
	机房					
	运动场					
	超市					
	勤工助学中心					
	科技报告厅					
	就业指导中心					
	创新创业学院					
		探寻内容				
		姓名	家乡	兴趣爱好	联系方式	职务
人脉圈	室友					
	专业同学					
	相关专业同学					
	老乡					
	校友					
	老师					
	领导					

续表

		探寻内容				
		工作内容	负责任人	部门分工	加入条件	部门负责人
学生组织	社团联合会					
	校级学生会					
	院学生会					
	各类协会					
		探寻内容				
专业发展	专业带头人					
	专业老师					
	专业主课					
	专业培养目标					
	相关学术机构					
	专业基本要求					
	专业保研政策					
	奖学金政策					

表6-2 大学校园外实践资源探寻表

探寻方向	探寻记录
行业发展聚集地	
行业百强企业	
地方支持	
历史沿革	
近几年发展方向	
企业业绩	
人才培养计划	
企业文化	
行业准入标准、资质认证	
行业前景	

二、端正学习态度

（一）主动学习

主动学习是学习成功的重要保证。传统上，教师是学习的主体，教学内容和教学环境都是以教师为中心的。今天，教育技术的发展为主动学习提供了物质条件和技术保证，要在学习中发挥主动精神，成为积极的学习者，就必须对自己的学习负主要责任。青年人最宝贵的财富是开放的头脑、好奇的态度和探索的欲望，特别是大学阶段的学习，大学生应成为教学的主体，主动进行学习，像科研工作者那样进行探索式的学习。积极的学习模式要求我们成为知识的探究者、创造者，使学习过程成为令人振奋的探索之旅。

（二）树立全面学习观

随着科学、技术、经济的迅猛发展，社会分工越来越细，社会生产、生活的复杂程度越来越高，要求人才必须有高度发展的能力系统。只有具备综合能力的人才，才能在现代竞争中获胜。现代人才不仅要具有扎实宽厚的学科知识，还要具有将知识应用于社会实践的能力和创新能力。当然，全面学习并不是全面出击、平均用力，应防止缺乏重点、华而不实、形式主义。在学好、学精专业知识的同时，应广泛涉猎相关学科知识，做到理论与实际相结合。

（三）广博与专精相结合

大学应该广泛涉猎而又能抓住重点，博采群书，学有专长，做到专精与广博相结合。我国古代著名的文学家韩愈知识渊博，曾经"自五径之外，百氏之书，未有闻而不求，得而不观者"，但他也注意学术有专攻，终于成为一个著名的文学家。莫斯科大学的创立者、俄国古典主义文学的奠基人罗蒙诺索夫曾被俄罗斯诗人普希金比作"俄罗斯的第一所大学"，他在语言、文学和自然科学上都有不凡的成就，但他最精通的也只是几个方面。在知识爆炸的今天，科学高度分化又高度综合，更需要又博又专的人才。

博览群书，自然会根据自己的喜好找出一些更感兴趣的对象，专攻某种类型的时候，越往深了去，会越发现专的局限，一旦到了更深的领域，往往专业与专业之间的界限就不那么明显了，万事万物在根本上还是相互联系的。专到深处，博成了一种需要。只专不博，只晓得一个领域，其他的全都不知晓，知识面狭窄，也是难以承担建设重任的。如果把一部机器比作一个社会，那么我们可以把其中的各个零部件比作专才，它们在各自的岗位上发挥各自的作用，而把整部机器各方面的协调比作通才，一部机器，不能少了零部件，但是，如果没有相互协调好，没有一名通才使它们结合在一起，那一个个零部件就是再高效，也组合不出一部先进的机器。

（四）培养"工匠精神"

党的十九大报告提出："建设知识型、技能型、创新型劳动者大军，弘扬劳模精神和工匠精神，营造劳动光荣的社会风尚和精益求精的敬业风气。"当前，我国经济已由高速增长阶段转向高质量发展阶段，尤其需要传承和培育工匠精神。工匠精神是一种严谨认真、精益求精、追求完美的精神。工匠精神不仅表现为注重细节、精雕细琢、追求完美，而且包括与时俱进、勇于创新。

大学生要把工匠精神体现在学习上。第一，要有深耕细作的求学态度。俗话说"态度决定一切！"要有将不懂的内容先学懂再学精的态度，要勇敢地攻坚克难。第二，要有高度的学习专注力。意大利著名教育家蒙台梭利曾说：专注力，是一切学习的基础。专注力越好，学习效率越高，学习成绩提高越快。提高学习的兴趣，将学习任务细化，运用专业的工具经常性地强化训练专注力。第三，要有刻苦钻研的精神。勤于学习不但要勤于学习本专业的知识，还要勤于学习各种其他方面的知识，这样才能将各种知识联系起来，发挥"工匠精神"。勤于重复，重复的次数越多，越是熟练，越是能够精益求精；勤于钻研，知识是永无止境的，要学到极致。第四，要有敢为人先的创新精神，将学习所得用作创新的资源。创新是时代进步的来源，创新让"工匠精神"如虎添翼，创新让自己学以致用。

三、拓宽学习理念

（一）终身学习

当代科学技术在发展速度和发展过程上呈现出加速发展和急剧变革的特点，科学技术的迅速发展和职业的频繁变换，使终身学习的思想在今天备受人们的重视。

终身学习的观念使我们改变了对大学学习的看法，即掌握知识和信息的数量已经不再具有决定意义，更重要的是必须学会学习，必须重视培养选择信息、判断信息、综合信息和分析信息的能力。学生如果能在大学生活中掌握这些能力，就可以在社会中更好地生存，在终身学习的中平稳快捷地前进。

信息技术的发展为培养这些能力提供了有效手段，学生可以利用信息技术在自己选定的时间、地点，以自己的速度学习自己感兴趣的内容，选择信息、分析信息、获取信息，在这个过程中不仅可以掌握知识，而且能够了解知识的过程，最终学会学习，为创新知识打下基础。

（二）学科交叉融合

学科交叉是学习观念变革中的一个重要方面。今天，一个工程师必须充分认识他所从事的技术工作的社会意义，而一个人文知识分子也应该对科学家思考问题和解决问题的方法有所了解。学科间的交叉、渗透、融合是科学发展的新趋势，许多发明创造产生在学科的交叉之间。我们的学习既要追求某一学科知识的系统性和完整性，还要强调学科的综合性和整体性。在学习过程中打破传统的学科知识结构，将学科知识内容重新构建，形成新的知识体系，从而不再过分强调学科间的界限，最大限度地减少过分专业化带来的缺陷。

> 视觉笔记（图6-1）

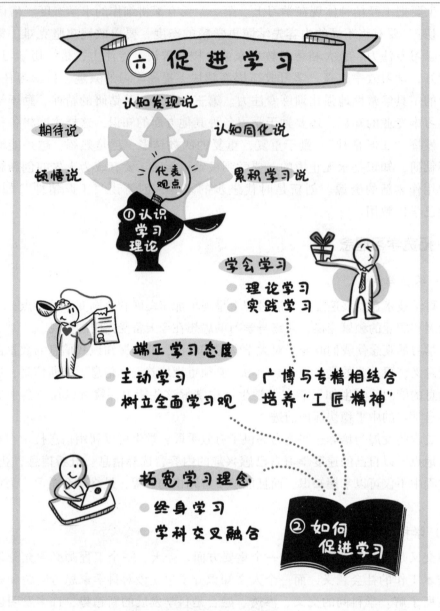

图6-1 视觉笔记

第七章 激发潜能

🔔 生涯寄语

人们在任何年纪都可以发展坚韧的心智。

——罗伯特·布鲁克斯

🔺 知识导图

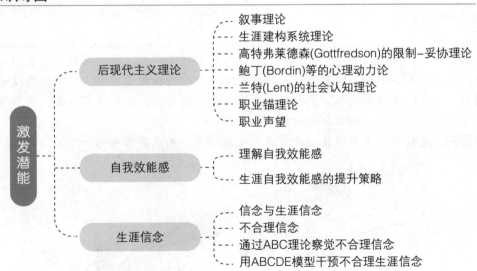

管理学大师彼得·德鲁克在《他们不是雇员,他们是人》(*They're Not Enployees, They're People*)一文中说:"对于任何组织而言,伟大的关键在于寻找人的潜能并花时间来开发潜能。"胡达·克鲁斯70岁开始学习登山,随后20多年矢志不渝,冒险攀登高山,以95岁高龄登上日本富士山,创下攀登此山的最高年龄纪录,这是人在积极心态的鼓舞下挑战自身极限而开发出来的潜能。苏轼也说过:"古之立大事者,不唯有超世之才,亦必有坚忍不拔之志。"潜能,通常是指一个人的身体、心理素质等方面存在的发展可能性。

潜能是一个人本身具备但还没有开发出来的能力，它就像是一双隐形的翅膀，只有在人们发现它的那天起，它才会让你真正插上双翼，带你在天空自由飞翔。

电影《功夫熊猫》中，阿宝偶然之中被乌龟大师选中，成了神龙大侠。但是，神龙大侠的武功刚开始的时候实在是太差劲了。一般情况下，我们肯定认为阿宝没有成为神龙大侠的潜能。但是，浣熊师傅通过阿宝在厨房里面找吃的时候所表现出来的行为，看到了他有成为神龙大侠的可能性，并运用需要恰当的激励因素（美食）和正确的训练方法（因材施教），使阿宝成为神龙大侠。

在这个例子中我们可以看到，潜能并不等同于实际能力，但潜能能够决定能力发展的速度和高度，前提是要有正确的激励因素和训练（发展）方法。古往今来的教育实践证明，潜能激发是成功的必由之路。那么我们怎样找到自己的潜能呢？如何激发自我潜能呢？

本章内容包括职业选择和发展的后现代理论、自我效能感和生涯信念的知识及相关运用策略。通过本章的学习，同学们能够认识职业生涯选择和发展的重要理论和决定要素，掌握提升自我效能感和干预不合理信念的方法，从而提升职业决策自我效能感，以更积极的态度投入未来的工作。

第一节　后现代主义理论

生涯案例

案例一：小美，大学四年级女生。小美在家排行老二，父母均务农；哥哥研究生毕业。父母关系不融洽。小美自述大学期间大部分时间在看书学习，对找工作没有自己的想法，也没有时间兼职。个人能力欠缺，实习经历少，没有实习体验，简历没有内容可写。她很困惑，担心会影响自己找工作。

案例二：请先看下面图片，看看图7-1中哪个动物是最幸福的。

图7-1　看看谁最幸福

> **发现与思考：**
> 1. 小美的苦恼从何而来？你是否也产生过这样的困惑和迷茫呢？请你谈一下怎样才能找到职业方向？如何实现职业目标？
> 2. 谁最幸福呢？是不是跑在最前面的兔子？第二只狗呢，它为什么会加入找萝卜的队伍中？这种情况对狗来说，意味着什么？

跑在最前面的兔子马上就要接近自己最想要的目标"胡萝卜"了，从它脸上的笑容能够感受到它的幸福。但是小狗就没那么幸福了，首先，狗不吃萝卜，他看到很多的动物都往这边跑，所以它也跟着跑来了。那结果会是什么呢？它跑到终点发现不是自己想要的东西，迷茫了，或是因为自己也付出了很多的努力，所以即使不是自己想要的东西，还是吃吧。对于这只狗来说，需要做到的，并不是跑得更快，而是弄清楚究竟自己要什么。

我们有时候也一样，不知道自己的目标，错把别人的梦想，当成自己的梦想。那些看起来很美好的梦想，真的适合自己吗？也许是，也许不是。我们需要更多地探索，我要的到底是什么？

一、叙事理论

由澳大利亚心理学家麦克·怀特（Michael C. White）与新西兰的大卫·爱普斯顿（David Epston）于 1990 年共同发表的《故事、知识、权力——叙事治疗的力量》一书，开启了叙事治疗的新领域。其核心是帮助个人做出正确的生涯发展决定，其目标是促进个体展开有效的生涯行动以及帮助来访者观察到行动背景，即行动的诱因和动机。

叙事理论认为，人是生活在社会脉络中的，我们常常是透过关系和文化来理解我们的生活，来形成我们对自己的认同。同样，问题也是在这样的脉络中形成的。没有脱离关系和文化而存在的问题，问题是被我们以及我们周边生活的人和文化共同建构出来的。因此，人要摆脱问题对自己的控制，不仅仅只是看自己，还需要检视问题所处的环境，身边的人秉持的观念以及我们置身其中的情境。

二、生涯建构系统理论

1955 年，美国的乔治·凯利（George Kelly）出版的《个人建构心理学》一书，标志着个人建构理论的诞生。生涯建构系统理论是以乔治·凯利的个人建构理论为依据的，强调人对自身主观世界主动的认知性构造，认为在个体的认知系统中有一个秩序井然的组织，组织的各个部门相互关联。

生涯建构理论是对生涯发展的一种新理解，是社会建构主义在职业生涯发展领域中的体现。生涯建构理论更强调生涯适应力，认为个体是自我生命的创作者，强调对生涯的主动建构，更符合当代个体生涯的本质特征。

（一）理论背景

早在 1955 年，舒伯提出"职业成熟度"概念，指出每个年龄段人们都会在态度和认识上有所准备，用以应对一系列职业发展的任务。所有这些职业发展任务，人们都会有某种程度的准备，包括心理准备和行为准备。

后来，克利茨（Crites）提出用"生涯成熟度"代之，以突出个人在生涯发展之前的准备程度。然而，舒伯等人研究认为，由于成人与青少年所处的生涯阶段不同，前者已经踏入工作岗位，而后者则未真正认识到职业世界的种种，因此，二者的准备程度不同，不应使用同一概念加以描述。

（二）理论内容

萨维科斯（Savickas）曾针对生涯建构理论提出过16个探索性命题，后来受麦克·亚当斯（Mc Adams）一般人格结构论启发，他融合并发展了个体-环境匹配理论和职业人生主题理论，把那些命题进一步提炼成生涯建构理论的三个方面内容：不同个体间的特质存在差异；个体在不同生涯阶段所面临的任务和应对的策略具有承前启后的发展性；生涯发展是一个充满内动力的变化过程。

由此，生涯建构理论分别用职业人格类型、生涯适应力和人生主题回应了个体职业行为中"是什么（What）""怎么样（How）"以及"为什么（Why）"三个问题的解释，于是提出了生涯适应力，认为适应才是终身职业生涯发展的核心。萨维科斯在继承和发展舒伯等人的生涯发展的同时，把它提升到了一个更高、更新的境界，叫作主观生涯，他把个体生涯的各个阶段编制成一个描述人生主题的模式，不仅把生涯适应力作为生涯发展的核心能力，还指出个体职业发展的实质是一个追求主观自我与外部环境相互适应的动态过程，个体占有完全的主观主导地位，不同的人有着不同的建构内容和建构结果。

（三）理论核心

生涯建构理论的核心是生涯适应力，是指个体应对可预测的工作任务和角色以及由工作变化带来的不可预测的自我调整准备程度。生涯适应力代表了一种社会心理资源，是在面对外部挑战和困境时所具备的核心能力。

2005年萨维科斯进一步完善了生涯适应力的理论建构，重新提出的生涯适应力模型包括生涯关注、生涯控制、生涯好奇、生涯自信，这四个方面分别代表了个体对职业生涯发展的四个角度的思考，即"我关注自己的未来吗""我拥有什么样的职业生涯""我能掌控自己未来的生涯发展吗""我对自己的生涯发展有足够的信心吗"。

个体生涯适应力的发展贯穿于这四个维度，同时个体在面对职业选择和职业决策，面对外部环境变化时需做出自我调整时，生涯建构理论强调个体独特的态度、信念和能力，被称为生涯建构的ABC，A代表态度（Attitude），B代表信念（Belief），C代表能力（Competency）。此三要素对四维度起到调节作用，会影响个体在职业生涯发展中的行为，从而做出更具体有效的职业应对策略。

萨维科斯还认为，适应聚焦的是个体生涯发展中的应变过程，即个体与环境之间如何在各种转换中实现顺利过渡和互相匹配，由此不难发现，生涯适应力高的个体具备以下特点：①关注未来职业前景；②对自身的职业生涯具有较强的掌控力；③对自身职业生涯发展充满了探索欲和好奇心；④对自身生涯发展的实现充满信心。提高个体的生涯适应力是职业生涯发展中解决一系列困境的重要目标。

三、高特弗莱德森（Gottfredson）的限制-妥协理论

高特弗莱德森（Gottfredson）的"限制-妥协"理论是关于职业抱负的内容及发展过程的理论，他认为职业抱负是一个开始于童年的发展过程，反映人们实施自我概念的努力，职业满意取决于选择和自我概念的符合程度。

四、鲍丁（Bordin）等的心理动力论

美国心理学家鲍丁（Bordin）、纳奇曼、西格尔等人以弗洛伊德个性心理分析理论为基础，吸取了特性-因素论和心理咨询理论的一些概念和技术，在对职业团体进行大量的研究后，于20世纪60年代后期提出了一种强调个人内在动力和需要等动机因素对个人职业选择重要性的职业选择和职业指导理论，称为心理动力论。

心理动力论者认为，职业选择为个人综合快乐原则与现实原则的结果。个人在人格与冲动的引导下，通过升华作用，选择可以满足其需要与冲动的职业。职业指导的重点应是自我功能的增强。若心理问题获得解决，则包括职业选择在内的日常生活问题将可顺利完成而不需再加指导。

鲍丁等人依据传统精神分析学派的观点，探讨职业发展的过程，视工作为一种升华作用，而影响个体职业选择的动力来源则是个人早期经验所形成的适应体系、需要等人格结构。它们影响个人的能力、兴趣及态度的发展，进而左右其日后的职业选择与行为有效性。个人生命的前六年决定着他未来的需要模式，而这种需要模式的发展受制于家庭环境，成年后的职业选择就取决于早期形成的需要。如果缺少职业信息，职业期望可能因此受到挫折。若个人有自由选择的机会，则必将选择能以自我喜欢的方式寻求满足其需要而又可免于焦虑的职业。

心理动力论者认为，社会上所有职业都能归入代表心理分析需要的、分属以下范围的职业群：养育的、操作的、感觉的、探究的、流动的、抑制的、显示的、有节奏的运动等。并认为这一理论除了对那些由于文化水平和经济因素而无法自由选择的人之外，可以适用于其他所有的人。

五、兰特（Lent）的社会认知理论

兰特等人将社会认知理论应用到职业生涯研究领域，发展出社会认知生涯理论（Social Cognitive Career Theory，SCCT）。该理论克服传统职业理论的局限，将心理、社会、经济等影响因素通过自我效能感、结果期待和目标三个核心概念整合起来，动态性地揭示职业选择和发展的全过程。目前，SCCT已经成为国外职业心理学研究的代表理论之一。

（一）理论假设

SCCT理论试图揭示生涯选择的动力机制，以此预测个体的兴趣、职业目标、生涯选择等过程。理论提出者兰特（Lent）、哈克特（Hackett）、贝茨（Betz）等人对生涯选择与行为提出了以下关键假设。

（1）个体职业目标源自职业兴趣的影响，又会影响生涯选择和行动，进一步决定了后续的成就表现。

（2）提升自我效能和结果期待能有效激发职业兴趣，进而帮助个体形成职业目标。

（3）学习经验是影响个体自我效能和结果期待的关键；受到个体因素和环境变量的限制。

不少理论关注限制性信念，SCCT理论关注的重点是导致这些信念的学习过程和经验，以及学习经验是如何影响职业生涯选择过程和行为的。

（二）SCCT的三个核心概念

SCCT强调在职业发展中起作用的三种个人变量之间的相互影响，即自我效能、结果

预期及个人目标。自我效能指的是人们对组织和实施所要得到的行为结果的能力的信念（如"我干得了吗"）。自我效能与具体的活动领域有关，其形成与改变主要取决于四种信息来源：过去的绩效成就、观察学习、社会劝说以及生理和情绪状态。结果预期指的是个人对从事特定行为的结果的信念（如"如果我这么做，会发生什么事"）。个人目标是个人从事特定活动或取得一定结果的意图（如"我有多想这么做"），又可分为职业目标和绩效目标两种。

（三）SCCT 的三个子模式

SCCT 包含三个相互关联的子模式，在每一个子模式中，上述三个核心变量与个人的其他重要特点、背景及学习经验是相辅相成的，共同影响着职业选择和发展过程，如图 7-2 所示。

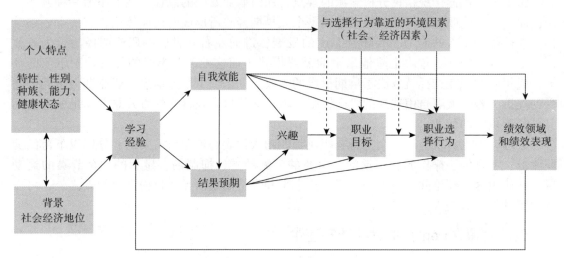

图 7-2　SCCT 的完整模式

1. 职业兴趣模式

对特定职业的自我效能与结果预期会塑造个人的职业兴趣。如果人们认为自己擅长从事某种职业，或预期从事该职业将带来满意的回报，将会形成对该职业的兴趣并坚持下来。职业兴趣形成后，与自我效能和结果预期一起，将促进个人产生目标；目标又将促成行动并达到一定的绩效成就，绩效成就又会反作用于自我效能和结果预期，形成一个动态的反馈环路。自我效能和结果预期并不能脱离社会、经济因素发挥作用。例如，性别和种族变量通过一定的社会化过程，使得男孩或女孩分别形成对于男性活动（如工程技术）或女性活动（如护理）的技能、自我效能、结果预期及职业兴趣。

2. 职业选择模式

职业选择过程可分为表达初步的职业选择或职业目标，采取行动以实现目标，获得绩效成就三个阶段，并形成反馈环路，影响个人未来职业选择的形成。职业选择是一个双向选择的、开放的过程，会受到多种因素的影响，而且有多个选择点。职业选择常常但并不总是与职业兴趣有关，自我效能和结果预期也会直接影响职业选择目标和行动。另外，有两类环境因素也会影响职业选择过程：一类是先前的背景因素，例如文化、性别角色社会化、榜样、技能培训机会等；另一类则是当前的环境因素，例如在进行职业决策时的工作机会，情感上、经济上的支持，环境中的歧视等。

3. 工作绩效模式

工作绩效取决于人们的能力、自我效能、结果预期以及绩效目标之间的交互作用。能力一方面直接地影响绩效成就，另一方面则通过塑造自我效能和结果预期发挥间接的作用。这就可以解释，为什么客观上能力差不多的两个人实际的绩效成就却大相径庭。工作绩效也会提供一个反馈环路，反作用于自我效能和结果预期。自我效能并非越高越好，只有当它稍稍高于实际的能力水平时，才会最充分地发挥现有技能并促进未来的技能发展。

六、职业锚理论

美国麻省理工学院教授施恩领导的专门研究小组，对斯隆管理学院的 44 名 MBA 毕业生进行了长达 12 年的职业生涯研究，包括面谈、跟踪调查、公司调查、人才测评、问卷等多种方式，总结出著名的职业锚理论。职业锚理论是一种以个人为出发的职业生涯选择理论，是指一个人必须抉择时，他绝不会放弃的职业中的至关重要的东西或价值观。

职业生涯是一个人一生中所有与工作相联系的行为与活动，以及相关的态度、价值观、愿望等的连续性经历的过程。职业锚理论在现代人力资源管理中运用广泛，是实现个人价值与组织目标有机统一的一种有效管理方式。对个人而言，职业锚是个人职业选择的依据，并为人的全部职业生涯设定了发展方向，是影响个人才能发挥的决定性力量。对组织而言，建立在职业锚理论基础上，切实针对组织成员深层次职业需要的人力资源管理，能够实现组织内部人力资源的最佳配置，最大限度地激发个人的才能，从而实现组织效能的最大化，保证组织的良性运转。

人们在工作过程中依循个人的需要动机和价值观，经过不断探索所确定的职业锚，是个人同工作环境互动作用的产物。但由于每个人有着不同的动机、追求需要和价值观，因此所寻求的职业锚也有所不同。施恩提出职业锚有八种基本类型，如图 7-3 所示。

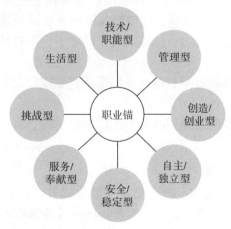

图 7-3 职业锚类型

（一）技术/职能型职业锚

技术/职能型职业锚的人会更倾向于选择那些能够保证自己在既定的技术领域中不断发展的职业，其整个职业发展都是围绕着他所擅长的技术能力或特定的职业工作而发展，以技术或业务为锚位，大多从事工程技术营销、财务分析、系统分析和企业计划等工作。

其特征包括以下三项。

（1）强调实际技术或某种职能业务工作。他们热爱自己的专业技术或职能工作，并注重个人专业技能发展。

（2）拒绝全面管理工作。他们一般不喜欢全面管理工作，甚至带有抵触、拒绝情绪，认为该类工作不能让他们施展技术才能。

（3）其主要成长是在技术职能能力区域的技能不断提高。他们将成功定位于自己所擅长区域专家的肯定和认可，以及承担该能力区域日益增多的富有挑战性的工作。

（二）管理型职业锚

管理型职业锚的人员的职业发展倾向于围绕着某一组织的权力阶梯逐步攀升，直到达到一个担负全面管理责任的职位。他们成为管理人员的动机强烈，向往掌握更大的权力，肩负更大的责任。他们具有很强的升迁动机，以提升等级和收入为衡量成功的标准。其特征包括以下四项。

（1）担负越大的责任越好。技术工作或职能工作的熟练仅被看作是通向更高、更全面管理层的方法和手段；他们从事一个或多个技术职能区工作，是为更好地展现自己的能力，以获取专职管理权。

（2）具有强有力的升迁动机和价值观。提升等级和收入被视作衡量成功的标准，强烈的权力欲望让他们不断往前，直至实现自我价值。

（3）能将分析能力、人际关系能力和感情能力加以合成。管理型职业锚的人能识别何种人将在高水平的管理角色中取得成功，具有卓越的管理才干。

（4）对组织具有极强的依赖性。此类人群很大程度上要依赖组织为他们提供工作职位，获得更大的责任，展示他们高水平的管理能力，他们与组织命运紧紧相连。

（三）创造/创业型职业锚

创造/创业型职业锚的整个职业发展都是围绕着某种创造性工作而发展的，发明创造是他们工作的强大驱动力，创造欲望会使他们显得标新立异。其特征包括以下三点。

（1）要求有自主权、管理能力，能施展自己的才干。冒险精神是创造型职业锚另一个非常明显的特征。

（2）有强烈的创造需求和欲望，这让他们渴望建立或创造某种东西，某种完全属于自己的杰作。

（3）意志坚定，敢于冒险。他们总是力图以坚忍不拔、百折不回的精神和行动，赢得创造的实现。

（四）安全/稳定型职业锚

追求安全稳定的职业前途，是安全/稳定型职业锚员工的驱动力和价值观。这类职员容易接受组织对他们的工作安排，稳定的职业、稳定可观的收入和稳定的事业前途是他们的追求。如果追求安全/稳定型职业锚的人具有很强的技术才能，他们也可能晋升到一个高级参谋的层次，但由于要求高度的感情安全，从而限制了他们沿着等级制度向更高层次的晋升。其特征包括以下四点。

（1）追求、驱动力和价值观倾向于职业的稳定和安全。安全取向主要为两类，一种是追求职业安全，另一种注重情感的安全稳定。

（2）行动上更愿意听从上级的安排。他们更愿意依照雇主对他们提出的要求行事，以维持工作安全。

（3）对组织具有依赖性。他们一般不愿意离开一个固定的组织，相信组织会根据他们的情况进行最佳安排。

（4）个人职业生涯的开发与发展受到限制。缺乏强的驱动力和主动性，以安全稳定为锚位的人为求得心理上的安全感，更愿意在一个位置上持久地做下去。

（五）生活型职业锚

选择允许平衡并结合个人、家庭和职业需要的工作环境，是生活型职业锚员工的追求。其特征包括以下两点。

（1）需要灵活的工作时间安排。企业灵活的政策和完善的职业发展系统支持是他们喜欢的，工作价值观、工作动机更加具体、明确，强调能力、动机和价值观的互动作用。

（2）渴望将职业与家庭相互平衡。希望生活中的各个部分能够协调统一向前发展，所以职业要求具有足够的弹性以实现这种整合。

（六）挑战型职业锚

挑战型职业锚能不断挑战自我，解决一个比一个困难的任务。其特征包括以下三点。

（1）这类人认为他们可以征服任何事情或任何人。

（2）崇尚挑战更高的领域。挑战自我、超越自我的机会比工作领域、受雇用的公司、薪酬体系、晋升体系、认可方式更重要。如果他们缺乏挑战机会，就失去了工作的动力。

（3）成就感来自对困难的"征服"。他们希望在工作中寻找越来越强硬的挑战、越来越艰巨的任务，并享受战胜之后的成就感。

（七）自主/独立型职业锚

自主型职业锚又称独立型职业锚，个体追求的目标是随心所欲地确定自己的时间表、生活方式和工作习惯，尽可能少地受组织的限制和制约。其特征包括以下两点。

（1）追求能施展个人职业能力的工作环境。以自主、独立为锚位的人愿意最大限度地摆脱组织约束，追求自由自在。

（2）将工作成果与自己的努力相联系。自主/独立型职业锚的人有自己的生活方式和工作习惯，要掌握绝对的自主权和自由。

（八）服务/奉献型职业锚

服务/奉献型职业锚是指希望职业能够体现个人价值观，他们关注工作带来的价值而不在意是否能发挥自己的才能或能力。他们的职业决策通常基于：能让世界变得更加美好，就实现了他们的价值。这种服务的供职机构既有志愿者组织和各种公共组织，也有顾客导向的企业组织。其特征包括以下两点。

（1）希望得到基于贡献的、公平的、方式简单的薪酬。钱并不是他们追求的根本。对于他们，晋升和激励不在于钱，而在于认可他们的贡献，给他们更多的权力和自由来体现自己的价值。

（2）需要得到来自同事以及上司的认可和支持，并与他们共享自己的核心价值。

课堂练习

完成施恩职业锚测评（详见附录5）。

七、职业声望

职业声望是人们对职业的社会评价。它是职业社会学研究的范畴之一。对职业声望的研究，始于19世纪末期。1897年，W. 亨特在研究美国职业的社会地位时，将职业分为产业主级、秘书级、熟练工人级和非熟练工人级四个等级。1925年，G. 康茨第一次使用他自己编制的职业声望量表，对美国的职业声望进行调查。第二次世界大战后，对职业声望进行经常性调查，在许多国家已成惯例。

（一）决定职业声望高低的主要因素

（1）职业环境。即任职者所能获得的工作条件的便利与社会经济权利的总和，包括职业的自然环境与社会环境，如工作的技术条件、空间环境、劳动强度、工资收入、福利待遇、晋升机会等。

（2）职业功能。一定的职业对于提高国家的政治、经济、科学、文化水平的意义及其在社会生活中对于人民的共同福利所担负的责任。

（3）任职者素质。如文化程度、能力、政治态度、道德品质等。职业环境越好，职业功能越大，任职者素质越强，职业声望就越高。人们对职业声望的评价具有相当大的一致性。

（4）社会报酬。职业的社会报酬是指职业提供给任职者的工资收入、福利待遇、晋升机会、发展前景等。一般来说，工作收入高、福利待遇好、晋升机会多、发展前景大的职业，其声望评价也越好。

（二）职业声望的稳定性表现

（1）在不同的社会发展阶段，人们对同一种职业的评价往往很不相同。例如，"核物理学家"这一职业，在1947年全美国的一次职业声望调查中被评为第18位，而在1963年的一次调查中上升为第3位。

（2）不同经济文化背景的群体，对同一职业的评价不同。

（3）不同年龄和性别的群体，对同一职业的评价也有差异。

（三）职业声望的调查与评价方法

（1）自评法，即让被试者评价自己所从事的职业在职业社会地位层级序列中的位置。

（2）民意法，即让一群被试者评价一系列职业。

（3）指标法，即在"职业环境""职业功能"和"任职者素质"三项决定职业声望高低的主要因素中，分别选取一些有代表性的指标，并给这些指标规定一定的分值，然后根据这些指标的总分值来评价某项职业的声望。

第二节　自我效能感

茱莉·安德鲁斯（Julie Andrews）在她最新出版的自传《家》（*Home*）一书中提到了她在12岁那年到米高梅（MGM）试镜的经历。安德鲁斯这样写道："当时我看起来如此平凡，他们必须给我化点妆才行。""最后的结论是，'她不够上镜。'"

J. K. 罗琳（J. K. Rowling）那本关于一个少年魔法师的小说《哈利·波特与魔法石》

(*Harry Potter and the Philosopher's Stone*)在被伦敦一家小型出版社接纳之前，曾经遭到12家出版社的拒绝。Decca Records 曾经拒绝与披头士乐队（The Beatles）签约，原因是"我们不喜欢他们的声音"。华特·迪士尼（Walt Disney）曾经被一家报纸的编辑以"缺乏想象力"为由解雇。迈克尔·乔丹（Michael Jordan）上高中时曾被校篮球队拒之门外。

是什么让有些人能够走出失败并最终获得成功，而有些人却在挫折面前认了输？

心理学家称之为"自我效能"（Self-efficacy），这是一种坚定不移的信念、相信自己具备取得成功的要素。"自我效能"由斯坦福大学（Stanford University）心理学家阿尔伯特·班杜拉（Albert Bandura）在20世纪70年代首次提出，现已成为教育界的一个关键理念，并被广泛应用于医疗保健、管理、运动等领域。它同时也是横扫心理健康领域的"积极心理学"（Positive Psychology）运动的主要特征。"积极心理学"的重点是发展性格中的优势，而不是减弱不良特质。

生涯案例

> 轩轩，大三在读，入学以来一直自信心不足，课上回答问题时总在看别人怎么说，被老师点名提问，他或默不作声，或是"顾左右而言他"；参加活动也是独自在角落，没有参与感；在日常的交流中，他又表现得超然物外，比如当问起考试分数时，他总是说："已经挺好了，考那么多分干吗？怪累的……"关于人生，他说："人活那么长时间干吗？活到20岁就足够了……"遇到严肃的问题或老师家长找他正式谈话时，他总是这么一副"跳出三界外，不在五行中"的姿态。但大三后他看着自己的成绩和几乎空白的活动经历，嘴上不说，心里却担心了，这可怎么找工作？
>
> **发现与思考：**
> 1. 你认为轩轩是真的什么都不在乎吗？
> 2. 面对就业困扰，你认为该怎么帮轩轩改变？

从心理学上讲，一个人表面越是表现得满不在乎，越能折射出其内心的在乎程度。轩轩的"病因"，主要来自长期以来成绩差所带来的打击和自己内心的不屈所形成的反差，而他又无力改变，就表现出怯懦和表里不一。解决问题的关键，就是设法提高他的自我效能感，但不是直接从学习到学习，而是运用迁移理论，先培养其学习之外的自我效能感，然后再自然而然地迁移到学习上。

一、理解自我效能感

（一）自我效能感的提出

自我效能感由美国著名心理学家班杜拉于20世纪70年代在其著作《思想和行为的社会基础》中提出，是指个体对自己是否有能力完成某一行为所进行的推测与判断。班杜拉对自我效能感的定义是"人们对自身能否利用所拥有的技能去完成某项工作行为的自信程度"。从20世纪80年代中期开始，自我效能感理论得到了丰富和发展，也得到了大量实证研究的支持。但至今关于自我效能的概念界定并不十分明确，特别是在与其他相关概念的区分上，因此也给自我效能的测量及应用研究带来了困惑。

（二）"期望"概念的发展

班杜拉在他的动机理论中指出，人的行为受行为的结果因素与先行因素的影响。行为的结果因素就是通常所说的强化,但他关于强化与传统的行为主义对强化的看法不同。他认为,在学习中没有强化也能获得有关的信息,形成新的行为;而强化能激发和维持行为的动机以控制和调节人的行为。因此,他认为,行为出现的概率是强化的函数这种观点是不确切的,行为的出现不是由于随后的强化,而是由于人认识了行为与强化之间的依赖关系后对下一步强化的期望。他的"期望"概念也不同于传统的"期望"概念。传统的期望概念指的只是结果的期望,而他认为除了结果期望外,还有一种效能期望。结果期望指的是人对自己某种行为会导致某一结果的推测。如果人预测到某一特定行为将会导致特定的结果,那么这一行为就可能被激活和被选择。例如,儿童感到上课注意听讲就会获得他所希望取得的好成绩,他就有可能认真听课。效能期望指的则是人对自己能否进行某种行为的实施能力的推测或判断,即人对自己行为能力的推测。它意味着人是否确信自己能够成功地进行带来某一结果的行为。当人确信自己有能力进行某一活动,他就会产生高度的自我效能感,并会去进行该活动。例如,学生不仅知道注意听课可以带来理想的成绩,而且还感到自己有能力听懂教师所讲的内容,这时他才会认真听课。人们在获得了相应的知识、技能后,自我效能感就成为行为的决定因素。

(三) 自我效能感的影响因素

班杜拉等人的研究指出,影响自我效能感形成的因素主要有以下五点。

1. 个人自身行为的成败经验(Direct Experiences)

这个效能信息源对自我效能感的影响最大。一般来说,成功经验会提高效能期望,反复的失败会降低效能期望。但事情并不这么简单,成功经验对效能期望的影响还要受个体归因方式的左右,如果归因于外部机遇等不可控的因素就不会增强效能感,把失败归因于自我能力等内部的可控的因素就不一定会降低效能感。因此,归因方式直接影响自我效能感的形成。

2. 替代经验(Vicarious Experiences)或模仿

人的许多效能期望是来源于观察他人的替代经验。这里的一个关键是观察者与榜样的一致性,即榜样的情况与观察者非常相似。

3. 言语劝说(Verbal Persuasion)

言语劝说因其简便、有效而得到广泛应用。言语劝说的价值取决于它是否切合实际,缺乏事实基础的言语劝说对自我效能感的影响不大,在直接经验或替代性经验基础上进行劝说的效果会更好。

4. 情绪唤醒(Emotion Arise)

班杜拉在去"敏感性"的研究中发现,高水平的唤醒使成绩降低而影响自我效能。当人们不为厌恶刺激所困扰时更能期望成功,但个体在面临某项活动任务时的身心反应、强烈的激动情绪通常会妨碍行为的表现而降低自我效能感。

5. 情境条件(Situational Conditions)

不同的环境提供给人们的信息是大不一样的。某些情境比其他情境更难适应和控制。当一个人进入陌生而又易引起焦虑的情境时,其自我效能感的水平与强度就会降低。

上述几种信息对效能期望的作用依赖于对其的认知和评价。人们必须对与能力有关的因素和非能力因素对成败的作用加以权衡，人们觉察到效能的程度取决于任务的难度、付出努力的程度、接受外界援助的多少、取得成绩的情境条件以及成败的模式。班杜拉的社会学习理论认为，这些因素作为效能信息的载体影响成绩。

（四）自我效能感的功能

班杜拉等人的研究还指出，自我效能感具有下述功能。

（1）决定人们对活动的选择及对该活动的坚持性。

（2）影响人们在困难面前的态度。

（3）影响新行为的获得和习得行为的表现。

（4）影响活动时的情绪。

自我效能感高的人期望值高，显示成绩，遇事理智处理，乐于迎接应急情况的挑战，能够控制自暴自弃的想法——需要时能发挥智慧和技能。自我效能低的人畏缩不前，情绪化地处理问题，在压力面前束手无策，易受惧怕、恐慌和羞涩的干扰——当需要时，其知识和技能无以发挥。

（五）自我效能感的研究倾向

关于自我效能的研究存在特质取向和非特质取向两种倾向，或将其理解为自我效能的两个维度。前者认为自我效能感是跨情境的，具有特质性，不以具体情境为转移。后者认为自我效能感是具体的、非特质的，具有情境性。班杜拉就是非特质取向的主要代表。当前研究更倾向于认同两种取向的共存。

在自我效能感的结构上主要有两种观点：单维性和多维性。大多趋向于认为自我效能感具有多维性。

早期的自我效能理论主要研究的是个体的效能。到 20 世纪 80 年代中期，班杜拉提出了集体效能。这代表着班杜拉自我效能感理论的新进展，进一步拓展了自我效能感理论的内涵，使得自我效能感理论延伸到了集体社会。集体效能指的是集体成员对集体能力的判断或对完成即将到来的工作的集体能力的评价。它着眼于集体的操作性能力，并且是对操作性能力的判断或评价。但集体效能不是集体中个体效能的总和，而是个体相互作用的动态过程所创造的一种突现的属性。对集体效能的研究并未超越个体效能，大部分是遵从个体效能的理论，在此基础上建立类似的集体效能理论。当然，集体效能的研究基于其研究主体的特殊性必然有其研究的特点，如影响集体效能的社会因素：信息多元化、高度的分工与合作。

自我效能感理论的应用研究主要涉及教育教学领域、身心健康领域和职业与组织领域。

二、生涯自我效能感的提升策略

班杜拉认为，个体的自我效能有四个信息源：第一，个体的主体经验，即个体过去行为的成败经验，这是个体自我效能形成与发展最有力的影响因素；第二，替代学习经验，即通过观察他人，特别是同伴的行为而获得的经验；第三，社会说服，即老师、父母、其他社会成员，尤其是个体亲近的人对个体的鼓励、说服而获得能力信心；第四，生理情绪状态，即个体的生理状况，如是否生病等、个体的情绪状态（兴奋、抑郁、焦虑等）。个体通过这四个信息源来获得某些行为信息和经验,并对它们进行认知整合,从而形成自我效能评价。生涯自我效能的信息源同样离不开个体的主体经验、替代经验、社会说服和生理情绪状态。马特斯(Matusi)等人研究了大学生对这四种效能信息源的知觉,他们的报告指出,四种信息源中有三种能预测到学生的数学自我效能,而且个体行为成就(高中数学成绩)、模仿(观察同伴的数学学习行为)、情绪唤醒(较低的数学焦虑)是相互作用的。兰特(Lent)等人的发现也与班杜拉的理论假设一致,即个体的主体行为经验是生涯自我效能最有影响力的因素,但他们的研究表明,过去的行为经验不是职业自我效能的唯一决定因素,其他三种信息源同样会影响职业自我效能。还有研究表明,个体对四种信息源的认知整合,对职业自我效能的评价还受其他因素的影响,如对个体行为的归因等。因此,在培养个体的生涯自我效能时,不仅要考虑到这些效能信息的来源、它们之间的相互作用,还要考虑到影响个体效能信息加工的各种因素。

(一)营造公正的社会文化氛围

由于生涯自我效能具有情境性特征,受社会文化因素的影响非常大,尤其是女性受到的影响更大。文化因素一方面通过社会化过程影响个体的生涯观和对自身生涯自我效能的评估,如文化造成的职业刻板印象和女性歧视,带来了生涯自我效能性别上的各种差异;另一方面,文化因素也直接影响到个体对生涯效能信息的认知加工,如集体主义文化和个体主义文化对个体的生涯自我效能评估会产生不同的影响。因此,要创设出平等、公正的社会文化氛围,消除一些传统的社会习俗、社会观念对人们的影响,特别是要设法消除性别歧视以及生涯和性别的刻板印象。

(二)提供全面的生涯自我效能信息

根据自我效能的信息源,全面提供各种生涯自我效能信息,无疑会提升个体的生涯自我效能感。具体地说,主要途径有以下四个。

1. 增加个体的生涯成功体验

帮助个体设立合适的生涯目标,为其提供更多的活动机会,并通过培训提高个体的生涯技能,使其获得更多的成功体验。

2. 树立榜样

设法为个体树立与其各方面相似的榜样,如年龄、地位、职业等,并展示出榜样在活动中获得成功的过程,为个体提供有效的替代经验。

3. 言语劝导

父母、教师、领导和同事等,在个体陷入困境、处于低潮或信心不足时,给予其切合实际的正面劝导,有助于增强其自信心,促进生涯自我效能感的形成和发展。

4. 保持个体积极的生理、情绪状态

通过为个体创造轻松和谐的工作环境,采取各种措施降低个体工作紧张度,可以使员工保持积极的情绪和生理唤醒水平。

(三)设立合理目标,提供及时反馈

目标具有激励和调节个体行为的作用,但目标设置一定要合理。即要帮助个体设立有

挑战性的目标，目标既不能过高，也不能过低，目标应与个体的最近发展区一致，通过个体的努力和他人的适当指导能够达成。此外，合理的目标也必须是明确的、具体的。大量研究表明，清晰、具体且具挑战性的目标有助于提高工作绩效，增加成功经验，从而进一步提高生涯自我效能感。目标的设立也要考虑到中期目标、近期目标和长期目标对个体行为的效果。一般来说，中、近期的目标比长期目标更有效，因为前者更有利于为个体当前的行为提供有效的刺激和导向，所以在设置目标时可以考虑将长期目标分解成若干个中、近期的分目标。在目标实现过程中，要帮助个体对生涯活动进行自我监控，为个体生涯提供及时的、积极的反馈。及时的反馈为个体提供了有关其生涯活动结果的信息，如果行为偏离目标，反馈会给个体带来改变行为的压力和方向，有助于个体矫正，积极的反馈则会激励个体进一步努力，而成功的信息更是为个体提供了直接的效能信息，有助于个体生涯自我效能的提高。

（四）进行积极归因模式的训练

生涯自我效能的形成离不开个体对各种效能信息的综合认知加工，而个体的认知加工会受到许多因素的影响，尤其是认知归因方式。根据心理学家韦纳（B. Weiner）的观点，我们可以从内部/外部、可控/不可控、稳定/不稳定三个维度来分析归因方式。通常，人们将行为结果的原因归结为能力、努力、运气和任务的难度四个原因。研究已表明，将成功归因于自己的能力或努力，而避免将失败归因于自己能力的缺陷，有助于提高其生涯自我效能感。如果我们设计一定的程序，对个体的归因方式加以训练，使其掌握一定的归因技能，那么，我们就能帮助个体正确地加工效能信息。比如，我们可以通过说服和讨论的方式，由培训人员讲解有关归因的知识及其意义，组织学员以小团体为单位，集体讨论造成成功与失败的各种因素，促进其进行合理的归因；或者树立榜样，让榜样演示正确的归因方式，使学员在观察中学会积极的归因方式。在归因训练中，要对学员的归因过程和结果及时给予反馈，当学员进行正确的归因后，及时强化，使其巩固。

（五）综合运用各种干预技巧、程序和技术

对生涯自我效能的干预尽管离不开效能信息的来源和各种影响因素，但干预的技巧、程序和技术也非常重要。这方面的技巧、程序和技术的案例也非常多，如斯派特（Speight）等人通过医疗野营的方法来提高美国高一学生的医疗职业自我效能评估。参加野营的是10名男孩和35名女孩。医疗野营三天为一个营期，要求参与者完成诊断任务和提供病理性肺炎的临床案例史。第一天由有临床经验的医生和微生物学家提供解决临床问题的讲解和方法。第二天由同一医生提供病人症状的描述和个人身体病史。参与者分成四个组，每个组都必须进入实验室充当医疗专家。第三天每个小组都要提出自己的发现，整个过程都有医生、医疗系学生和科学家的指导。在这一过程中，自我效能的四种信息都得到了充分应用。在实验室和讨论中，小组为每个学生提供了动手经验；医生、医疗系学生和科学家的行为提供了模仿的榜样；通过榜样的指导、团体的支持以及图书馆和实验室资源等解决了学生的情绪唤醒问题；学生还会从团体成员、学校老师、指导者那里得到言语鼓励和支持。一年后，测量表明，医疗野营在提高学生医疗职业自我效能方面非常成功，而且这种方法还成功地提高了学生其他具体任务的自我效能和一般自我效能。

斯特瑞特（Sterrett）采用工作俱乐部技术加强受训者寻找工作的自我效能感，以此来帮助受训者提高职业自我效能。工作俱乐部技术是由具体的活动所构成的，这些活动用来教会参与者怎样成功地找到工作。用于职业自我效能干预时，工作俱乐部技术是通过演示、教授、重复实践和及时反馈来加强个体寻找工作的行为绩效，提高个体的成功经验和寻找工作的技能。这一技术还充分利用向他人学习的方式，进行言语说服和情绪唤醒来加强个体效能，如让参与者观看或聆听他人如何与可能的雇主说话，怎样面试和电话沟通等。

其他一些研究者还通过提高个体对职业的兴趣、个体从业动机、提高个体从业技能和决策技能、进行行为归因训练等方法来提高个体的生涯自我效能，还有的研究者则是利用生涯自我效能理论，对个体进行就业前的训练。

第三节　生涯信念

> 小张，女，24 岁，某高等师范院校数学专业师范类三年级学生。小张认为大学毕业时的第一次职业抉择是非常重要的，如果走了弯路，就会浪费大量的时间和精力，造成不可挽回的损失。她认为自己性格内向，不适合做教师；而且教师的工作责任重大，要求非常苛刻，自己难以胜任，她不清楚自己未来的职业发展方向和目标，用小张的话表述就是"现在我不知道应该将时间和精力投入到哪里"。小张感觉找不到的方向，时间又一天天浪费，心中很着急。
>
> 发现与思考：
> 1. 小张面临的主要问题是什么？
> 2. 小张的顾虑是否合理？

从以上案例中可以看出，小张在没有开展充分的职业探索的前提下，就得出"我不能胜任"的结论，显得过于仓促。小张在职业选择和发展方面存在一系列不合理信念，对她的择业就业产生了严重影响。要想帮助小张摆脱困扰，顺利就业，要从对这些不合理的职业生涯信念干预开始做起。

一、信念与生涯信念

（一）信念的定义和本质

信念是一个定义较为宽松的心理现象，众多心理学家都相应有过论述。舍格尔（Sigel）认为，信念是在社会互动中，对现实与经验的一种心理构建，人们以此对生活世界加以解释与采取行动。哈维（Harvey）认为，信念是个体对现实的表征，能引导人们的思考与行为。台湾学者王恭志认为，信念对于人们的行为有非常重要的影响力，信念不仅指引着人们不断前进的行为，也主导人们的思维。

以上研究者对信念的看法和研究重点略有不同，但这些观点有其共同的成分，即信念是一种对外部客观世界的主观觉察和了解，并且都重视不良信念对行为与情绪的影响。

（二）生涯信念的内涵及作用

职业生涯信念是个人基于各种经验形成的关于自我、职业、自我与职业的关系，以及职业探索、选择、决定与规划等发展过程中在一段时期内所持有的各种深信不疑的想法与推论。

1. 生涯信念的意义

（1）生涯信念主要指向个人、职业以及个人和职业之间的关系三大对象。

（2）生涯信念是个人认知结构中的一部分，主要包括各种概括化的想法或者假设的观念。

（3）生涯信念是后天习得的，主要通过个人与环境的相互作用逐渐学习而成。

（4）生涯信念不仅仅指生涯决策中的错误信念，个体也可持有对生涯具有积极促进作用的信念。

2. 生涯信念的作用

（1）生涯信念的促进作用。生涯信念的促进作用是指个人对自我、职业以及生涯发展等方面持有的正面、积极、合理看法，它们有利于进行职业决策和迈向生涯目标，还有利于产生积极的情绪。罗尔与亚瑟（Roll & Arthur）指出，生涯信念能够对大多数的生涯决定结果起到增强作用。彼得森（Peterson）等人认为，正面、积极的生涯信念可以促进当事人在生涯决定过程中不断前进，产生正面的期待，并发展出有效的问题解决行为。阿蒙德森（Amundson）、米切尔和克朗伯兹（Mitchell & Krumboltz）认为，人们关于他们自己和生涯世界的各种信念都会影响他们学习新技能、发展新兴趣、设置生涯目标、进行生涯决策、采取行动迈向生涯目标的倾向。具有积极信念的当事人能够将关于他们自己和职业的知识应用到现实的生涯目标，最终驾驭生涯行为。对此，王丽芬在研究生涯信念与生涯决定的关系时发现，我国台湾大学生的生涯信念可以有效预测生涯决策。贺伟健在探讨我国澳门大学生的生涯决定状况与生涯信念的相互关系时得出结论：生涯决策和生涯信念有部分相关，并存在互相预测的可能性。大多数的研究结果显示，生涯信念与个人的生涯决策有关。

（2）生涯信念的阻碍作用。生涯信念的阻碍作用指个人对自我、职业以及生涯发展等方面持有负面、消极、不合理的看法，它们不利于进行职业决策和迈向生涯目标，还带来消极的情绪。罗尔和亚瑟（Roll & Arthur）指出，生涯信念能够对大多数的生涯决定结果也起到减弱作用，抱持不合理的假设可以阻碍迈进生涯目标。路易斯和吉尔豪森（Lewis & Gilhousen）指出，信念影响着一个人的行为，行为的结果会产生不同的情绪。桑普森（Sampson）等人认为，生涯信念能够以积极的或者消极的两种方式影响来访者的各种生涯期望。消极的信念影响来访者对自我和工作世界的知觉，增加来访者进行生涯决策时的消极情绪水平，禁锢来访者朝向生涯目标的行动。阿蒙德森（Amundson）指出，消极的生涯信念能影响来访者在生涯辅导中任何阶段的行动。

由此可见，生涯信念对个体的生涯既有增强和促进作用，也有减弱与阻碍作用。虽然

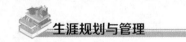

生涯信念有不同的作用，但并无好坏之分。一种信念对于一个人来说可能不起作用，但是对于另一个人来说可能是有用的。因此信念对于个体的好坏依赖于不同的个人和情境。

二、不合理信念

不合理信念（Irrational Beliefs）就是个体内心中不现实、不合逻辑、站不住脚的信念，即那些绝对化、过分概括化、极端化的思想认识。心理学上有这样一种解释：人们对事物的看法在很多情况下与人的情绪及行为反应有着极为密切的关系，也就是说，一个人情绪的产生主要受他的信念主导。

人们的信念各有不同，根据信念对人们行为的影响，可以分为合理的信念和不合理的信念。合理的信念能够引起人们对事物产生适当的情绪和行为反应；不合理的信念则会导致不适当的情绪和行为反应。当人们坚持某些不合理的信念、长期处于不良的情绪状态时，可能将导致情绪障碍的产生。

（一）不合理信念的种类

在日常生活中都有哪些不合理的信念？其不合理处在哪里？情绪 ABC 理论的创立者阿尔伯特·艾利斯（Albert Ellis）通过临床观察，总结出日常生活中通常会导致情绪困扰、甚至神经症的 11 种主要的不合理信念。

1. 一个人应被周围的人喜欢和称赞，尤其是生活中重要的他人

辩驳：这是不可能实现的。人的一生中，不可能得到所有人的认同，即便是家人、亲密朋友等对自己很重要的人，也不可能永远对自己持一种绝对喜爱和赞许的态度。更何况人不是为了他人的喜欢和称赞而活，人活着是为了自己。持有这样不合理信念的人，就很可能委曲求全来取悦他人，以获得每个人的赞同和欣赏，但结果必定会使自己感到失望、沮丧和受挫，从而很难再建立自信。

合理信念：一个人只要不被周围所有的人否定和排斥，就可以肯定自己是受欢迎的。

2. 一个人必须能力十足，各方面都有成就，这样才有价值

辩驳：这是不切实际的目标。"金无足赤，人无完人。"世界上根本就不存在一个十全十美的、永远成功的人。一个人可能在某些事上较他人有优势，但在另外一些事上，却可能不如他人。虽然他以前有许多成功的境遇，但他无法保证在每一件事上都能成功。持有这样信念的人，不得不为永远无法实现的目标而徒自悲伤。

合理信念：人的精力是有限的，能在某些方面上有所成就，人生就是有价值的。

3. 那些邪恶可憎的人及坏人，都应该受到责骂与惩罚

辩驳："人非圣贤，孰能无过？"这个世界没有绝对的好人，也没有绝对的坏人，不该因他人一时之误就认定他是坏人，以致对他产生极端的排斥和憎恶。就像艾利斯所说："每个人都应该接受自己和他人是有可能犯错误的人类的一员。"

合理信念：人人都有可能犯错误，对那些犯错误的人要宽容以待。

4. 当事情不如意的时候，是很可怕也很悲惨的

辩驳："人生不如意事十之八九。"一个人不可能永远成功，生活和事业上的挫折可以

说是家常便饭，关键在于你如何对待它。如果一遭受挫折就感到十分可怕，那么只会导致情绪困扰，使事情更加恶化。如果遭受挫折会仔细分析并寻求解决的办法，那么挫折将会是一笔无形的人生财富。

合理信念：受挫是很正常的事情，没有什么可怕的。不喜欢某事可以试着去改变它；如果无能为力那就试着接受它。

5. 不幸福、不快乐是外在因素所造成的，个人无法控制

辩驳：外在因素对个人幸福是有一定的影响，但并非想象得那样严重。情绪是人的主观体验，是人对外在事件的知觉、感受和评价引起了人的情绪体验。不正确的、歪曲的评价导致消极的情绪；正确的、合理的评价引起积极快乐的情绪。我们改变不了外在事件，但是我们可以改变对待事件的态度。

合理信念：不是外在因素而是对外在事件的评价决定人的主观幸福感，通过改变悲观的评价态度，人是可以控制自己的快乐和幸福的。

6. 我们必须非常关心危险可怕的事情，而且必须时时刻刻忧虑，并注意它可能再次发生

辩驳：对危险和可怕的事物有一定的心理准备是正确的，但过分忧虑则是非理性的。因为坚持这种信念只会夸大危险发生的可能性，使人不能对其进行客观的评价，正确地面对危险并有效地处理解决。杞人忧天只会使生活变得沉重而缺乏生气，导致整日忧心忡忡、焦虑不已。与其担忧不如置之不顾，将精力花在当前需要解决的事情上。

合理信念：对危险可怕的事情要有一定的心理准备，但是不用过分忧虑。

7. 面对困难和责任很不容易，倒不如逃避省事

辩驳：逃避能够暂时摆脱不愉快的情绪，但问题终究是悬而未决的，反而延误了解决问题的时机，逃避只会使问题更加恶化或连锁性地引发其他问题和困难，从而使问题难上加难，最终会导致更为严重的情绪困扰。

合理信念：逃避只是暂时摆脱了情绪困扰，但不能真正解决问题。只要认真对待，困难和责任并非想象中的那么难。

8. 一个人应该要依靠别人，且需要找一个比她强的人来依靠

辩驳：虽然人在生活中的某些方面需要彼此相互依靠，但凡事依靠他人，会让被依靠的人产生极大的甚至是难以承受的心理压力，反而使良好的人际关系破裂。过分夸大依靠的必要性很可能让人放弃培养独立自主的能力，失去自主性而导致更大的依赖，产生不安全感。

合理信念：每个人都是一个独立的个体，别人至多只能在某些方面帮助你，但不能代替你生活。安全感的获得还是得依靠自己。

9. 过去的经验决定了现在，而且是永远无法改变的

辩驳：过去的经历而成历史，这的确无法改变，但不能说过去的事就会决定一个人的现在和将来。因为事实虽不可改变，但对事件的看法和感悟可以改变。因此人们仍然可以控制、可以改变自己的现在乃至以后的生活。

合理信念：过去已成为历史，但并不能决定现在和将来，人通过自身的努力是有能力改变现状的。

10. 我们应该关心他人的问题，也要为他人的问题感到悲伤难过

辩驳：关心他人、富于同情，这是有爱心的表现。但如果过分投入他人的事情，就很可能会忽视自己的问题，导致自己的情绪失去平衡，这样不但没有帮助他人解决问题而且使自己更糟。

合理信念：对于他人的问题，我们可以表示关心和同情，有能力时不妨伸出援手，但如果帮不上忙也不必过多牵涉或自责。

11. 人生中的每个问题，都有一个正确而完美的答案，一旦得不到答案就会很痛苦

辩驳：人生是个复杂多变的过程，人生的问题总是层出不穷的，有些问题有明确的答案，有些不一定有答案，有些即使有也不一定有正确而完美的答案，对任何问题都寻求完美的解决办法是不可能的事。

合理信念：并不是所有的问题都会有正确而完美的答案，对于那些没有确定答案的问题不必穷究到底，更不必因为得不到完美答案而痛苦伤心。但求够好，不求最好。

（二）不合理信念的特征

韦斯勒（Wessler）等对艾利斯提出的11种不合理信念加以概括和简化，归纳出三个特征：绝对化要求、过分概括化和糟糕至极。

1. 绝对化要求

绝对化要求是指个体以自己的意愿为出发点，认为某一事物必定会发生或不一定会发生的信念。这种特征通常是与"必须"和"应该"这类词联系在一起。这种绝对化的要求通常是不可能实现的，因为客观事物的发展有其自身规律，不可能依个人意志而转移。人不可能在每一件事上都获得成功，他周围的人和事物的表现和发展也不会依他的意愿来改变。因此，当某些事物的发生与其对事物的绝对化要求相悖时，就会感到难以接受和适应，从而极易陷入情绪困扰之中。

2. 过分概括化

过分概括化是一种以偏概全的不合理思维方式，就好像是以一本书的封面来判定它的好坏一样，它是个体对自己或别人不合理的评价，其典型特征是以某一件或某几件事来评价自身或他人的整体价值。例如，一些人面对失败的结果常常认为自己一无是处或毫无价值。这种片面的自我否定往往会导致自责自罪、自卑自弃的心理以及焦虑和抑郁等情绪。而一旦将这种评价转向他人，就会一味地责备别人，并产生愤怒和敌意的情绪。针对这类不合理信念，合理情绪疗法强调，世上没有一个人能达到十全十美的境地，每一个人都应该接受人是有可能犯错误的。因此，应以评价一个人的具体行为和表现来代替对整个人的评价，也就是说，"评价一个人的行为而不是去评价一个人"。

3. 糟糕至极

糟糕至极是一种把事物的可能后果想象、推论到非常可怕、非常糟糕，甚至是灾难性结果的非理性信念。如一次重要的考试失败后就断言"自己的人生已经失去了意义"，一

次失恋后就认为"自己再没有幸福可言了",几次求职失败后就怕"自己今后也找不到工作了",等等。对任何一件事情来说都可能有比之更坏的情况发生,因此没有一件事情可以被定义为百分之百的糟糕透顶。如果持有这样的信念,遇到了他认为糟糕透顶的事时,就会陷入极度的负性情绪体验中。针对这种信念,合理情绪疗法理论认为,虽然非常不好的事情确实可能发生,人们也有很多理由不希望它发生,但人们却没有理由说它不该发生。因此,面对这些不好的事情,人们应该努力接受现实,在可能的情况下去改变这种状态,在不能改变时学会在这种状态下生活下去。

课堂活动

将以下不合理信念归类,说说它们分别属于什么特征的不合理信念。
1. 父母动不动就骂我,让我很生气。
2. 朋友失约很恼火。
3. 好友背叛很难过。
4. 对方不关心自己,很痛苦。
5. 努力了,还是没有获奖,很不甘心。
6. 因评优不公而气愤难平。
7. 数学考差了,说明自己在数学上很失败,整个人很失败。
8. 某同学背后说了自己的坏话,非常生气,这个同学品质太差。
9. 中考失败了,非常可怕,一切都完了。
10. 父母离婚了,天塌下来了,自己该怎么办?

三、通过 ABC 理论察觉不合理信念

（一）ABC 理论

ABC 理论是理性情绪疗法（Rational Emotive Behavior Therapy, REBT）的核心,这一疗法是由阿尔伯特·艾利斯（Albert Ellis）创立的,它属于认知疗法（Cognitive Therapy）中的一种,另外两种分别是认知行为矫正法（Cognitive Behavior Modification）和阿伦贝克（Arron Beck）对抑郁的认知疗法。

艾利斯对人的本性的看法可归纳为以下几点。

（1）人既可以是有理性的、合理的,也可以是无理性的、不合理的。当人们按照理性去思维、去行动时,他们就会很愉快、富有竞争精神及行动有成效。

（2）情绪是伴随人们的思维而产生的,情绪上或心理上的困扰是不合理的、不合逻辑的思维所造成的。

（3）人具有一种生物学和社会学的倾向性,倾向于其存在有理性的合理思维和无理性的不合理思维,即任何人都不可避免地具有或多或少的不合理思维与信念。

（4）人是有语言的动物,思维借助于语言而进行,不断地用内化语言重复某种不合理的信念,这将导致无法排解的情绪困扰。

为此，艾利斯宣称：人的情绪不是由某一诱发性事件的本身所引起，而是由经历了这一事件的人对这一事件的解释和评价所引起的。这就成了 ABC 理论的基本观点。在 ABC 理论模式中，A 是指外界的诱发性事件（Activating Events），即外界发生的客观事件；B 是指信念（Belief），即个人对外界发生事件的解读、评价，它是基于个体的成长经历形成的，且通常是内隐的，不易为个体所察觉；C 是指结果（Consequence），即个体产生的情绪或心理反应，如焦虑、抑郁。通常的观点认为是 A 引起了 C，而 REBT 的创始者认为，我们产生的不良情绪 C 并不完全是由 A 引起的，A 只是一个间接诱因，我们的信念 B——对外界事件的解读才是直接原因。也就是说，同一事件由不同的人去解读，会引起不一样的行为和情绪，个体产生不同的情绪和反应是由直接原因 B 引发的，整个过程如图 7-4 所示。可以说，B 作用的发挥恰恰体现了人的主观能动性。

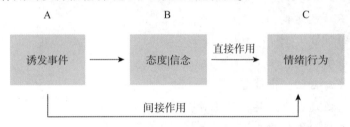

图 7-4　情绪 ABC 理论模式

例如：两个人一起在街上闲逛，迎面碰到他们的领导，但对方没有与他们招呼，径直走过去了。这两个人中的一个对此是这样想的："他可能正在想别的事情，没有注意到我们。即使是看到我们而没理睬，也可能有什么特殊的原因。"而另一个人却可能有不同的想法："是不是上次顶撞了他一句，他就故意不理我了，下一步可能就要故意找我的岔子了。"

两种不同的想法就会导致两种不同的情绪和行为反应。前者可能觉得无所谓，该干什么仍继续干自己的；而后者可能忧心忡忡，以致无法冷静下来干好自己的工作。从这个简单的例子中可以看出，人的情绪及行为反应与人们对事物的想法、看法有直接关系。在这些想法和看法背后，有着人们对一类事物的共同看法，这就是信念。这两个人的信念，前者在合理情绪疗法中称为合理的信念，而后者则被称为不合理的信念。合理的信念会引起人们对事物适当、适度的情绪和行为反应；而不合理的信念则相反，往往会导致不适当的情绪和行为反应。

（二）运用 ABC 理论管理情绪的方法

1. 觉察情绪，提高认知能力

只有当我们认清自己的情绪，知道自己现在的感受时，才有机会掌握情绪，不会被情绪所左右。可以运用内省法提高对自我情绪的认知能力。首先，应能及时觉察自己所处的情绪状态，时刻提醒自己注意：我目前的情绪是什么？我现在有什么感觉？其次，应辨识表面情绪背后的真实情绪感受。由于情绪本身的复杂多变，我们所直接感知的情绪可能是伪装的，例如以生气的方式来掩藏内心受伤的感觉等。最后，还应澄清我们的复杂情绪。通常我们处在一种复杂的情绪状态中，如有时会心中意念纷扰、情绪五味杂陈，此时，就要暂停并观察目前的情绪，冷静地进行澄清，将那些纠葛、混合的情绪抽丝剥茧，辨识出隐藏的真实情绪。

2. 强化思维,形成合理信念

每个人的思维都是在长期的社会生活实践过程中形成的,不合理信念的产生与个人的思维方式有很大关系,所以要不断改善和强化个人的思维模式,形成合理信念。运用 ABC 理论调节情绪就是要与头脑中不合理信念进行分析、辩论,以合理的思维取代不合理的思维,以合理的内部语言取代不合理的内部语言,通过改变自己的认知来帮助自己调节情绪。这个分析、辩论的过程就是强化思维训练的过程,个体首先要明白当前的思维方式或信念是不合理的,找出不合理的原因,并且要认识到自己有能力去改变不合理信念;然后,将不合理信念一一列出来,逐一进行分析、辩论,找出不合理情绪的根源;最后,从根本上改变自己的不合理信念。通过一次次的分析、辩论来强化思维方式,让自己逐渐按照正确的思维方式思考问题,形成合理性信念。

3. 加强思政教育,形成正确的世界观、人生观和价值观

从 ABC 理论来看,一个拥有科学思维方式的人就是情绪掌控能力很强的人。科学的思维方式其实就是马克思主义的方法论。一个人具有什么样的世界观、人生观和价值观,就决定了他有什么样的思维方式和认知模式。所以,高校要加强对大学生的思想政治教育,尤其是理想信念教育,坚持用马克思主义理论和方法去教育引导学生,使他们能够客观认识世界、分析事物,能够辨别现象与本质、形式与内容、当前和长远的关系。坚持正面教育为主,帮助大学生树立正确的世界观、人生观和价值观,形成正确的思维模式,从而提高大学生的情绪管理能力。

四、用 ABCDE 模型干预不合理生涯信念

在我们的日常生活工作中,你的情绪是否经常被他人左右?你是否有改不了拖延习惯的烦恼?相信大多数人的答案是"是",那怎么解决呢?

(一)ABCDE 模型

ABCDE 模型是在艾利斯的 ABC 理论基础上建立的一个整体的理性情绪行为疗法,是一个理解和处理心理障碍的框架模型。

A(Activating/Event)——事件或情境。

B(Beliefs)——你对这个事情或情境抱有的信念,即你的态度、想法、评价、解释。

C(Consequences)——指观念或信念所引起的情绪及行为后果,如情绪结果(比如焦虑),行为结果(比如攻击),生理结果(如心悸、手脚冰凉)。

D(Disputing)——找出你通常使用的那些有可能会误导你,使你得出不准确结论或错误判断的思维模式。

E(Effective Rational Beliefs)——找到新的有效办法,来帮助解决我们面对的问题。

如图 7-5 所示,ABCDE 模型的核心在于:人们不是被事物困扰,而是被他们所接受的观点困扰。换句话说:我们的情绪、感受、内心障碍,并不是来源于某件事,而是源自我们对这件事的解释。我们 90% 的烦恼、痛苦、心理障碍,都来自对现实事件的不当解释。所以如果能够更换针对某件事的解释,结果就会发生改变,就能获得新的信念,采取

恰当的行动。

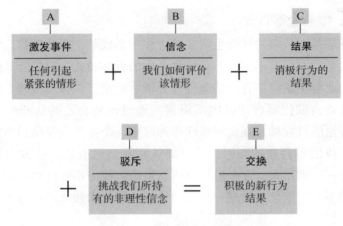

图 7-5 "ABCDE 模型"

（二）ABCDE 模型干预

ABCDE 模型是如何在终结负面情绪上起作用的呢？我们用下面的例子来说明。

A【困境】：今天上班遇到老板，他充满敌意地看了我一眼。

B【想法】：老板难道对我的工作不满意，去年的奖金恐怕要泡汤。

C【结果】：我心情恶劣，无法关注于工作，对所有人大吼大叫。

D【争辩】：我重新考虑 B 这个过程，昨天老板可能被他孩子的成绩搞得很憔悴，今天对谁都不好。上周与老板开会时，老板还表扬了我，说我的工作做得不错，符合他的期望。即使昨天我的一个报告做得不太好，但这只是一个报告而已，这与奖金多少没有关系。即使老板对我的工作不满意，我的关注点也应该是考虑如何改进自己的工作，把工作做得更好，什么都不用担心。

E【更积极的新结果】：经过 D 的干预，我立刻全身心投入到工作中，关注于如何改进自己的工作，心情变得平静。

情绪反应的本身是没有问题的，问题往往出现在对事情的判断与解析上。而 ABCDE 模型就是找出误导自己的惯性思维，找到新方法来避免负面情绪对我们产生的影响。

课后练习

试用 ABCDE 模型干预小丽不合理生涯信念

小丽，大学时学的是中文，毕业后进入了一家广告公司，拥有优越的工作环境和丰厚的年薪。按说，小丽应该过得不错，不会有跳槽的念头。一天，小丽为老总写一个活动的演讲稿，怎么也不能让老总满意。小丽硬着头皮改了七八次，可总被老总批评得体无完肤，还说她完全不是搞文字工作的料。委屈的小丽不停地哭，想到了要跳槽。

小丽认定是老总有意为难她。自己怎么碰到这么个挑剔的老板呢？真是命苦啊！一连几天，小丽都陷入这种痛苦又无法摆脱的情绪中不能自拔。当然，老总的发言稿也没再让她写，而是让比她早一年到公司，跟她毕业于同一所学校的师姐代劳了。对此，小丽很不高兴。一方面觉得老板针对了她，另一方面又觉得师姐代劳伤了她的自尊。

> 视觉笔记（图7-6）

图7-6 视觉笔记

第八章 就业指导

🔔 生涯寄语

要达成伟大的成就,最重要的秘诀在于确定你的目标,然后开始干,采取行动,朝着目标前进。

——博恩·崔西

一个明智的人总是抓住机遇,把它变成美好的未来。

——托·富勒

🔺 知识导图

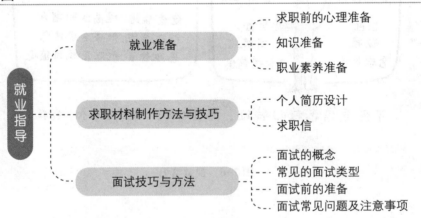

📖 案例导入

困惑与迷思

肖扬在校期间非常积极活跃,参加了很多社团活动,在各方面都取得了不错的成绩。不过,在写简历时,这些反而给他带来了困惑:要是把这些成绩全部罗列在简历上,就会有长长的一串;这些工作有的和我目前申请的工作并不相关,如果列出来,招聘的人会不会对我有看法？要是略去这些内容，我的经历就会出现一些空白……我到底应该怎样组织我的简历呢？

乔娜即将从某高校金融专业毕业，她按照从网上搜索到的招聘信息，发出了几十份简历，但都杳无音讯，她没有得到任何面试邀约。对此，乔娜很着急，如果连面试的机会都没有，那怎样才能找到一份工作呢？

李洋觉得自己性格内向，不善于表达，很害怕面试，一面试就紧张。在几次面试无果后，他几乎对面试完全丧失信心。如何才能轻松地应对面试呢？

在求职过程中，准备简历和参加面试是最重要的两个实践部分。先前所付出的大量努力，都需要通过这两个环节才能开花结果。本章关于就业指导的内容，可以帮助同学们找到适合自己的"好工作"。

第一节　就业准备

一、求职前的心理准备

（一）树立正确的就业观和择业观

求职择业前应当对自身和当前就业环境（宏观与微观）进行分析，寻找适合自己的职业。正所谓"尺有所短，寸有所长"，每个人都有自己的优点和长处，同时也存在缺点和短处，毕业生应该对自身能力有客观的认识，了解自己能干什么和不能干什么，保持良好心态，在求职中抓住机遇。

1. 充分收集就业信息

毕业生在求职前必须了解国家相关政策，摸清所学专业或意向行业的就业形势，以及劳动人事管理相关政策和法规，找到一个适合自己并有发展潜力的工作岗位，规划好职业生涯。

2. 把握好所学专业和职业的关系

按职业生涯规划的理论，职业理想和所学专业的相关性、个人所长和专业岗位需求的契合度是选择专业对口的关键因素。职业理想和所学专业相关性强，那么建议选择专业对口，反之则不然；个人所长和专业岗位契合度高，那么建议专业对口，反之则不然。因此，专业对口并不是毕业生的唯一选择。

3. 拆掉地域限制思维的墙

选择在哪里工作时，可以先分析从事的职业所处的领域和地方经济发展水平的关系，例如金融、IT类职业在一线城市会获得更广阔的发展平台，但农学类、水利工程类等专业留在城市不一定能大展拳脚。求职择业，不能只看着一线城市，需要冷静分析国家的宏观政策、当前就业形势与行业趋势。党的十九大提出的"乡村振兴"战略思想，为应届生扎根基层，在乡村就业创业提供了广阔的发展空间。

4. 树立到不同性质单位就业的理念

当前，随着经济的发展，我国的民营企业和外资企业都有非常完善的管理体系，并不会制约求职者职业生涯的发展。因此，求职者不必过于执着追求"金饭碗、铁饭碗"的机关、行政单位以及国有事业单位，这些单位所能提供的职位数量是有限的，假如只把眼光往这些地方看，可能会造成部分大学生就业"难"。

5. 竞争意识与自信心的准备

当今就业以双向选择为主，即毕业生有选择企业的自由，企业也有选择毕业生的自由。有了选择，就必然存在竞争。从个人发展的角度来看，竞争可以促使求职者进行内功修炼和自我的完善。自信是自我完善中的必修项目，在求职过程中，自信的人是非常受欢迎的。那么如何在求职中展现自信呢？在求职择业的过程中勇敢地去表达自己的观点，如对面试官的夸赞不必扭捏。客观评估、认知自我优势，展现自己的胜任力。就业前做好充分的准备，如提升个人知识技能，了解就业企业组织文化、岗位需求，准备求职材料等。

（二）常见的心理障碍及调整方式

心理障碍指一切心理不健康的现象或者倾向，它是心理压力和心理承受力相互作用、使人失去应有的心理平衡的结果。择业是人生的重要抉择，常常引起一些轻度的心理障碍。

1. 心理障碍的表现

（1）焦虑。焦虑主要表现为恐惧、不安、忧虑及某些生理反应。引起毕业生焦虑的主要原因有：不知道自己的理想是否能够实现；不知道是否能够找到一个适合自己特长且环境优越的单位；不知道用人单位是否能选中自己；屡屡被用人单位拒绝。大学生择业焦虑心理的一种特殊表现就是焦躁。急着要找单位，急着签约，急着办各种手续，尤其是在规定时间内未落实就业单位的学生，表现得更为焦躁，甚至表现为缺乏自我控制，在对用人单位信息掌握较少或不完全了解用人单位的情况下，就匆匆签约，常常事倍功半甚至事与愿违。

（2）自卑。自卑是一种缺乏自尊心和自信心的表现，自卑常和怯懦、依赖等心理交织在一起，主要表现为在择业的过程中过低地估价自己，缺乏自信心，缺乏勇气，不敢竞争，甚至悲观失望，精神不振。

（3）怯懦。怯懦是一种胆小、脆弱的性格特征。表现为在面试的时候语无伦次、张口结舌、支支吾吾、答非所问，从而影响了面试的效果，进而影响择业。

（4）孤傲。孤傲心理是缺乏客观自我分析和自我评价的表现。主要表现为对自己估价过高，认为自己学习了很多的知识，各方面条件也不错，甚至有些毕业生看不起这个单位，瞧不起那种职业。一旦有了这些心理，很容易脱离实际，以幻想代替现实，使自己的择业目标和现实产生极大的反差，最终可能"颗粒无收"。

（5）冷漠。冷漠是遇到挫折后的一种消极心理反应，是逃避现实、缺乏斗志的表现。表现为受到挫折后，感到无能为力、失去信心，甚至不思进取、情绪低落、情感淡漠、意志麻木、听天由命。

（6）生理化症状（择业综合征）。生理化症状是由于心理压力和生活方式而导致的异常的生理反应。毕业前的大学生由于心理应激水平高、心理冲突强度大、挫折体验多，因此容易出现头痛、头昏、血压不正常、消化紊乱、背痛、肌肉酸痛、口干、心慌、睡眠障碍等生理化症状。

2. 心理调适方法

（1）转化法。有些时候，不良情绪是不易控制的，这时可以采取迂回的办法，把自己的情感和精力转移到其他的活动中去。如学习一种新的技能，参加感兴趣的活动，使自己没有时间沉浸在不良情绪中，以求得心理平衡，保护自己。

（2）宣泄法。因挫折造成焦虑和紧张时，可以去打球、爬山或参加运动量大的活动，宣泄情绪。但是宣泄一定要注意场合、身份、气氛，注意适度，应是无破坏性的。

（3）安慰法（阿Q精神胜利法）。人不可能事事皆顺心，择业中遇到困难和挫折，已经努力仍无法改变时，可说服自己适当让步，不必苛求，找一个自己可以接受的理由让自己保持内心的安宁，承认并接受现实，以求得解脱。

（4）松弛法。在出现焦虑、恐惧、紧张、心理冲突、入睡困难、血压增加、头痛等症状时，可以在有关人员的指导下进行放松练习。通过练习心理上和身体上放松的方法，减轻或消除各种不良的身心反应。

（5）沟通法。当你对择业感到茫然时，也可找老师、同学、亲友沟通，说出你的想法，听听他们的建议和看法。

二、知识准备

知识是人们在改造世界的实践过程中所取得的认识和经验总结。求职者应拥有较高的知识程度，并能根据社会的发展和所选职业的具体要求，将自己的知识科学地组合以形成合理的结构。也就是说，求职者应具有合理的知识结构。

（一）建立合理的知识结构

合理的知识结构是指一个人所拥有的知识体系的合理构成，它是由诸多要素组合而成的有序列、有层次的整体的信息系统。

1. 合理知识结构的特点

（1）有序性。作为合理的知识结构，一般来说必然有从低到高、从中心到外围几个不同的层次。从低到高是指从基础知识到专业知识的延伸，要求知识的积累由浅入深，逐步提高；从中心到外围是指在目标确定的前提下，将那些对实现目标有决定意义的知识放在中心位置起主导作用，并让一切相关的知识在整个结构中占有相应位置，由此构成合理的知识结构。

（2）整体性。现代科学发展趋势显示出知识结构整体性和综合性的特征。它要求知识结构中各个组成部分无论多么复杂，其结构不应是各个部分的简单堆积而应是多个部分相互联系、相互作用的有机整体，从而能够在整体上发挥出最优化的功能。

（3）可调性。人们的知识结构应是动态的、可变的，能够根据需要经常进行调整，以保持最佳状态。合理的知识结构本身应该有一种转换能力，它能够根据变化了的客观世界和实际需要，从一个目标转向另一个目标而不断地对自身进行充实和调整。

2. 合理知识结构的内涵

（1）基础知识：数学（算术、代数、几何、三角、微积分）、物理学（力学、热学、磁学、光学原子物理学）、化学、外语、计算机知识、人文知识（哲学、文学、艺术、文化、伦理道德）、历史学、地理学、汉语及专业基础课程。

（2）专业知识：指大学生所学专业的知识，是大学生在工作岗位必备的一技之长，是大学生知识结构中的主要内容。

（3）复合知识：这个概念是针对目前高等教育界存在的"专才"教育的缺陷而言的。如文科增设高等数学、计算机等课程，理科增设大学语文、人文社会科学等课程。大学生必须充分认识复合知识的重要性，发挥自身主观能动性和知识的特点，进行有针对性的复合知识的学习。

（二）职业对求职者知识结构的要求

无论是建立什么类型的知识结构，归根到底要适应职业对知识结构的要求。因此，我们必须了解职业对求职者知识结构的要求。

1. 职业对求职者知识结构的共性要求

（1）宽厚扎实的基础知识。基础知识如同知识大树的躯干，是知识结构的根基。大学毕业生无论选择何种职业，向哪个专业方向发展，都少不了宽厚扎实的基础知识。特别是随着科技和经济的高速发展，毕业生在择业、就业上不可能是从一而终的，职业岗位随时变动的情况不可避免，要适应变化，必须靠扎实宽厚的基础知识。

（2）广博精深的专业知识。专业知识是知识结构的核心部分，也是科技人才知识结构的特色所在。所谓广博精深，是指大学生对自己所要从事专业的知识和技术具有一定的深度，对概念体系、理论体系、研究方法、学科历史和现状、国内外最新信息等都要了解和把握。同时，对专业邻近领域的知识也要有所了解和熟悉，并善于将专业领域与其他相关知识领域紧密联系起来。在求职的过程中，是否有基础强大的专业基础知识是企业所看中的，也是个人业务能力的重要体现。

（3）大容量的新知识储备。现代各类职业都要求从业者的知识"程度高、内容新、实用性强"。用人单位普遍要求毕业生能够熟练地运用一门外语和使用计算机。此外，毕业生如能掌握一技之长，诸如书法、绘画、驾驶等，也将增加其求职的成功率。许多单位在用人方面都会提出相同的要求：学习好、文笔好、外语好、计算机操作能力强作等。这反映了用人单位的选才标准，"学习好"就是要求有广博精深的专业知识；"文笔好、外语好"就是要求有扎实的基础知识；"计算机操作能力强"就是要求有一定的知识储备。

2. 不同岗位对求职者知识的特殊要求

（1）销售。掌握消费心理学、公共关系学等知识，拥有一定的沟通技巧和语言表达能力。

（2）工程技术。掌握数学运算、力学等专业基础知识和专业知识，掌握运用于实际工作中的应用型技术知识。

（3）生产制造。掌握行业的专业知识，熟悉行业标准及生产要求，并能运用于实践。

（4）管培。掌握管理学、心理学等知识，拥有一定的沟通技巧、语言表达能力、组织能力及资源掌控能力。

（5）服务。掌握公共关系学、消费者心理学、礼仪等知识。

（6）技术研发。具有大量本专业的前沿信息，有科学的思维和深厚的专业知识结构，掌握严谨的科学研究方法。

三、职业素养准备

（一）工作态度

态度是做好一份工作的基础，那么大学生应该从哪些方面去培养自己的自己良好的工作态度呢？

1. 要学会尊重企业文化并执行企业制度

每一个企业都有自己的企业文化，这些文化会贯穿或体现于企业的管理制度中。优秀的企业文化和完善的管理制度能让企业保持正常的运转，因此企业会要求员工尊重企业文化，并遵守企业制度。对于企业来讲，制度涉及的方面很多，如人事制度、生产制度、财务制度等。尊重并执行制度，能帮助职业人提高办事效率和成功率。

2. 要具备服务精神

越来越多的公司，把服务的素质当作员工的一项基本素质。服务，最初被理解为"为客户提供服务"，这里指的是外部客户。随着竞争的激烈，还有了一个内部客户的概念。事实上，职业人在企业内部要面对的所有人都可以被称为内部客户。上司、工作搭档、下属，都可以叫内部客户。对待这些人，依然要具备服务精神。

3. 积极主动，并具有责任感

把企业的事情当成自己的事情来做，也就是有主人翁意识，是职业人必须具备的一种素养。当公司有安排的时候，应当积极主动地接受新的工作任务。如果总是被动地去接受任务，不主动思考，甚至挑肥拣瘦，找借口拒绝任务，那么下一次有新的任务来临时，必然不会想到你。

（二）有效沟通

1. 明确有效沟通的内涵

沟通是为了设定的目标，把信息、思想和情感在个人或群体间传递，并达成共同协议的过程。

（1）明确沟通的目的。在与别人进行沟通时，要首先告诉对方沟通希望达到什么目的，以便于进行沟通的双方有明确的方向。

（2）在沟通的过程中注意信息的交流。听取对方的想法，然后将你的想法告诉对方。沟通一定是信息双向传递的过程。

（3）注意情感的交流，最后达成共识。情感是达成共识的催化剂，因此要想达成共识，有情感基础会更容易和更快速。

2. 沟通前的准备工作

（1）确定沟通的形式。确定是面谈、打电话、发电子邮件，还是组织会议。

（2）确定沟通的时间。确定合适的时间，以便于双方更快达成共识。

（3）确定沟通的地点。不同的地点对沟通是否能够达成共识会产生很大影响。

（4）确定沟通的内容。沟通的内容要简单、清楚、明确，让对方理解你所要表达的含义。

（5）考虑对方的想法。对方的建议、目的和想法都对达成共识有重要的影响。

3. 沟通技巧

在沟通的过程中，最重要的动作就是听、说、问。

（1）听的技巧。听的过程中应有适时的眼神交流，并在肢体或语言上给予一些肯定的回应，比如点点头或者告诉对方"这个想法听起来还不错"等。当对方感觉到这种互动后，他会积极、完整、清晰地说出他的想法，这样更容易达成共识。

（2）说的技巧。说的过程中要注意对方的表情，观察他是不是在听你的讲述，并且要及时征求对方的意见。

（3）问的技巧。要等对方把话讲完后，再把有疑问的地方提出来，与对方共同探讨。当意见与对方的意见有抵触时，先倾听对方的意见，再询问其理由。

4. 人际风格类型与沟通技巧

不同的人际风格类型会对沟通产生不同的影响。一般而言，我们把人际风格分为四种。

（1）分析型。

①分析型的特点：语调单一、语言准确且富有逻辑；面部表情少，注意细节；做事严肃认真、有条不紊。

②与分析型人沟通的技巧：注重细节；尽快切入主题；要一边说一边记录；多用准确的专业术语和数据。

（2）支配型。

①支配型的特点：说话速度快且有说服力，语言直接；交流时有目光接触；做事果断、独立。

②与支配型人沟通的技巧：要讲究实际情况，有具体的依据和大量创新的思想；要在最短的时间里给出一个非常准确的答案，而不是一种模棱两可的结果；说话开门见山，节约时间；说话声音洪亮，充满信心，否则他就会对你的能力产生怀疑；一定要有计划，并且最终要落到一个结果上，他看重的是结果。

（3）和蔼型。

①和蔼型的特点：语速慢，使用鼓励性的语言；面部表情和蔼可亲、频繁的目光接触；合作、友好、赞同、有耐心。

②与和蔼型人沟通的技巧：语言不要给他压力，多说鼓励的话，征求他的意见；在同和蔼型的人沟通过程中，同他要有频繁的目光接触，时刻充满微笑；和蔼型的人更看重双方良好的关系，而不是结果。

（4）表达型。

①表达型的特点：抑扬顿挫的语调、有说服力的语言；丰富的肢体语言；外向、直率友好、热情、令人信服、合群。

②与表达型人沟通的技巧：声音洪亮；使用肢体语言；说话要直率，且多从宏观的角度去说；表达型的人不注重细节，达成协议以后，最好与之进行书面的确认。各类人际风格的特点及沟通技巧见表8-1。

表 8-1　各类人际风格的特点及沟通技巧

类型	特点			沟通技巧
	面部表情	语言	行事风格	
分析型	严肃而认真，表情少	语调单一，有条不紊，条理清晰	有规划、重细节	注意细节、直言不讳、喜欢专业术语及数据材料，多讲思路
支配型	热情而审慎	语速快，说服力强、语言直接	执行力强、果断、独立、重效率	声音洪亮，充满自信，回答精准且有实践依据，有创新思维，多讲成果
和蔼型	和蔼，有亲和力	语速慢，委婉，善用鼓励性语言	执行力弱，重过程轻结果	语速慢，多鼓励和征求意见，注意目光接触及微笑，创造良好的沟通环境
表达型	热情而有活力，表情丰富	肢体语言丰富，语调抑扬顿挫，有说服力	有规划但不重视细节和执行	声音洪亮、语言直接，少描述细节，多描述远景和蓝图

5．职场新人的沟通误区

沟通是一把"双刃剑"，说了不该说的话、表达观点过激、冒犯了他人的权威、个性太过沉闷，都会影响个人职业生涯，那么新人在沟通中到底有哪些误区呢？

（1）想当然地处理问题。有些新人因为性格比较内向，与同事还不是很熟悉，或者碍于面子，在工作中碰到问题，仅凭个人的主观意愿来处理，到最后往往错漏百出。建议：新人在工作经验不够丰富时，切忌想当然地处理问题，应多向领导和同事请教，这样一方面可以减少工作中出错的概率，另一方面也能加强与团队的沟通和合作，迅速融入团队。

（2）迫不及待地表现自己。刚刚参加工作的新人总是迫不及待地把自己的创新想法说出来，希望得到大家的认可。实际上，你的想法可能有不少漏洞或者不切实际之处，急于求成反而会引起他人的反感。

（3）不看场合、方式失当。上司正带着客户参观公司，而你却气势汹汹地跑过去问自己的"五险一金"从何时开始交，上司一定会认为你这个人"拎不清"；开会的时候你一声不吭，而散会后，却对会议上决定的事情喋喋不休地发表观点，这怎能不引起他人反感呢？不看场合、方式失当的沟通通常会以失败告终。建议：作为新手，处在一个新环境中，不管你有多大的抱负，也要本着学习的态度，有时"多干活儿少说话"不失为一个好办法。

（三）团队合作

1．团队的定义

团队是由员工和管理层组成的一个共同体，该共同体合理利用每一个成员的知识和技能协同工作、解决问题，达到共同的目标。

2．团队的特征

（1）共同的目标。团队应该有一个既定的目标，为团队成员导航，知道要向何处去，没有目标这个团队就没有存在的价值。此外，还可以把大目标分成小目标，再具体分到每个团队成员身上，大家合力实现这个共同的目标。同时，目标还应该有效地向大众传播，让团队内外的成员都知道，可以把目标贴在办公桌上、会议室里，以此激励所有的人为这个目标去努力。

（2）唯一的领导。唯一的领导可以保证所有团队成员向着唯一的方向前进，这样才能保证团队的高效率。

（3）明确的分工。分工是基础，现代企业强调的是分工，每一个人为自己的工作负责。

（4）有效的沟通。团队成员之间、部门之间需要不断进行有效的沟通。

（5）规章制度。设立规章制度的目的是更好地推动整个团队实现目标。

3. 团队合作的原则

（1）双方都能够阐明各自所担心的问题。

（2）积极并愿意解决问题。

（3）共同研究解决问题的方案。

（4）对事不对人，不揭短，不指责。

（5）达成双赢的目的，大家都获益最多。

4. 团队精神

团队精神是大局意识、协作精神和服务精神的集中体现。

（1）要树立"全公司一盘棋"的思想。要从企业发展的大局出发，凡是有利于公司发展的事就要主动、认真完成，力求做得好一点、快一点，想办法把事情做好，切不可坐失良机。

（2）要树立"我为人人，人人为我"的思想。企业内部、部门之间、上下级之间、公司与客户之间只有相互协作、群策群力，才能形成良好的关系。一个好的企业或者一个好的部门，往往通过自我调节，把摩擦降到最低点。

（3）要树立主动服务的思想。在日常工作中，许多事情不是十全十美的，而一些容易被人们疏忽或者遗漏的地方又往往是很关键的，这就要求我们发扬团队精神，主动为其他部门提供优质服务，尽心、尽力地帮助他人解决难题。

5. 如何处理团队冲突

在团队工作中，不可避免地存在着冲突。当我们与同事发生冲突时，首先要分析产生冲突的原因。一个成熟的职业人士，当他和同事产生冲突的时候，能够想办法让双方坐下来分析原因。通常引起冲突的原因有以下两个方面。

（1）人际风格的冲突。人际风格的冲突指的是在我们与同事的沟通过程中，由于性格不一样、沟通风格不一样而产生的冲突。例如，当和蔼型的人和支配型的人沟通时，和蔼型的人就会觉得支配型的人没有情感，就会从心理上产生抵触情绪，可能本来能够接受的问题，也不愿意接受，这就是人际风格的冲突。

（2）问题的冲突。当我们就某一件事情要做还是不要做、先做还是后做没有达成共识的时候，就会产生问题冲突。当问题冲突产生时，通常可以这样做：第一，告诉对方你的理由，为什么你这样想、这样做。第二，询问对方这样想、这样做的原因。第三，达成共识。如果没有能够达成共识，就把这个问题向更高一级领导汇报，由他来决定是否该做及做事的优先顺序。

> **课堂活动**
>
> 请分小组讨论一下以下问题：
> (1) 适用于大学生自我心理调适的方法有哪些？
> (2) 高中阶段的学习压力大，学习任务紧张，有人会说等读了大学就轻松了。你是如何看待这句话的？

第二节 求职材料制作方法与技巧

一、个人简历设计

什么是简历？走在大街上，我们常能看到一些商品的广告牌，通过这些广告牌，我们对上面的商品有了最直接的了解。好的广告牌会让我们对商品、品牌等留下深刻的印象，即使当时不会购买，一旦需要也会考虑。简历就是一种个人广告，是自我推销的工具，用来展示一个人的工作技能及对于未来用人单位的价值。简历的主要目的是帮助你获得面试机会。好的简历虽然不会直接帮助一个人获得职位，但是会对用人单位的招聘决策起到积极的影响。简历必须是一份诚实的评估，不能撒谎或夸大事实。不切实际的陈述最终不是在面试中就是在工作过程中，会反过来令你难堪。

所以，写一份好的简历非常重要。一份好简历除了外观、风格、篇幅、用词等方面，重要的是通过筛选的过程，结合自己的情况呈现有针对性的内容。

（一）个人简历的内容

简历常见模块如图 8-1 所示，可以按照这个顺序撰写，也可以根据需要调整次序。例如，如果你有相关的工作经验，这部分就可以放在你的教育背景之前来写。如果你的工作经验不多，而教育背景与你的目标关系较密切，那么你就可以把教育背景这部分放在工作经验之前来写。

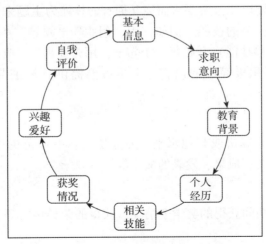

图 8-1 简历常见模块

1. 基本信息

基本信息包括姓名、性别、出生年月、籍贯、政治面貌、婚姻状况、身体状况、兴趣、爱好、性格及自己的联系方式等。姓名应当很明显，一目了然，放在简历上部的中间或左上角。列出的电话应当易于接通。在简历中加入个人照片，注意照片要正式、大方、得体，这有助于给招聘者留下更深入的直观印象。

2. 求职意向

这是整个简历中最重要的一项。明确表达你想从事的工作职位名称（例如计算机程序设计师）或领域（例如通信、公共关系、健康教育等）。目标职位可以清晰地让招聘者看到你对工作的期待，初步感受到你对工作发展是否有明确的想法，这是雇佣双方良好沟通的基础。每投一个岗位之前，都需要有一个调整过的简历；一个人写简历的用心程度，反映出对求职岗位的热衷程度。

3. 教育背景

教育背景的表述需用倒叙的方式，也就是说，最近取得的学位写在最上面，这样重要的学历因素可以被快速捕捉到。如果成绩优异或排名较高，可以特别注明。也可在此部分列出主修科目等。

4. 个人经历

这部分提供的是与你的目标职位有关的资历概述，突出竞争优势、职位胜任力，是简历的主体，占最大的篇幅。一般使用4~6个要点来说明与目标岗位之间关系最密切的能力。对于毕业生来讲，需要对"工作经历"和"校园实践"进行梳理。首先对投递岗位进行分析和归纳，把岗位要求的内涵因素提炼出来，再要按和目标岗位相关联的重要程度对"工作经历"和"校园实践"进行排序，重要的、关联度大的"工作经历"和"校园实践"往前放，不重要、关联度小的"工作经历"和"校园实践"往后放；每一项"工作经历"和"校园实践"的表述注意多用数字、重点突出、清晰明了地描述自己在工作中具体的任务和取得的成绩。强调做了什么，突出专业知识技能和可迁移技能；强调如何做的，突出自我管理技能；强调由于你的行为而取得了什么样的（成功的）结果，以及这件事的重要性。另外，要以职位所要求而你又拥有的技能为主题来选择和组织这一部分的内容，强调与所求职位相关的技能。例如，用"组织""领导""计划""提出建议"等行为动词（通常为可迁移技能）开始每一个句子；用"提高""改进""增加"等动词表现所取得的成就。使用积极简明的语言，但尽可能提供具体细节，以数字量化自己的成绩。

5. 相关技能

技能水平：外语、计算机或其他水平。专业能力：专业范围内最突出、最擅长的强项，包括大学期间的论文、成果、发表的文章等。

6. 获奖情况

获奖情况包括大学期间获得的奖学金情况、获得的荣誉称号等，可按时间顺序排列。

7. 兴趣爱好

兴趣爱好可以展示求职者的品德、修养、社交能力、与人合作的能力。简历中所填兴趣爱好尽量与应聘职位所需技能有关，否则会弄巧成拙。

8. 自我评价

自我评价有则添彩。简历一般为 1～2 页，此部分是加分项，可以填满整页，表现求职者的自信。

简历基本内容及注意事项如表 8-2 所示。

表 8-2 简历基本内容及注意事项

核心内容	要素	注意事项
基本信息	姓名、出生年月、性别、籍贯、联系电话、邮箱、其他	确保信息及时更新，可针对应聘行业和岗位对个人信息进行删减
目标职位	具体、唯一	明确表达你想从事的工作职位名称（例如计算机程序设计师）
教育背景	学校、专业、学历、成绩与排名、其他培训经历	按倒叙的方式来写（最近的写在最前面）
个人经历	校外实习、校内实践活动、志愿服务等	呈现你做什么、怎么做、取得什么成绩。要写清楚以下内容：起止时间、组织名称、岗位内容、收获与业绩。重点罗列与求职岗位相关的工作
相关技能	语言能力、计算机能力、其他资格、能力证书等	认证情况、应用情况
获奖情况	学术方面、体育方面、管理方面、其他方面	突出在不同领域的成绩
兴趣爱好	参加的课外活动、爱好、其他项目	突出与岗位相适配的内容

（二）撰写个人简历应注意的问题

简历是获得面试机会的一张入场券，目的在于尽可能使招聘单位对自己产生兴趣，从而成功地把自己推销出去。要能够写出一份令人过目难忘的简历，需要把握以下几个要点。

1. 内容全面，材料真实

简历内容要全面，使对方通过简历便能了解到你干过什么，你具有哪方面的能力，你所拥有的素质是否是他们所需要的。材料要真实可靠，不虚构日期、职务、工作经历和业绩等，要牢记"诚信值千金"。

2. 文字简洁，用词准确

首先，写简历应避免使用大段落文字，可适当运用编辑技巧，如各种粗体字、斜体字、下划线、段落缩进等，使重点突出、层次分明。其次，文字应简洁、易懂。所列工作或学习的时间顺序清晰、易于理解。遣词造句力求准确，不要使用拗口的语句和生僻的字眼，避免提及不相关的信息。最后，简历在送出之前，必须反复检查和推敲，保证不含任何印刷错误、语法错误及标点符号错误。

3. 充分展示自己的特长

要将那些与应聘工作、职务相应的教育背景、工作经历、技术水平、外语水平、计算机水平等填写清楚；将自己的一般特长，诸如善于组织宣传、曾任学生干部、擅长书法、擅长某一运动、会唱歌跳舞等，根据用人单位的需要和性质有选择地填写。

4. 版面设计合理

求职者写简历多是电脑打印，简历写好后，一定要调整格式，使之符合行文规范，条理清楚、标志明显。

5. 证件附后

要将证明自己资历、能力及工作经历等证明材料，如学历证明、学术论文、获奖证书、专家教授推荐信或学校推荐信等，复印一份，附于简历之后。

应届毕业生求职简历样图如图 8-2 所示，供参考。请注意：简历尽量排在一张 A4 纸上。

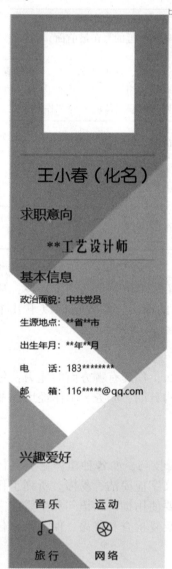

图 8-2　应届毕业生求职简历样图

简历评议

学生以6~8人为一组,首先,每位同学拿出自己撰写的求职简历在组内分享。

其次,组员们对每一份简历进行评价,并进一步提出简历完善建议,撰稿人根据意见对自己的简历进行有针对性的修改。

最后,每组选派一名代表分享完善后的简历及其撰写体会。

二、求职信

求职信是一种介绍性、自我推荐的信件,它通过对求职意向和自身能力的概述,引起对方的重视和兴趣。一封好的求职信可以向阅读者说明你的才干。正是有了求职信,阅读者才会对你简历上所写的经历与业绩感兴趣。所以,无论在文体上还是在内容上,求职信都需要给阅读者留下好印象。

(一)求职信的写作结构与内容

1. 标题

标题可直接标明"求职信"或"自荐信"等,首行居中。

2. 称呼

称呼是对主送单位或收件人的称呼,若写给国家机关或事业单位的人事部门负责人,可用"尊敬的××处长";若是企业人力资源部,则用"尊敬的××经理";如果写给科研院所或高校人事部门,可称"尊敬的××教授(处长、老师)"。称呼要正规、准确,忌用"前辈、师兄、叔叔"等非正规的称呼。由于求职信往往是和用人单位之间的首次交往,毕业生未必了解单位的招聘人员,因此,在求职信中称呼"××领导"也是可以的。

3. 正文

正文是求职信的核心部分,其形式多种多样。要打动用人单位,正文部分的措辞和行文风格要反复揣摩。正文部分应当包括以下内容。

(1)简单的自我介绍。简单的自我介绍即简要说明自己的身份。对于应届毕业生来说,在信件的开头用一两句话说明自己的学校、学历、专业等基本信息就足够了。例如,"我是××大学××学院××专业××届本科毕业生",一句话简明扼要,一目了然。

(2)说明求职信息来源。为了得到对方的好感和信任,最好在求职信的开头说明求职信息的来源。这样既在行文上比较流畅,同时也暗示用人单位的招聘广告是有反馈的。例如,"本人××××年××月××日在×网站上得知贵单位正在进行招聘活动,因此写信来应聘"。

(3)说明应聘职位。在求职信的开头,应该说明所要应聘的职位,如"本人欲应聘水利监理员一职"。

(4)说明能胜任该职位的理由。这是求职信的关键部分,这部分主要是向对方表明你的专业知识和工作经验,取得的与该职位有关的成绩和自己所掌握的相关技能。文字所表达的中心意思应是"你是最适合该职位的人",要呈现自己满足该工作要求的条件。需要注意的是,说明能胜任该项工作的理由时,尽量避免写那些与职位不相关的东西,更不能写那些与招聘条件相反的内容。比如，如果用人单位招聘的是营销人员，你却对你的"文静、内向"大书特书，应聘自然会失败。

（5）暗示发展前途及潜力。在求职信里，不仅要向招聘者说明你的现在，也要说明你的未来，说明你是有培养价值和发展潜力的。例如，你若当过学生干部，可以向对方介绍在担任学生干部时取得的成绩，这就说明了你有管理和组织方面的才能。

4. 结尾

求职信的结尾一般有两个要素：一是盼回复；二是祝词。一般在求职信中，表达希望对方答复或者获得面试机会所用的措辞几乎已成定式："我热切地盼望着您的答复"或者"我希望能获得与您面谈的机会"。也可自己变为主动，如"如您方便，我将会在×月×日（星期×）上午给您打电话"。另外，正文后的祝词虽然只有几个字，也有不可忽视的作用。祝语可以套用约定俗成的句式，如"此致""敬礼""祝工作顺利"等。

5. 署名

署名（求职者姓名）要与身份证一致，不能用曾用名或小名。

6. 日期

日期一般写在署名右下方，用阿拉伯数字写。需要注意的是，日期应随求职信投送时间而有所变化，不能过了几个月后还是以前的日期。

（二）求职信的写作技巧

1. 字迹整洁，语言流畅

如果你的文章流畅，字也写得漂亮，首先就胜人一筹。

2. 简明扼要，言辞贴切

求职信贵在简洁，不在于长而在于精，精在开门见山、内容集中、语言简洁明快、篇幅短小精悍。

3. 富有个性，不落俗套

书写一封求职信，正如策划一则广告，要求不拘泥于通俗写法，立意新颖，以独特的语言及多元化的思维方式给对方留下深刻的印象。

4. 精心设计，重点突出

求职信先说什么，后说什么，重点是什么，都要精心设计。要突出能引起对方兴趣的内容，主要有专业知识、工作（实习）经历、能力、特长、个性等。要根据用人单位的需求，重点突出工作（实习）经历和实际能力。

5. 实事求是，谦虚有度

写求职信就是要推销自己，要强调自己的优势，强调自己对于用人单位的价值。在介绍自己时，既要实事求是，不过分夸大，也不能过分谦虚。一个谦虚谨慎的人可以使对方产生好感，但过于谦虚会使人觉得你什么都不行。

6. 争取面试机会，勿提薪资

写求职信的目的是建立联系，争取面试机会。初次接触不要在信中提及薪水和待遇。此时谈"钱"还为时尚早，以后会有更适合的场合谈论。在求职信的最后，可请求用人单位给你回音,以争取建立下一步的联系,获得面试机会。

7. 以情动人,以诚感人

写求职信要有感情色彩,语言有情,会有助于交流思想、传递信息。要做到以情动人,关键在于要摸透对方的心理,然后根据你与对方的关系采取相应的对策。

8. 不断修正,以求完善

写求职信首先应打草稿,把自己要写的材料列出主次,并巧妙地将它们串联起来。求职信写成后,应仔细推敲,反复修改,并根据不同用人单位的不同要求来增减内容,有的甚至要重写,以更加完善。

(三)撰写求职信的注意事项

一封好的求职信,就是一张令人耳目一新的名片。要使这张名片大放光彩,要注意以下几点。

(1)对于不同的行业和用人单位,你的求职信要"投其所好"。每封求职信应以适合应聘单位的需求为目的来精心设计,以此来向对方表明你明白他们需要什么。

(2)提出你能为用人单位做些什么。特别是要提出你能胜任他们提供的工作岗位,并举出有关的事例。

(3)集中精力于具体的职业目标。根据求职的目的来写作,把重要的内容放在首要的位置上,并加以证实。

(4)直奔主题,不要唠叨,不写空话、套话。表达简洁。

(5)要具有个人特色,流露出亲切感,体现出专业水平。文字不要太多和生硬,也不可过于随意。

(6)最好不要超过一页,除非用人单位进一步向你索要相关资料。

(7)用简明扼要的语言书写,避免通篇的术语,也不要出现使人费解的简称和复杂的复合句。句子结构和长度应富于变化,使阅读者保持兴趣。

(8)用正规的纸张打印或书写。要保持字迹工整,卷面清洁。

第三节 面试技巧与方法

一、面试的概念

所谓面试,就是为了招聘和受聘而举行的当面考试。它是用人单位招聘时最主要的一种考核方式,是供需双方互相了解的过程,是一种经过精心设计以交谈与观察为主要手段的,旨在了解被试者素质及相关信息的一种测试方法。面试是一种双向的沟通,一方面,用人单位以此招聘本单位需要的人才;另一方面,毕业生借助这一方式寻找适合自己的单位和工作。

不同招聘单位面试过程有很大的不同,所考察内容的侧重点也有很大的差异。我们一方面提倡求职者有针对性地进行一些准备;另一方面,提倡求职者真实地表现自己,而不是把自己"扮演"成招聘单位"想要"的人。

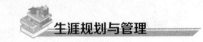

面试是就业成功的一个重要环节，是一个沟通平台，是展现自我素质能力的一次良机，是职业生涯发展中的一个重要台阶。面试的结果将决定你是否能进入下一轮选拔或当场录用。因此，我们要做好面试前的准备工作。

二、常见的面试类型

1. 根据面试的结构可分为结构化面试、非结构化面试、半结构化面试

（1）结构化面试。结构化面试又称为规范化面试，是根据特定职位的胜任特征要求，遵循固定的程序，采用专门的题库、评价标准和评价方法，通过考官小组与应考者面对面的言语交流等方式，评价应考者是否符合招聘岗位要求的人才测评方法。政府部门的公务员面试往往采用结构化面试。

（2）非结构化面试。非结构化面试是指事先没有规定的框架和程序，主考官可以"随意"向被测者提出问题，而对被测者来说也无固定答题标准的面试形式。主考官提问，问题的内容和顺序都取决于其本身的兴趣和现场应试者的回答，这在企业的面试初期阶段运用较多。

（3）半结构化面试。半结构化面试是指面试构成要素中有的内容有统一的要求，有的内容则无统一的规定，也就是在预先设计好的试题（结构化面试）的基础上，主考官向应试者又提出一些随机性的试题。半结构化面试是介于非结构化面试和结构化面试之间的一种形式。

2. 根据面试题目的内容，面试可分为情景性面试和经验性面试

（1）情景性面试，又叫情景模拟面试或情景性面试，是面试的一种类型，也是目前最流行的面试方法之一。在情景性面试中，面试题目主要是一些情景性的问题，即给定一个情景，看应聘者在特定的情景中是如何反应的。

（2）在经验性面试中，主要是问一些与应聘者过去的工作经验有关的问题。

3. 根据面试的实施方式，面试可分为单独面试与小组面试

（1）单独面试，是常见的一种面试形式，即一个面试官面试一个申请者。有时，这是几轮面试中的初试。第二轮和第三轮面试通常会有若干面试官。

（2）小组面试，小组面试分为普通团体面试和竞争性团体面试。无领导小组讨论，指由一组应试者组成一个临时工作小组，讨论给定的问题，并进行决策。由于这个小组是临时拼凑的，并不指定谁是负责人，目的在于考察应试者的表现，看谁会从中脱颖而出。

4. 根据面试的压力状况，面试还可分为压力性面试和无压力性面试

目的不只是看在压力情景下，应聘者会如何解决问题，更多的要看其在压力状态下的情绪反应情况。

5. 电话面试

电话面试是指第一轮面试中面试官采用通过电话面试的方式。如果这个电话让你吃了一惊，你还没有做好面试的准备，可以请对方 15 分钟后再打给你，或者另外安排双方都方便的时间再联系。把简历和问题清单放在你面前，把笔和纸放在你够得到的地方，以便记下面试过程中想问的任何问题。注意语气和语调是很重要的，确定利用你的语调和语气来表达你的兴趣。

6. 视频面试

随着网络科技的飞速发展，通过在线会议方式，利用摄像镜头和话筒，可以使面试官坐在屏幕前对远处的应聘者进行线上面试。双方的着装、身体语言和对话，与现场面试没什么不同。应聘者的任务是争取得到公司参加第二轮线下面谈的邀请。

三、面试前的准备

1. 准备自我介绍

求职中自我介绍的核心，就是结合对应岗位能力需求的分析，用具体事例证明自己就是招聘方所需要的人。自我介绍的内容，大致包括如下两个部分。第一部分，简单的背景介绍，即简单的个人信息介绍。第二部分，相关工作经验介绍。须结合对目标岗位的认识，梳理岗位需要具备的核心能力，并举几个与面试职位相关的工作经历或实习经历。需要注意的是，首先，要优先列举与面试职位联系紧密的经历。其次，用具体事例向面试官证明你的3个W，即"做了什么"（What have you done）、"学到了什么"（What skills have you gained）、"达成了什么"（What have you achieved）。例如，简单地说"我勤奋肯干"显然很空洞，而用数字和例子来说话，说"在实习的两个月内，我除了积极完成本职的××工作，还先后帮助同事完成了××、××和×× 3个项目的设计方案"则大有不同。

2. 深入了解用人单位

面试前要尽可能多地了解用人单位及其招聘职位信息，这是你面试成功的一个重要因素。

一般来说，毕业生可通过用人单位内部宣传资料、网站招聘信息等来了解情况。掌握用人单位的性质、规模、特色、组织机构、财务状况、发展前景、企业信誉等情况。同时掌握用人单位对员工的工作要求、职责以及给予员工的报酬、培训等情况，了解用人单位招聘职位的性质、工作内容、所需知识和技能。若事先对这些情况一无所知或知之甚少，则在面试时易处于被动境地，也容易使用人单位对应试者形成"你并不了解我单位"的印象，从而影响面试效果。

3. 充分准备各类材料

参加面试要带好个人简历、求职信、成绩单以及有关证书等材料，如各类获奖证书，外语、计算机、职业技能等级证书。如果应聘外资企业，最好将求职信、个人简历等材料准备为中英文对照格式。即使事前发过求职信和个人简历，也应该再带一份材料，以备用人单位查看。

4. 面试训练

刚毕业的大学生缺乏求职面试经验，在面试前有必要进行一些面试技巧训练，面试技巧的训练包括学习聆听、敏捷反应、沉着应对、说话有条理性、举止得体等。大学毕业生可以通过学校参加就业指导课或讲座、查阅有关就业指导书籍、进行模拟面试等途径学习和训练。

5. 面试状态的调整

面试是求职过程中的关键环节。面试时的良好状态对于面试成功至关重要。在面试前，毕业生应在以下几方面做好面试状态的调整。

（1）调整心情。面试时一定要精神饱满，因此在参加面试前要适当放松，洗澡理发，搞好个人卫生，保证充分的休息。

（2）准备好面试服装和物品。准备好面试的服装、公文包、笔、记事本等，甚至准备好第二天的早餐等。

（3）独自前往。在各类面试及咨询中，一定不要让自己的父母或亲戚朋友代劳，自己要独自前往单位。这样，可以避免用人单位怀疑个人的独立能力和自信心。

（4）遵守约定的时间。守时是现代交际的一个重要原则，是作为一个社会人要遵守的礼仪。面试中，最忌讳的首先就是不守时，因此，面试时千万不能迟到，而且最好能够提前到达面试地点，以便有充分的时间调整好自己的情绪，显示求职的诚意，也可以利用这段时间观察公司的工作环境。

（5）准备可能谈论到的问题。虽然没有人能够在面试前知道用人单位会提出哪些问题，但提前对一些可能会提出的问题做较为充分的准备还是十分必要的。主要包括两方面的准备：一是需要回答的问题；二是要提出的问题。尤其对面试过程中用人单位主考官可能提出的问题，要做充分的准备。

（6）礼仪准备。衣着要得体，通常面试者的服装应较正式，以与你希望应聘的职位相匹配为宜；不要用气味太浓的香水或化浓妆；不要戴太多的饰物（连眼镜在内不超过三件）；检查手机是否关机或设置为静音状态。

四、面试常见问题及注意事项

（一）面试常见问题大盘点

1. 介绍一下你自己

不要认为面试官已经看了你的简历，这个问题就是多余的。这是一个推销自己的绝好机会！注意回答要简练而又不失全面，要列举出你所具备的、对雇主具有意义的几点品质、特点、长处或成就。建议包含以下内容：你的职业生涯目标和受教育的情况；与求职目标有关的技能；与求职目标有关的成就和资历。回答以两分钟左右为宜，切忌啰唆冗长。

2. 请谈谈你打算在五年后做什么

面试官希望通过此问题了解你对自己的职业生涯是否有切实的规划，以及这一规划与现在你应聘的职位是否相关，并由此看出你申请这一职位的动机。

3. 你为什么会对我们公司/单位/这个职位感兴趣

面试官通过此问题希望了解你申请该职位的动机。用人单位希望你的决定是经过深思熟虑的，是建立在对公司/职位和对自身兴趣及能力充分了解的基础上的。

4. 你为什么认为自己能胜任这份工作或：你能为我们的公司或单位作什么贡献

这个问题也可能这样表述：你为何选择本公司？关于我们，你了解什么？此时，你必须表现出对目标职位或公司业务以及自身长处的了解。强调自身所具备的正是公司所看重的品质（在专业和人际能力方面），强调你所能作出的贡献而不是你能从这份工作得到的利益（因此不要只说"我希望从这份工作中学到……技能"）。

5. 你有过与一个特别难打交道的人一起完成某项任务的经历吗

面试官问这个问题是希望你能通过具体的例子来证明自己在某一方面的能力。而这一能力正是雇主所看重的，常见的如沟通能力、领导能力、主创精神、团队合作/人际交往能力、问题解决能力、灵活性等（根据问题的具体内容而定）。重要的是要有具体实际的、令人信服的例子，而不是仅仅宣称自己具有某项品质（如"我很擅长与人交往"之类）。可以预先准备好一些这样的例子备用。在讲述时，不要过于啰唆，尤其是在事件情景部分，但也要必要的细节，按照"事件发生的情景—我的对策—取得的良好效果"的方式讲述，突出自己应对的能力以及良好的效果。

6. 你最大的优点是什么

不要只是谈论你的优点/能力，还要把它们与应聘的职位和公司（组织）的需要联系起来。除了宣称你具有某项能力/长处以外，还要尽可能提供简略的例证，向对方证明你是一个出色的人选。

7. 你有什么缺点

对这个问题可以有几种回答，如：避重就轻，说一些对工作不会造成太大影响的缺点；也可以用似坏实好的方式说，说自己是完美主义者，做事过于认真细致，有时花去太多时间等。最好是用"我不擅长……但我已经意识到这一点，并采取了……的措施/方法来改变它"的方式来回答。不要说自己什么缺点也没有，那样显得你不诚实也不真实。此外，切忌说自己不擅长职位所要求的某一重要能力。

8. 如果让你的朋友描述你，你认为他们会怎么说

这类问题帮助面试官从侧面了解你是什么样的人，所以面试之前对自己有深入的了解很重要，回答问题时突出自己和目标职位相关的特点。

9. 为何到现在还没找到工作

对于那些的确花费了很多时间还没有找到工作的同学来说，这个问题很有挑战性，也许它会一下子勾起你沮丧的情绪，立刻对自己没有了信心。如果你有这种负面感受，说明你可能真的认为这么长时间没有找到工作是因为自己不够好。带着这样的想法，很难找到一份令人满意的工作。所以，不妨换个角度想想，你毕竟认认真真地为自己的未来付出了很多努力，比起那些比较顺利就找到工作的同学而言，你更能够承受挫折。虽然暂时失败了很多次，但从未放弃过，这也是你难能可贵的地方。从这个角度来看，你还得感谢自己。所以，对于这个问题，也许每个人都会给出不同的答案，但重要的是从积极的角度去回答。

10. 如果让你将梳子推销给旅游区寺庙中的和尚，你将如何去做

这是一类以现实或假设情景为基础的问题，回答的基本原则是让面试官知道你是怎样思考和怎样解决问题的。这类问题没有"正确"的答案，只有"你的"答案。面试官通常利用这些类型的问题来决定你是否合适。这类问题关键不是得到"正确"的答案，而是演示解决问题的正确方式。

（1）专心倾听提出的问题，如果有不太明确的地方，可以提出一些要澄清的问题，以正确判断面试官问题的深意。

（2）回答时首先解释你怎样收集必要的信息来作为决策依据。

（3）论述你如何分析信息以作出决策。

（4）最后，基于你获得的信息、可利用的选择和你对开放立场的理解，解释你将会作出怎样适当的决定或建议。

11. 对于公司/岗位/……您还有什么问题

为了补充面试之前和面试中收集到的信息，可以提前准备好想了解的问题。问题应当与职位有关，并能表现出你的热情和知识。通过提出机智的、经过慎重考虑过的问题，你向雇主表现出你对公司的态度很认真，需要更多的信息。如果在面试时你的问题得到了回答，就不要再重复问这个问题，否则会给别人留下你没有认真听的印象。以下问题可以供你参考。

（1）公司对员工有什么样的期望？

（2）这个职位有什么样的发展前景？

（3）这个职位一年典型的任务是什么？

（4）这个职位典型的事业发展路径是什么？

（5）我将会与哪些人一起工作？

（6）这份工作最大的挑战是什么？

（7）如果我有幸被录用，我会得到什么样的相关培训？

（8）公司对未来的规划是什么？

（9）我从公司的网站上了解到（如公司的文化是……），您能否再跟我详细谈谈这方面的情况？

有些问题，如薪水之类的话题，不适合在此时问，除非面试官首先提起，应当留到你有足够把握获得该职位时再谈。

（二）面试中的注意事项

1. 提前到达面试地点

面试应遵时守约，至少提前 10 分钟到达面试地点。面试的时间、地点、联系人电话应牢记，并记录在手机或便签上随身携带。在天气不好或路途比较远时，应当预留更多的时间应对突发状况。有条件的应聘者最好能提前熟悉路线，并观察该公司员工的着装风格。如果预计无法避免迟到，应当提前 15 分钟打电话通知联系人并致歉。

2. 注意着装与礼仪

着装应尽量按照该公司目标岗位的标准着装，保持最佳的职业化仪容仪表。如果不是应聘时尚行业创意、设计或时尚编辑等类型职位，建议在面试时不要穿着太随意，也不建议尝试非主流的装扮。很多公司对员工的着装都是有要求的，甚至整个行业都会对从业人员的形象、着装有严格的规范，如金融、航空、物业服务等行业。

（1）女士在面试时应穿着整洁得体，妆容精致简洁，给面试官留下良好的第一印象。面试服装以裙装、套装最为合宜，长度应在膝盖左右或以下。服装颜色以淡雅或同色系的搭配为宜，不要过于花哨，更不宜过于暴露，有失庄重。面试时最好略施脂粉，切忌佩戴过多的珠宝饰物、浓妆艳抹或涂抹过浓的香水等。

（2）男士也应注意着装整洁，但也不必过分刻意打扮。注意头发是否干净整齐，如果过长，应修剪一下，面试时以正装为佳，西装衬衫能让人显得有精神且挺拔。颜色以素净为佳，可选择无花纹的深色西服套装加衬衫配黑皮鞋，如果觉得黑西服配白衬衫过于呆板，可以选择藏青色、深蓝色的西服，搭配浅蓝色衬衫、棕色皮鞋。衬衫和领带的色彩要和谐搭配，不能太过鲜艳显得花哨。皮鞋要擦去灰尘和污痕，保持干净整洁。

（3）戴眼镜的求职者，最好选择比较适合自己脸型和肤色的镜框，戴上之后能使人看起来更加成熟稳重、有内涵。

3. 态度诚恳，积极回应

（1）克服精神紧张的办法。95%以上的毕业生在接受调查时承认自己在面试时精神紧张。处于陌生的环境，被陌生的人提问，事关自己今后一段时间的发展前途，应试者紧张也是正常的，适度的紧张可以促使自己更加集中注意力投入面试，但紧张过度则对面试极为有害。下面提供几种克服紧张的方法。第一，做好准备，从容镇定。预计到自己临场可能很紧张，可以请教师或同学充当面试官进行模拟面试，找出可能存在的问题与不足之处，克服紧张心理，增强自信心。第二，不要急着回答问题。面试官问完问题后，应试者可以考虑五至十秒钟后再作回答。回答时，要注意语速，不易太快，快了容易使思维与表达脱节、表达不清。所以，在面试中讲话要不急不慢，条理清楚。

（2）遇到不清楚的问题的解决办法。有时主考官提出的问题应试者听后会不知怎么回答，此时，千万不要不懂装懂，胡乱猜测。你可以婉转地问主试人是否指某方面的问题。如果真是一点也不清楚，就应实事求是地告诉主考官，这个方面的知识没有接触过，今后要加强这方面的学习。

（3）讲错了话及改正的办法。人在紧张时很容易说错话，尤其是初次参加面试的人，更容易出现这种情况。若讲错的话无关大局，就不要太在意，继续专心应对下一个问题，不必因一个小错误而影响了大局。若应试者感觉说错的话比较重要，则应该及时道歉，并表达出你心中本来要讲的意思。对主考官而言，他可能更欣赏你坦诚的态度，或许你会因此而获得好感。

（4）几位主考官同时提问的回答方法。遇到几位主考官同时提问，既要逐一回答，又要显得有礼貌。你可以说："对不起，请让我先回答甲领导的问题，然后再回答乙领导的问题，可以吗？"当然，你也可以按发问的先后次序来回答。回答问题时，应试者的目光主要和发问的主试者进行交流，但也要适当顾及其他领导，让他们觉得，你是和所有考官在交流。同时，还应逐一观察提问者的反应和面试室内的气氛，以便随时调整谈话的策略和方式。

总之，面试时不论遇到什么情况，应试者都应沉着冷静，镇定自若地加以处理，千万不能惊慌失措。只要认真对待，定能化险为夷。或许这就是你获得主考官欣赏的契机。

（5）善于应用言语和非言语沟通。在面试过程中，要热情和积极地回应。当你回答问题、谈论过去和现在的活动时，要通过你的措辞和身体语言（如兴奋的语调、稍稍向前倾斜、点头表示同意）传达出你的激情和活力。为了组织好语言，在谈话之前停顿一下是可以接受的。避免"嗯""啊""你知道"等口头语，或为了留出时间而重复问题。

4. 面试结束时表达感谢

面试结束时，再次表达你对这个职位的兴趣，感谢对方给你面试的机会。也可以向面试官要一张名片或者确定你知道面试官的名字、职务和地址，以便你能够发送一封感谢信给他，并在你需要跟进面试结果的时候，可以联系到面试官。

5. 面试结束后及时复盘

面试结束后进行复盘，以便从面试中积累经验。思考以下几个方面的内容：①我是否以最好的方式呈现了自己并且举出适当的例子作为证据。②我是否清楚地解释了自己的个人目标、兴趣和愿望。③我有没有漏掉推销自己的机会，以展示自己可以为公司作贡献。④我说话是否太多或太少。⑤我是否太紧张、过分被动或主动。⑥我有没有通过面试获得足够的信息来帮助自己决策。⑦我可以为自己的下一次面试做什么改变。

课后作业

写一份简历和求职信。

视觉笔记（图8-3）

图8-3 视觉笔记

附　录

附录1　职业倾向自我探索测评量表（SDS）

(The Self-Directed Search, Form R, 4th Edition, 1994)
原著者／John L. Holland, PhD.
中文译者／金蕾莅, PhD.

本测验旨在帮助你探索可能从事的职业。如果你已经考虑好了一个职业，测验的结果可能会支持你的想法或者对其他的可能性提出建议。如果你还没有确定未来的职业，本测验也可能会帮你圈定出一小部分职业以便进一步考虑。大多数人发现回答本测验既有帮助又充满乐趣。如果你仔细遵循每一页的引导，你应该拥有到同样的体验。不必匆忙，仔细地完成本测验题目将有更多的收获。请用铅笔填写，以便修改。

姓名：_____；填写日期：_____

第一部分　职业白日梦

请列举你已经思考过的未来可能从事的职业，也可以列举你曾空想过的职业或者那些你与其他人考虑过的职业。尝试着思考白日梦背后的故事。将你最近思考的职业写在第一行，然后用倒叙的方式，由近及远，把考虑过的工作依次写在横线上。

职业：

(1) _____　(2) _____　(3) _____
(4) _____　(5) _____　(6) _____

第二部分　活动

下面列举了各种活动，请就这些活动判断你的偏好。L代表"喜欢"，D代表"不喜欢"或者"无所谓"。请在相应的○里打√。

R	L	D
修理或组装电子产品	○	○
修理自行车	○	○
修理或组装机械产品	○	○
用木头做东西	○	○
参加技术教育或手工制作课程	○	○
参加机械制图课程	○	○

续表

R	L	D
参加木工技术课程	○	○
参加自动化机械课程	○	○
与杰出的机械师或者技术人员一起工作	○	○
在室外工作	○	○
操作自动化机器或者设备	○	○

L 的总数（　　）

I	L	D
阅读科学书籍和杂志	○	○
在研究室或实验室工作	○	○
从事一项科学项目	○	○
研究一个科学理论	○	○
从事与化工品有关的工作	○	○
应用数学解决实际问题	○	○
上物理课	○	○
上化学课	○	○
上数学课	○	○
上生物课	○	○
研究学术或者技术问题	○	○

L 的总数（　　）

A	L	D
素描／制图／绘画	○	○
设计家具、服装或者海报	○	○
在乐队/管弦乐队/其他组团中演奏	○	○
练习乐器	○	○
创造肖像或者拍照	○	○
写小说或者戏剧	○	○
上艺术课	○	○
编曲或者谱曲（不限曲种）	○	○
与有天赋的艺术家、作家或者雕塑家一起工作	○	○
为他人表演（跳舞、唱歌、小品等）	○	○
阅读艺术、文学或者音乐类文章	○	○

L 的总数（　　）

附录1 职业倾向自我探索测评量表（SDS）

S	L	D
会见重要的教育家或者咨询师	○	○
阅读社会学文章和书籍	○	○
为慈善团体工作	○	○
帮助他人解决他们的个人问题	○	○
研究青少年的犯罪问题	○	○
阅读心理学文章或者书籍	○	○
上人类关系课程	○	○
在高中教书	○	○
照看有精神疾病的病人	○	○
给成年人讲课	○	○
从事志愿者的工作	○	○

L 的总数（　　）

E	L	D
学习商业成功的策略	○	○
创业	○	○
参加销售会议	○	○
参加行政管理或领导力的短期课程	○	○
担任任何组织的负责人	○	○
监督管理其他人的工作	○	○
会见重要的执行长官或者领导	○	○
领导一个团队实现某个目标	○	○
参加政治竞选	○	○
担任某一组织或者企业的顾问	○	○
阅读商业杂志或文章	○	○

L 的总数（　　）

C	L	D
填写收入报税表	○	○
在交易或记账时进行加、减、乘、除的计算	○	○
使用办公设备	○	○
坚持做详细的收支记录	○	○
建立记录系统（如记录钱、人员、原材料等）	○	○
上会计课	○	○

245

续表

C	L	D
上商业数学课	○	○
建立生活用品或商品的清单	○	○
检查文案或者产品中的错误或瑕疵	○	○
更新记录或文档	○	○
在办公室内工作	○	○

L的总数（　　）

第三部分　能力

Y 代表你完全能做或者能做得很好的活动，N 代表你从来没做过或者做得很差的活动。请在相应的○里打√。

R	Y	N
我能使用电锯、车床或磨砂机等工具	○	○
我能画有比例要求的图纸	○	○
我能给汽车加油或者换轮胎	○	○
我能使用电钻、磨床或缝纫机等电动工具	○	○
我能给家具或木制品刷漆	○	○
我能修理简单的电器用品	○	○
我能修理家具	○	○
我能使用很多手工工具	○	○
我能简单地修理水管	○	○
我能制造简单的木工作品	○	○
我能粉刷房间	○	○

Y的总数（　　）

I	Y	N
我能使用代数解决数学问题	○	○
我能执行一项科学实验或者调查	○	○
我明白放射性元素的半衰期	○	○
我能使用对数表	○	○
我能使用计算机研究一个科学问题	○	○
我能描述白细胞的功能	○	○
我能解释简单的化学方程式	○	○
我明白为什么人造卫星不会坠落到地球上	○	○
我能写一篇科学报告	○	○

附录1　职业倾向自我探索测评量表（SDS）

续表

I	Y	N
我明白宇宙大爆炸理论	○	○
我明白DNA在遗传中的作用	○	○

Y的总数（　　　）

A	Y	N
我能演奏乐器	○	○
我能参加二部或四部合唱	○	○
我能独唱	○	○
我能演戏	○	○
我能朗诵	○	○
我能画画（油画或水彩）或雕塑	○	○
我能创作或者编曲	○	○
我能设计衣服、海报或者家具	○	○
我会写很不错的故事或诗	○	○
我能写一篇演讲稿	○	○
我能拍摄很吸引人的照片	○	○

Y的总数（　　　）

S	Y	N
我发现与不同类型的人交谈很容易	○	○
我擅长向其他人解释或说明一些事情	○	○
我能做一个有亲和力的组织者	○	○
人们常向我诉说他们的困扰	○	○
我能很轻松地教小孩子	○	○
我能很轻松地教成年人	○	○
我擅长帮助感到不安或者困扰的人们	○	○
我对社会关系有很好的理解	○	○
我擅长教别人	○	○
我擅长使别人感到轻松	○	○
相比物和观念，我更擅长与人打交道	○	○

Y的总数（　　　）

E	Y	N
我知道如何成为一个成功的领导	○	○

续表

E	Y	N
我是一个优秀的公共演说者	○	○
我能组织某个销售活动	○	○
我能组织其他人的工作	○	○
我是一个有抱负而且意志坚定的人	○	○
我擅长让别人按照我的方式做事	○	○
我有很好的推销能力	○	○
我有很强的辩论能力	○	○
我非常有说服力	○	○
我有很不错的规划技能	○	○
我具有某些领导力	○	○

Y 的总数（　　）

C	Y	N
我能将函件或其他文件分门别类管理	○	○
我能从事办公室工作	○	○
我能使用自动化的办公设备（如打印机、复印机、计算机等）	○	○
我能很快地完成大量的文案工作	○	○
我能使用简单的数据处理设备	○	○
我能进行收支记录	○	○
我能准确地记录付款额和销售额	○	○
我能使用计算机输入信息	○	○
我能撰写商业信函	○	○
我能完成一些常规的办公室工作	○	○
我是一个细心而且有条理的人	○	○

Y 的总数（　　）

第四部分　职业

这是关于很多工作态度和情感的清单。如果某个职业你很感兴趣或者很受吸引，则在相应的 Y 下面的○里画√；如果你不喜欢或者没兴趣，则在 N 下面的○里画√。

R	Y	N
飞机机械师	○	○
汽车机械师	○	○
木工技师	○	○
汽车司机	○	○

附录1　职业倾向自我探索测评量表（SDS）

续表

R	Y	N
测量工程师	○	○
建筑工地现场监理员	○	○
无线电机械师	○	○
交通机车（如火车）工程师	○	○
机械技术员	○	○
电器技术员	○	○
农业技术员	○	○
飞机驾驶员	○	○
电子技术员	○	○
焊接技术员	○	○

Y 的总数（　　）

I	Y	N
气象学科研人员	○	○
生物学科研人员	○	○
天文学科研人员	○	○
医学科研人员	○	○
人类学科研人员	○	○
化学科研人员	○	○
独立的研究科学家	○	○
科学书籍的作家	○	○
地质学科研人员	○	○
植物学科研人员	○	○
科研技术员	○	○
物理学科研人员	○	○
社会科学研究人员	○	○
环境分析学者	○	○

Y 的总数（　　）

A	Y	N
诗人	○	○
音乐家	○	○
小说家	○	○
演员	○	○

续表

A	Y	N
自由职业作家	○	○
编曲家	○	○
新闻学家／记者	○	○
艺术家	○	○
歌唱家	○	○
作曲家	○	○
雕刻家	○	○
剧作家	○	○
漫画家	○	○
娱乐节目的艺人	○	○

Y 的总数（   ）

S	Y	N
职业咨询师	○	○
社会学者	○	○
高中教师	○	○
物质依赖（如对酒精、药物等）治疗师	○	○
青少年犯罪专家	○	○
语言治疗师	○	○
婚姻咨询师	○	○
临床心理学家	○	○
人文社会课教师	○	○
私人咨询师	○	○
青少年野营主管	○	○
社会工作者	○	○
残障人康复咨询师	○	○
儿童乐园主管	○	○

Y 的总数（   ）

E	Y	N
采购员	○	○
广告宣传主管	○	○
工厂管理者	○	○
商业贸易主管	○	○

续表

E	Y	N
晚会或仪式主持人	○	○
销售人员	○	○
房地产销售员	○	○
百货商场经理	○	○
销售经理	○	○
公共关系主管	○	○
电视台经理	○	○
小企业主	○	○
法官	○	○
机场经理	○	○

Y 的总数（   ）

C	Y	N
账目记录员	○	○
预算规划员	○	○
注册会计师	○	○
金融信用调查员	○	○
银行出纳员	○	○
税务专家	○	○
物品管理员	○	○
计算机操作员	○	○
金融分析员	○	○
成本估算员	○	○
工资结算员	○	○
银行督察员	○	○
会计职员	○	○
审计职员	○	○

Y 的总数（   ）

第五部分　自我评估

下面列出各种能力，请与自己的同龄人比较一下，对自己的实际情况进行评估。在最适合自己的等级数字上划圈，尽量避免对每项能力的打分相同。

自我评估（1）

	机械操作能力	科学研究能力	艺术创作能力	教授讲解能力	商业推销能力	事务管理能力
高	7	7	7	7	7	7
	6	6	6	6	6	6
	5	5	5	5	5	5
中	4	4	4	4	4	4
	3	3	3	3	3	3
	2	2	2	2	2	2
低	1	1	1	1	1	1
	R	I	A	S	E	C

自我评估（2）

	动手能力	数学能力	音乐能力	理解他人能力	管理能力	行政能力
高	7	7	7	7	7	7
	6	6	6	6	6	6
	5	5	5	5	5	5
中	4	4	4	4	4	4
	3	3	3	3	3	3
	2	2	2	2	2	2
低	1	1	1	1	1	1
	R	I	A	S	E	C

组织你的填答

将活动、能力、职业和自我评估各个分项中 6 个领域（R，I，A，S，E，C）中的 L 的总数和 Y 的总数分别填在下方对应的横线上。

活动 ____ ____ ____ ____ ____ ____
　　　 R　 I　 A　 S　 E　 C

能力 ____ ____ ____ ____ ____ ____
　　　 R　 I　 A　 S　 E　 C

职业 ____ ____ ____ ____ ____ ____
　　　 R　 I　 A　 S　 E　 C

自我评估（1）____ ____ ____ ____ ____ ____
　　　　　　　 R　 I　 A　 S　 E　 C

自我评估（2）____ ____ ____ ____ ____ ____
　　　　　　　 R　 I　 A　 S　 E　 C

综合得分 ____ ____ ____ ____ ____ ____
（将各项纵向相加） R　 I　 A　 S　 E　 C

附录1 职业倾向自我探索测评量表(SDS)

综合职业码(从综合得分中选出三个得分高的,由高到低排列,记入字母)

第一位	第一位	第一位

```
50
45
40
35
30
25
20
15
10
 5
 0
    R   I   A   S   E   C
```

附录2　MBTI 职业性格测试（简化版）

MBTI 是现在应用广泛的权威的性格测试工具，该测试工具可作为一个人职业生涯规划的重要参考。MBTI 原题目较多，这里推荐一种简化版。

MBTI 测试前须知

1. 参加测试的人员请务必诚实、独立地回答问题，只有如此，才能得到有效的结果。
2. 性格分析报告展示的是你的性格倾向，而不是你的知识、技能、经验。
3. MBTI 提供的性格类型描述仅供测试者确定自己的性格类型之用，性格类型没有好坏，只有不同。每一种性格特征都有其价值和优点，也有缺点和需要注意的地方。清楚地了解自己的性格，有利于更好地发挥自己的特长，避开自己性格中的劣势，更好地和他人相处，更好地进行重要的决策。
4. 本测试分为四部分，共 93 题；需时约 18 分钟。所有题目没有对错之分，请根据自己的实际情况选择。将你选择的 A 或 B 所在的 ○涂黑（●）。

只要你是认真、真实地填写了测试问卷，那么通常情况下你都能得到一个确实和你的性格相匹配的类型。希望你能从中或多或少地获得一些有益的信息。

一、哪一个答案最能贴切地描绘你一般的感受或行为？

序号	问题描述	选项	E	I	S	N	T	F	J	P
1	当你要外出一整天，你会 A. 计划你要做什么和在什么时候做 B. 说去就去	A							○	
		B								○
2	你认为自己是一个 A. 较为随兴所至的人 B. 较为有条理的人	A								○
		B							○	
3	假如你是一位老师，你会选教 A. 以事实为主的课程 B. 涉及理论的课程	A			○					
		B				○				
4	你通常 A. 与人容易混熟 B. 比较沉静或矜持	A	○							
		B		○						
5	一般来说，你和哪些人比较合得来？ A. 富于想象力的人 B. 现实的人	A				○				
		B			○					
6	你是否经常让 A. 你的情感支配你的理智 B. 你的理智主宰你的情感	A						○		
		B					○			

续表

序号	问题描述	选项	E	I	S	N	T	F	J	P
7	处理许多事情上，你会喜欢 A. 凭兴所至行事 B. 按照计划行事	A								○
		B							○	
8	你是否 A. 容易让人了解 B. 难以让人了解	A	○							
		B		○						
9	按照程序表做事 A. 合你心意 B. 令你感到束缚	A							○	
		B								○
10	当你有一份特别的任务，你会喜欢 A. 开始前小心组织计划 B. 边做边找做什么	A							○	
		B								○
11	在大多数情况下，你会选择 A. 顺其自然 B. 按程序表做事	A								○
		B							○	
12	大多数人会说你是一个 A. 重视自我隐私的人 B. 非常坦率开放的人	A		○						
		B	○							
13	你宁愿被人认为是一个 A. 实事求是的人 B. 机灵的人	A			○					
		B				○				
14	在一大群人当中，通常是 A. 你介绍大家认识 B. 别人介绍你	A	○							
		B		○						
15	你会跟哪些人做朋友？ A. 常提出新主意的 B. 脚踏实地的	A				○				
		B			○					
16	你倾向 A. 重视感情多于逻辑 B. 重视逻辑多于感情	A						○		
		B					○			
17	你比较喜欢 A. 坐观事情发展才作计划 B. 很早就作计划	A								○
		B							○	

续表

序号	问题描述	选项	E	I	S	N	T	F	J	P
18	你喜欢花很多的时间 A. 一个人独处 B. 和别人在一起	A		○						
		B	○							
19	与很多人一起会 A. 令你活力倍增 B. 常常令你心力交瘁	A	○							
		B		○						
20	你比较喜欢 A. 很早便把约会、社交聚集等事情安排妥当 B. 无拘无束，看当时有什么好玩就做什么	A							○	
		B								○
21	计划一个旅程时，你较喜欢 A. 大部分的时间都是跟当天的感觉行事 B. 事先知道大部分的日子会做什么	A								○
		B							○	
22	在社交聚会中，你 A. 有时感到郁闷 B. 常常乐在其中	A		○						
		B	○							
23	你通常 A. 和别人容易混熟 B. 趋向自处一隅	A	○							
		B		○						
24	哪些人会更吸引你？ A. 思维敏捷、非常聪颖的人 B. 实事求是、具有丰富常识的人	A				○				
		B			○					
25	在日常工作中，你 A. 喜欢处理迫使你分秒必争的突发事项 B. 通常预先计划，以免要在压力下工作	A								○
		B							○	
26	你认为别人一般 A. 要花很长时间才认识你 B. 用很短的时间便认识你	A		○						
		B	○							

二、在下列每一对词语中，哪一个词语更合你心意？请仔细想想这些词语的意义，而不要理会它们的字形或读音。

序号	问题描述	选项	E	I	S	N	T	F	J	P
27	A. 注重隐私　　B. 坦率开放	A		○						
		B	○							
28	A. 预先安排的　　B. 无计划的	A							○	
		B								○
29	A. 抽象　　B. 具体	A				○				
		B			○					

续表

序号	问题描述	选项	E	I	S	N	T	F	J	P
30	A. 温柔　　B. 坚定	A						○		
		B					○			
31	A. 思考　　B. 感受	A					○			
		B						○		
32	A. 事实　　B. 意念	A			○					
		B				○				
33	A. 冲动　　B. 决定	A								○
		B							○	
34	A. 热衷　　B. 文静	A	○							
		B		○						
35	A. 文静　　B. 外向	A		○						
		B	○							
36	A. 有系统　　B. 随意	A							○	
		B								○
37	A. 理论　　B. 肯定	A				○				
		B			○					
38	A. 敏感　　B. 公正	A						○		
		B					○			
39	A. 令人信服　　B. 感人的	A					○			
		B						○		
40	A. 声明　　B. 概念	A			○					
		B				○				
41	A. 不受约束　　B. 预先安排	A								○
		B							○	
42	A. 矜持　　B. 健谈	A		○						
		B	○							
43	A. 有条不紊　　B. 不拘小节	A							○	
		B								○
44	A. 意念　　B. 实况	A				○				
		B			○					
45	A. 同情怜悯　　B. 远见	A						○		
		B				○				

续表

序号	问题描述		选项	E	I	S	N	T	F	J	P
46	A. 利益	B. 祝福	A					○			
			B						○		
47	A. 务实的	B. 理论的	A			○					
			B				○				
48	A. 朋友不多	B. 朋友众多	A		○						
			B	○							
49	A. 有系统	B. 即兴	A							○	
			B								○
50	A. 富有想象的	B. 以事论事	A				○				
			B			○					
51	A. 亲切的	B. 客观的	A						○		
			B					○			
52	A. 客观的	B. 热情的	A					○			
			B						○		
53	A. 建造	B. 发明	A			○					
			B				○				
54	A. 文静	B. 爱合群	A		○						
			B	○							
55	A. 理论	B. 事实	A				○				
			B			○					
56	A. 富同情	B. 合逻辑	A						○		
			B					○			
57	A. 具有分析力	B. 多愁善感	A					○			
			B						○		
58	A. 合情合理	B. 令人着迷	A			○					
			B				○				

三、哪一个答案最能贴切地描绘你一般的感受或行为？

序号	问题描述	选项	E	I	S	N	T	F	J	P
59	当你要在一个星期内完成一个大项目，你在开始的时候会 A. 把要做的不同工作依次列出 B. 马上动工	A							○	
		B								○

续表

序号	问题描述	选项	E	I	S	N	T	F	J	P
60	在社交场合中，你经常会感到 A. 与某些人很难打开话题和保持对话 B. 与多数人都能从容地长谈	A		○						
		B	○							
61	要做许多人也做的事，你比较喜欢 A. 按照一般认可的方法去做 B. 构想一个自己的想法	A			○					
		B				○				
62	你刚认识的朋友能否说出你的兴趣？ A. 马上可以 B. 要待他们真正了解你之后才可以	A	○							
		B		○						
63	你通常较喜欢的科目是 A. 讲授概念和原则的 B. 讲授事实和数据的	A				○				
		B			○					
64	哪个是较高的赞誉？ A. 一贯感性的人 B. 一贯理性的人	A						○		
		B					○			
65	你认为按照程序表做事 A. 有时是需要的，但一般来说你不大喜欢这样做 B. 大多数情况下有帮助而且是你喜欢做的	A								○
		B							○	
66	和一群人在一起，你通常会选 A. 跟你很熟悉的个别人谈话 B. 参与大伙的谈话	A		○						
		B	○							
67	在社交聚会上，你会 A. 是说话很多的一个 B. 让别人多说话	A	○							
		B		○						
68	把周末期间要完成的事列成清单，这个主意会 A. 合你意 B. 使你提不起劲	A							○	
		B								○
69	哪个是较高的赞誉 A. 能干的 B. 富有同情心	A					○			
		B						○		
70	你通常喜欢 A. 事先安排你的社交约会 B. 随兴之所至做事	A							○	
		B								○
71	总的说来，要做一个大型作业时，你会 A. 边做边想该做什么 B. 首先把工作按步骤细分	A								○
		B							○	

续表

序号	问题描述	选项	E	I	S	N	T	F	J	P
72	你能否滔滔不绝地与人聊天？ A. 只限于跟你有共同兴趣的人 B. 几乎跟任何人都可以	A		○						
		B	○							
73	你会 A. 跟随一些证明有效的方法 B. 分析还有什么毛病，以及尚未解决的难题	A			○					
		B				○				
74	为乐趣而阅读时，你会 A. 喜欢奇特或创新的表达方式 B. 喜欢作者直说	A				○				
		B			○					
75	你宁愿替哪一类上司（或者老师）工作 A. 天性纯良，但常常前后不一的 B. 言辞尖锐但永远合乎逻辑的	A						○		
		B					○			
76	你做事多数是 A. 按当天心情去做 B. 按照拟好的程序表去做	A								○
		B							○	
77	你是否 A. 可以和任何人按需求从容地交谈 B. 只是对某些人或在某种情况下才可以畅所欲言	A	○							
		B		○						
78	要决策时，你认为比较重要的是 A. 据事实衡量 B. 考虑他人的感受和意见	A					○			
		B						○		

四、在下列每一对词语中，哪一个词语更合你心意？

序号	问题描述	选项	E	I	S	N	T	F	J	P
79	A. 想象的　　B. 真实的	A				○				
		B			○					
80	A. 仁慈慷慨的　　B. 意志坚定的	A					○			
		B						○		
81	A. 公正的　　B. 有关怀心	A					○			
		B						○		
82	A. 制作　　B. 设计	A			○					
		B				○				
83	A. 可能性　　B. 必然性	A				○				
		B			○					

续表

序号	问题描述		选项	E	I	S	N	T	F	J	P
84	A. 温柔	B. 力量	A						○		
			B					○			
85	A. 实际	B. 多愁善感	A					○			
			B						○		
86	A. 制造	B. 创造	A			○					
			B				○				
87	A. 新颖的	B. 已知的	A				○				
			B			○					
88	A. 同情	B. 分析	A						○		
			B					○			
89	A. 坚持己见	B. 温柔有爱心	A					○			
			B						○		
90	A. 具体的	B. 抽象的	A			○					
			B				○				
91	A. 全心投入	B. 有决心的	A						○		
			B					○			
92	A. 能干	B. 仁慈	A					○			
			B						○		
93	A. 实际	B. 创新	A			○					
			B				○				
每项总分											

五、分数计算方法。

"○"内打的每个"●"计1分。请将每一个纵列,即同一个代码的得分相加,得到该代码的总得分,填在最后一行"每项得分"对应的格子里。然后比较每个维度,即外向-内向、感觉-直觉、思维-情感、判断-知觉,看看每个维度上哪个的得分相对更高。例如,外向(E)得了2分,内向(I)得了5分,则你就为内倾型。以此类推,得到测评结果。

你的测评结果是:_____

附录3 职业能力倾向测试

	强1	较强2	一般3	较弱4	弱5
（一）一般学习能力倾向（G）					
1. 快而容易地学习新内容					
2. 快而正确地解数学题					
3. 你的学习成绩					
4. 对课文的字、词、段落、篇章的理解、分析和综合能力					
5. 对学习过的知识的记忆能力					
（二）言语能力倾向（V）	强1	较强2	一般3	较弱4	弱5
1. 善于表达自己的观点					
2. 阅读速度和理解能力					
3. 掌握词汇量的程度					
4. 你的语文成绩					
5. 你的文学创作能力					
（三）算术能力倾向（N）	强1	较强2	一般3	较弱4	弱5
1. 进行精确的测量					
2. 笔算能力					
3. 口算能力					
4. 打算盘					
5. 你的数学成绩					
（四）空间判断能力倾向（S）	强1	较强2	一般3	较弱4	弱5
1. 解决立体几何方面的习题					
2. 绘制二维度的立体圆形					
3. 看几何图形的立体感					
4. 想象盒子展开后的平面图					
5. 想象三维度的物体					
（五）形态知觉能力倾向（P）	强1	较强2	一般3	较弱4	弱5
1. 发现相同图形中的细微差别					
2. 识别物体的形状差异					
3. 注意物体的细节部分					

续表

4. 观察物体的图案是否正确					
5. 对物体的细微描述					
（六）书写知觉能力倾向（Q）	强 1	较强 2	一般 3	较弱 4	弱 5
1. 快而准地抄写资料（如姓名、日期、电话号码等）					
2. 发现错别字					
3. 发现计算错误					
4. 能很快查找编码卡片					
5. 自我控制能力（如较长时间抄写资料）					
（七）眼手运动协调能力倾向（K）	强 1	较强 2	一般 3	较弱 4	弱 5
1. 玩电子游戏					
2. 打篮球、排球、足球					
3. 打乒乓球、羽毛球					
4. 打算盘能力					
5. 打字能力					
（八）手指灵巧度（F）	强 1	较强 2	一般 3	较弱 4	弱 5
1. 灵巧地使用很小的工具					
2. 穿针眼、编制等使用手指的活动					
3. 用手指做一件小工艺品					
4. 使用计算器的灵巧程度					
5. 弹琴					
（九）手腕灵巧度（M）	强 1	较强 2	一般 3	较弱 4	弱 5
1. 用手把东西分类					
2. 在推拉东西时手的灵活度					
3. 很快地削水果					
4. 灵活地使用手工工具					
5. 在绘画、雕刻等手工活动中的灵活性					

统计分数的方法：

1. 对每一类能力倾向计算总分数。对每一道题目，我们采取"强""较强""一般""较弱""弱"五等级，供您自评。每组 5 道题完成后，分别统计各等级选择的次数总和，然后用下面公式计算出该类的总计次数（把"强"定为第一项，以此类推，"弱"定为第五项；第一项之和就是选"强"的次数和）。总计次数：（第一项之和×1）+（第二项之和×2）+（第三项之和×3）+（第四项之和×4）+（第五项之和×5）。

2. 计算每一类能力倾向的自评等级。自评等级：总计次数/5。

3. 将自评等级填在下表。

职业能力倾向	自评等级	职业能力倾向	自评等级
G		Q	
V		K	
N		F	
S		M	
P			

根据结果对照下表，可找到你适合的职业

职业能力倾向	职业类型								
	G	V	N	S	P	Q	K	F	M
生物学家	1	1	1	2	2	3	3	2	3
建筑师	1	1	1	1	2	3	3	3	3
测量员	2	2	2	2	2	3	3	3	3
测量辅助员	4	4	4	4	4	4	3	4	3
制图员	2	3	2	2	2	3	2	2	3
建筑和工程技术员	2	2	2	2	2	3	3	3	3
建筑和工程技术专家	2	3	3	3	3	3	3	3	3
物理科学技术家	2	2	2	2	3	3	3	3	3
物理科学技术员	2	3	3	3	2	3	3	3	3
农业、生物、动物、植物学的技术专家	2	2	2	2	3	3	3	3	3
农业、生物、动物、植物学的技术员	2	3	3	3	2	3	3	3	3
数学家和统计学家	1	1	1	3	3	2	4	4	4
系统分析和计算机程序编制者	2	2	2	2	3	3	4	4	4
经济学家	1	1	1	4	4	2	4	4	4
社会学家、人类学者	1	1	2	2	2	3	4	4	4
心理学家	1	1	3	4	4	3	4	4	4
历史学家	1	1	4	3	3	3	4	4	4
哲学家	1	1	3	2	2	3	4	4	4
政治学家	1	1	3	4	4	3	4	4	4
政治经济学家	2	2	2	3	3	3	3	3	5
社会工作者	2	2	3	4	4	3	4	4	4

续表

职业能力倾向	职业类型								
	G	V	N	S	P	Q	K	F	M
社会服务助理人员	3	3	3	4	4	3	4	4	4
法官	1	1	3	4	3	3	4	4	4
律师	1	1	3	4	3	4	4	4	4
公证人	2	2	3	4	4	3	4	4	4
图书管理学专家	2	2	3	3	4	2	3	4	4
图书馆、博物馆和档案管理员	3	3	3	2	2	4	3	2	3
职业指导者	2	2	3	4	4	3	4	4	4
大学教师	1	1	3	3	2	3	4	4	4
中学教师	2	2	3	4	3	3	4	4	4
小学和幼儿园教师	2	2	3	3	3	3	3	3	3
职业学校教师（职业课）	2	2	2	3	3	3	3	3	3
职业学校教师（普通课）	2	2	3	4	3	3	4	4	4
内、外、牙科医生	1	1	2	1	2	3	2	2	2
兽医	1	1	2	1	2	3	2	2	2
护士	2	2	3	3	3	3	3	3	3
护士助手	2	4	4	4	4	2	2	3	2
工业药剂师	2	1	2	3	2	2	3	2	2
医院药剂师	2	2	2	4	9	2	3	2	3
营养学家	2	2	2	3	3	3	4	4	4
配镜师（医）	2	2	2	2	2	3	3	3	3
配眼镜商	3	3	3	3	3	4	3	2	3
放射科技术人员	3	3	3	3	3	3	3	3	3
药物实验室技术专家	2	2	2	3	3	3	3	2	3
药物实验室技术员	2	3	3	3	3	3	3	3	3
画家、雕刻家	2	3	4	2	2	5	2	1	2
产品设计和内部装饰者	2	2	3	2	2	4	3	2	3
舞蹈家	2	2	4	3	4	4	4	4	4
演员	2	2	3	4	4	3	4	4	4
电台播音员	2	2	3	2	2	4	2	2	3
作家和编辑	2	1	3	3	3	3	4	4	4
翻译人员	2	1	4	4	4	3	4	4	4

续表

职业能力倾向	职业类型								
	G	V	N	S	P	Q	K	F	M
体育教练	2	2	2	4	4	3	4	4	4
运动员	3	3	4	2	3	4	2	2	2
秘书	3	3	3	4	3	2	3	3	3
打字员	3	3	4	4	4	4	3	3	3
会计	3	3	3	4	4	2	3	3	4
出纳	3	3	3	4	4	2	3	3	4
统计员	3	3	2	4	3	2	3	3	4
电话接线员	3	3	4	4	4	3	3	3	3
办公室职员	3	4	3	4	4	3	3	4	4
商业经营管理	2	2	3	4	4	3	4	4	4
售货员	3	3	3	4	4	3	3	3	3
警察	3	3	3	4	3	3	3	4	3
门卫	4	4	5	4	4	4	4	4	4
厨师	4	4	4	4	3	4	3	3	3
招待员	3	3	4	4	4	4	3	3	3
理发员	3	3	4	4	9	4	2	2	2
导游	3	3	4	3	3	5	3	3	3
驾驶员	3	3	3	3	3	3	3	4	3
农民	3	4	4	4	4	4	4	4	4
动物饲养员	3	4	4	4	4	4	4	4	4
渔民	4	4	4	4	4	5	3	4	3
矿工	3	4	4	3	4	5	3	4	3
纺织工人	4	4	4	4	4	5	3	3	3
机床操作工	3	4	4	3	3	4	3	4	3
锻工	3	4	4	4	3	4	3	4	3
无线电修理工	3	3	3	3	2	4	3	3	3
细木工	3	3	3	3	3	4	3	4	4
家具木工	3	3	3	3	3	4	3	4	3
一般木工	3	4	3	3	3	4	3	4	3
电工	3	3	3	3	3	4	3	3	3
裁缝	3	3	4	3	3	4	3	2	3

我国目前主要的能力倾向测验如下。

（1）BEC 职业能力测验 1：机械推理、空间关系、言语推理、数学能力、言语运用、字词知识、知觉速度和准确性、手指速度和灵活性。

（2）BEC 职业能力测验 2：言语推理、运算能力、抽象推理、文书速度与准确性、机械推理、空间关系、词汇测验、言语运用。

（3）一般能力倾向成套测验：智力、言语能力、数理能力、书写知觉、空间判断能力、现状知觉、运动协调、手指灵巧度、手指灵巧度。

（4）一般能力倾向测验：语言能力、数学计算、逻辑推理、资料分析、机械推理、空间关系、知觉速度。

（5）个人职业素质评价系统：机械推理、空间关系、言语推理、数学能力、言语运用、字词知识、知觉速度与准确性、手指速度与灵活性。

（6）行政职业能力倾向测验（AAT）：知觉速度与准确性、判断推理能力、言语理解、资料分析、数量关系。

（7）一般行政能力倾向测验（GAAT）：数量关系、言语理解、判断推理和资料分析。题型：数列推理、数字运算、选词填空、语句表达、言语理解、事件排序、常识判断、图形推理、演绎推理和资料分析。

（8）行政职业能力倾向测验：知觉速度、数量关系、判断推理、言语理解、资料分析、职业能力倾向测验、言语理解、判断推理、数量关系、资料分析、思维策略。

（9）职业心理倾向测评系统：言语理解与表达、数字运算、空间判断、形态知觉、颜色辨别、办公文书事务力、口头指示语理解、手指灵巧性、手腕灵活性、手臂稳性、双手协调性、双臂协调性、腕指速度。

（10）汽车司机安全驾驶性向测验：辨别、图形推理、镜像时钟判断、图形异同判断、错字核查、方向把握。

附录4 舒伯职业价值观自测量表

职业价值观是决定人的行为的心理基础,因而澄清职业价值观显得尤为重要。通过舒伯的职业价值观自测量表,可以清楚了解自己的职业价值观,为今后的职业选择奠定良好基础。

第一步:下面有60道题,请在题目后面选择相应的分数。分数越高代表该项内容对你来说越重要。通过测验,你可以大致了解自己的职业价值倾向,为将来择业提供参考。

序号	题目	1分	2分	3分	4分	5分
1	能参与救灾济贫工作					
2	能经常欣赏完美的工艺作品					
3	能经常尝试新的构想					
4	必须花精力去深入思考					
5	在职责范围内有充分自由					
6	可以经常看到自己的工作成果					
7	能在社会扮演更重要的角色					
8	能知道别人如何处理事务					
9	收入能比相同条件的人高					
10	能有稳定的收入					
11	能有清静的工作场所					
12	主管善解人意					
13	能经常和同事一起休闲					
14	能经常变换职务					
15	能成为想成为的人					
16	能帮助贫困和不幸的人					
17	能增添社会的文化气息					
18	可以自由地提出新颖的想法					
19	必须不断学习才能胜任					
20	工作不受他人干涉					
21	我觉得自己的辛苦没有白费					
22	能使你更有社会地位					
23	能够分配调整他人的工作					
24	能常常加薪					

续表

序号	题目	1分	2分	3分	4分	5分
25	生病时能有妥善照顾					
26	工作地点光线、通风好					
27	有一个公正的主管					
28	能与同事建立深厚的友谊					
29	工作性质常会变化					
30	能实现自己的理想					
31	能够减少别人的苦难					
32	能运用自己的鉴赏力					
33	常构思新的解决方法					
34	必须不断地解决新的难题					
35	能自行决定工作方式					
36	能知道自己的工作绩效					
37	能让你觉得出人头地					
38	可以发挥自己的领导能力					
39	可使你存下许多钱					
40	有好的保险和福利制度					
41	工作场所有现代化设备					
42	主管能采取民主领导方式					
43	不必和同事有利益冲突					
44	可以经常变换工作场所					
45	常让你觉得如鱼得水					
46	能常帮助他人解决困难					
47	能创作优美的作品					
48	常提出不同的处理方案					
49	对事情深入分析研究					
50	可以自行调整工作进度					
51	工作结果受到他人肯定					
52	能自豪地介绍自己的工作					
53	能为团体制订工作计划					
54	收入高于其他行业					
55	不会轻易被解雇或裁员					
56	工作场所整洁卫生					

续表

序号	题目	1分	2分	3分	4分	5分
57	主管学识和品德让你钦佩					
58	能够认识很多风趣的伙伴					
59	工作内容随时间变化					
60	能充分发挥自己的专长					

第二步：算算括号中相应题目的分数，看看你是什么类型的职业价值观。

职业价值观	对应题目	得分
利他主义	1、16、31、46	
美的追求	2、17、32、47	
创造发明	3、18、33、48	
智力激发	4、19、34、49	
独立自主	5、20、35、50	
成就满足	6、21、36、51	
声望地位	7、22、37、52	
管理权力	8、23、38、53	
经济报酬	9、24、39、54	
安全稳定	10、25、40、55	
工作环境	11、26、41、56	
上司关系	12、27、42、57	
同事关系	13、28、43、58	
多样变化	14、29、44、59	
生活方式	15、30、45、60	

第三步：请你从高分项中，认真地选择三项你最为看重的，进行排序，并说明你选择的理由。

排序	职业价值观	说说你选择的理由
最重要		
其次		
再次		

附录5 施恩职业锚测试

1. 下面的40个问题描述，请根据您的实际情况，从1~6中选择一个数字。数字越大，表示这种描述越符合您的实际情况。例如"我梦想成为公司的总裁"，您可以做出如下选择：选"1"代表这种描述完全不符合您的想法；选"2"或"3"代表您"偶尔"或"有时"这么想；选"4"或"5"代表您"经常"或"频繁"这么想；选"6"代表这种描述完全符合您的想法。

现在，请您开始答题，在每一个问题右侧的六个选项中选出最符合您自身情况的答案，用圆圈划出该选项。

2. 勾选完成之后看一下你得分较高的描述，从中挑出与你日常想法最为吻合的3个。

序号	问题描述	选项 ①从不　②偶尔　③有时 ④经常　⑤频繁　⑥总是
1	我希望做我擅长的事，这样我的专业建议就会不断得到采纳	1　2　3　4　5　6
2	当我整合并整理其他人的工作时，我非常有成就感	1　2　3　4　5　6
3	我希望我的工作能够按我自己的方式、自己的计划去开展	1　2　3　4　5　6
4	对我而言，安全与稳定比自由和自主更加重要	1　2　3　4　5　6
5	我一直在寻找可以让我创立自己事业（公司）的创意（点子）	1　2　3　4　5　6
6	我认为只有对社会有真正贡献的职业才能算是成功的职业	1　2　3　4　5　6
7	在工作中，我希望去解决那些有挑战性的问题，并且胜出	1　2　3　4　5　6
8	我宁愿离开公司，也不愿从事需要个人和家庭做出一定牺牲的工作	1　2　3　4　5　6
9	将我的技术和专业水平发展到一个更具有竞争力的层次是成功职业的必要条件	1　2　3　4　5　6
10	我希望能够管理一个大的公司（组织），我的决策将会影响许多人	1　2　3　4　5　6
11	如果职业允许自由地决定自己的工作内容、计划、过程，我会非常满意	1　2　3　4　5　6
12	如果工作的结果使我丧失了自己在组织中的安全稳定感，我宁愿离开这个工作岗位	1　2　3　4　5　6
13	对我而言，创办自己的公司比在其他的公司中争取一个高的管理位置更有意义	1　2　3　4　5　6

续表

序号	问题描述	选项 ①从不 ②偶尔 ③有时 ④经常 ⑤频繁 ⑥总是
14	我的职业满足来自我可以用自己的才能去为他人提供服务	1 2 3 4 5 6
15	我认为职业的成就感来自克服自己面临的非常有挑战性的困难	1 2 3 4 5 6
16	我希望我的职业能够兼顾个人、家庭和工作的需要	1 2 3 4 5 6
17	对我而言,在我喜欢的专业领域内做资深专家比总经理更具有吸引力	1 2 3 4 5 6
18	只有在成为公司的总经理后,我才认为我的职业人生是成功的	1 2 3 4 5 6
19	成功的职业应该允许我有完全的自主与自由	1 2 3 4 5 6
20	我愿意在能给我安全感、稳定感的公司中工作	1 2 3 4 5 6
21	当通过自己的努力或想法完成工作时,我的工作成就感最强	1 2 3 4 5 6
22	对我而言,利用自己的才能使这个世界变得更适合生活或居住,比争取一个高的管理职位更重要	1 2 3 4 5 6
23	当我解决了看上去不可能解决的问题,或者在必输无疑的竞赛中胜出时,我会非常有成就感	1 2 3 4 5 6
24	我认为只有很好地平衡个人、家庭、职业三者的关系,生活才能算是成功的	1 2 3 4 5 6
25	我宁愿离开公司,也不愿频繁接受那些不属于我专业领域的工作	1 2 3 4 5 6
26	对我而言,做一个全面管理者比在我喜欢的专业领域内做资深专家更有吸引力	1 2 3 4 5 6
27	对我而言,用我自己的方式不受约束地完成工作,比安全、稳定更加重要	1 2 3 4 5 6
28	只有当我的收入和工作有保障时,我才会对工作感到满意	1 2 3 4 5 6
29	在我的职业生涯中,如果我能成功地创造或实现完全属于自己的产品或点子,我会感到非常成功	1 2 3 4 5 6
30	我希望从事对人类和社会真正有贡献的工作	1 2 3 4 5 6
31	我希望工作中有很多的机会,可以不断挑战我解决问题的能力(或竞争力)	1 2 3 4 5 6

序号	问题描述	选项 ①从不 ②偶尔 ③有时 ④经常 ⑤频繁 ⑥总是
32	能很好地平衡个人生活与工作，比达到一个高的管理职位更重要	1 2 3 4 5 6
33	如果在工作中能经常用到我特别的技巧和才能，我会感到特别满意	1 2 3 4 5 6
34	我宁愿离开公司，也不愿意接受让我离开全面管理的工作	1 2 3 4 5 6
35	我宁愿离开公司，也不愿意接受约束我自由和自主控制权的工作	1 2 3 4 5 6
36	我希望有一份让我有安全感和稳定感的工作	1 2 3 4 5 6
37	我梦想着创建属于自己的事业	1 2 3 4 5 6
38	如果工作限制了我为他人提供帮助或服务，我宁愿离开公司	1 2 3 4 5 6
39	去解决那些几乎无法解决的难题，比获得一个高的管理职位更有意义	1 2 3 4 5 6
40	我一直在寻找一份能最小化个人和家庭之间冲突的工作	1 2 3 4 5 6

测试计分说明

现在重新看一下你得分较高的描述，从中挑出与你日常想法最为吻合的3个，在原来评分的基础上，将这个三个题目得分再各加上4分（例如：原来得分为5，则调整后的得分为9）。然后就可以开始评分。

按照"列"进行分数累加得到一个总分，将每列的总分除以5得到的平均分，填入表格。记住：在计算平均分和总分前，不要忘记将最符合你日常想法的三项，额外加上4分。

类型	TF 技术/职能型	GM 管理型	AU 自主/独立型	SE 安全/稳定型	EC 创造/创业型	SV 服务/奉献型	CH 挑战型	LS 生活型
结果	1（ ）	2（ ）	3（ ）	4（ ）	5（ ）	6（ ）	7（ ）	8（ ）
	9（ ）	10（ ）	11（ ）	12（ ）	13（ ）	14（ ）	15（ ）	16（ ）
	17（ ）	18（ ）	19（ ）	20（ ）	21（ ）	22（ ）	23（ ）	24（ ）
	25（ ）	26（ ）	27（ ）	28（ ）	29（ ）	30（ ）	31（ ）	32（ ）
	33（ ）	34（ ）	35（ ）	36（ ）	37（ ）	38（ ）	39（ ）	40（ ）
总分								
平均分								

对应的测试结果

职业锚	说明
TF	**技术/职能型职业锚** 这种定位的人会发现自己对某一特定工作很擅长并且很热衷。真正让他们感到自豪的是他们所具备的专业才能。他们倾向于一种"专家式"的生活,一般不喜欢成为全面的管理人员,因为这将意味着他们放弃在技术/职能领域的成就。但他们愿意成为一名职能经理,因为职能经理可以更好地帮助他们在专业领域上发展
GM	**管理型职业锚** 这种定位的人对管理本身具有很大的兴趣,具有成为管理人员的强烈愿望,并将此看成职业进步的标准。他们有提升到全面管理职位上所需要的相关能力,并希望自己的职位不断得到提升,这样他们可以承担更大的责任,并能够进行影响成功或失败的决策
AU	**自主/独立型职业锚** 这种定位的人追求自主和独立,不愿意接受别人的约束,也不愿受程序、工作时间、着装方式以及在任何组织中都不可避免的标准规范的制约。 无论什么样的工作,他们希望能用自己的方式、工作习惯、时间进度和自己的标准来完成
SE	**安全/稳定型职业锚** 安全与稳定是这种类型的人选择职业最基本、最重要的需求。他们需要把握自己的发展,只有在职业的发展可以预测、可以达到或实现的时候,他们才会真正感觉放松
EC	**创造/创业型职业锚** 这种定位的人,最重要的是建立或设计某种完全属于自己的东西,如建立或投资新的公司,或收购其他的公司,并按照自己的意愿进行改造。创造并不仅仅是发明家或艺术家的事,创业者也需要创造的激情和动力。他们有强烈的冲动向别人证明:通过自己的努力能够创建新的企业、产品或服务,并使之发展下去。当在经济上获得成功后,赚钱便成为他们衡量成功的标准
SV	**服务/奉献型职业锚** 这种定位的人希望职业能够体现个人价值观,他们关注工作带来的价值,而不在意是否能发挥自己的才能或能力。他们的职业决策通常基于能否让世界变得更加美好
CH	**挑战型职业锚** 这种定位的人认为他们可以征服任何事情或任何人,并将成功定义为"克服不可能的障碍,解决不可能解决的问题,或战胜非常强硬的对手"。随着自己的进步,他们喜欢寻找越来越强硬的挑战,希望在工作中面临越来越艰巨的任务
LS	**生活型职业锚** 这种定位的人喜欢允许他们平衡并结合个人的需要、家庭的需要和职业的需要的工作环境。他们希望将生活的各个主要方面整合为一个整体。正因为如此,他们需要一个能够提供足够的弹性让他们实现这一目标的职业环境,甚至可以牺牲他们职业的一些方面,如提升带来的职业转换,他们将成功定义得比职业成功更广泛。他们认为自己如何去生活、在哪里居住、如何处理家庭事业,以及在组织中的发展道路是联系在一起的

附录6　压力测试表（PSTRT）

心理身体紧张松弛测试表（PSTRT）

这是国际压力与紧张控制学会的毕来斯研究开发的压力测试表（PSTRT），通过测试，可以了解自己的压力程度。依据每项题目中所述情况出现的频率，写出评分：总是——4分；经常——3分；有时——2分；很少——1分；从未——0分。

题目	评分	题目	评分
1. 我受背痛之苦		26. 我喝酒	
2. 我的睡眠不好且睡不安稳		27. 我很敏感	
3. 我有头痛		28. 我觉得自己像被四分五裂了似的	
4. 我颚部疼痛		29. 我的眼睛又酸又累	
5. 若须等候，我会不安		30. 我的腿或脚抽筋	
6. 我的后颈感到疼痛		31. 我的心跳快速	
7. 我比多数人更神经紧张		32. 我怕结识人	
8. 我很难入睡		33. 我手脚冰冷	
9. 我的头感到紧或痛		34. 我患便秘	
10. 我的胃有毛病		35. 我未经医师指示使用各种药物	
11. 我对自己没有信心		36. 我发现自己很容易哭	
12. 我对自己说话		37. 我消化不良	
13. 我忧虑财务问题		38. 我咬指甲	
14. 与人见面时，我会窘迫		39. 我耳中有嗡嗡声	
15. 我害怕发生可怕的事		40. 我小便频繁	
16. 白天我觉得累		41. 我有胃溃疡的毛病	
17. 下午我感到喉咙痛，但并非由于染上感冒		42. 我有皮肤方面的毛病	
		43. 我的咽喉很紧	
18. 我心情不安，无法静坐		44. 我有十二指肠溃疡的毛病	
19. 我感到非常口干		45. 我担心我的工作	
20. 我有心脏方面的毛病		46. 我口腔溃烂	
21. 我觉得自己不是很有用		47. 我为琐事忧虑	
22. 我吸烟		48. 我呼吸浅促	
23. 我肚子不舒服		49. 我觉得脸部紧张	
24. 我觉得不快乐		50. 我发现很难决策	
25. 我流汗		你的总分是：	

PSTRT 压力程度分析表

分数	分析
93 或以上	这个分数表示你确实正以极度的压力反应在伤害你自己的健康。你需要专业心理治疗师给予一些忠告，他可以帮助你减轻你对于压力源的知觉，并帮助你改善生活的质量
82～92	这个分数表示你正经历太多的压力，正在损害你的健康，并令你的人际关系发生问题。你的行为会伤害自己，也可能会影响他人。因此，对你来说，学习如何减轻自己的压力反应是非常重要的。你可能必须花许多时间做练习，学习控制压力，也可以寻求专家的帮助
71～81	这个分数显示你的压力程度中等，可能正开始对健康不利。你可以仔细反省自己对压力源如何反应，并学习在压力出现时，控制自己的肌肉紧张，以消除生理激活反应。好老师会对你有帮助，或者使用适合的肌肉放松录音
60～70	这个分数指出你生活中的兴奋与压力量也许是相当适中的。偶尔会有一段时间压力太多，但你也许有能力去享受压力，并且很快地回到平静的状态，因此对你的健康并不会造成威胁。做一些松弛的练习仍是有益的
49～59	这个分数表示你能够控制你自己的压力反应，你是一个相当放松的人。也许你对于所遇到的各种压力源，并没有将它们解释为威胁，所以你很容易与人相处，可以毫不惧怕地担任工作，也没有失去自信
38～48	这个分数表示你很不易为压力事件所动，甚至是不当一回事，好像并没有发生过一样。这对你的健康不会有什么负面的影响，但你的生活缺乏适度的兴奋，因此趣味也就有限
27～37	这个分数表示你的生活可能是相当沉闷的，即使刺激或有趣的事件发生了，你也很少反应。可能你必须参与更多的社会活动或娱乐活动，以增加你的压力激活反应
16～26	如果你的分数只落在这个范围内，也许意味着你在生活中所经历的压力经验不够，或是你并没有正确地分析自己。你最好更主动些，在工作、社交、娱乐等活动上多寻求刺激。做松弛练习对你没有什么用，但寻求一些辅导也许会有帮助

附录7 我喜欢的生活方式

想象一下,假如十年后能够拥有理想的生活状态,请仔细考虑下列的各个项目,并依照它对你的重要程度打分。

项目	重要程度（1~10分）	项目	重要程度（1~10分）
住在繁华的都市		能够自由支配自己的时间	
住在宁静的乡村		每天按时上下班	
居住在文化水平较高的社区		有充裕的闲暇时间做自己感兴趣的事情	
居住在小孩上学方便的地方		坚持运动、强身健体	
定居在某个地方		工作之余参加社会活动	
担任管理职务		参与和宗教有关的活动	
吸收新知识,充实自己		每天有固定的时间和家人相处	
贡献自己所能,服务社会		和家人共享假期	
生活富有挑战性、创造性		积极参与社区活动	
有较高的社会声望		经常旅行,扩展视野	
拥有宽广、舒适的生活空间		和父母生活在一起,承欢膝下	
工作稳定,有保障		和妻子（丈夫）、孩子生活在一起	
拥有较高的经济收入		有时间辅导孩子的作业	
有高效率的工作伙伴		有密切交往的好朋友	
能自由支配金钱		每个月有固定的存款	

思考：

1. 你最看重的三个项目是什么？为什么它们对你如此重要？

（1）_____
（2）_____
（3）_____

2. 根据刚才的填写情况,请描述十年后你最期待的三个生活画面。

（1）_____
（2）_____
（3）_____

3. 为了实现理想的生活状态，你需要满足哪些条件？
　　_____
　　_____

4. 为了满足这些条件，你有哪些具体的行动计划？
　　_____
　　_____

5. 当下，你觉得对你最重要的是什么？
　　_____
　　_____

附录8 人生价值清单

人生价值清单

选项	重要程度				
	1	2	3	4	5
1. 有一个幸福美满的家庭					
2. 赚大钱					
3. 健康而长寿					
4. 持续学习					
5. 有一些知心朋友					
6. 从事自己感兴趣又可发挥专长的工作					
7. 有一栋舒适又漂亮的房子					
8. 成为国家公务员					
9. 有充裕的金钱与休闲时间					
10. 拥有完美的爱情					
11. 和喜欢的人长久相伴					
12. 拥有自己的公司					
13. 到处旅游,体验不同的生活方式					
14. 成立慈善机构,服务他人					
15. 享受结交新朋友的乐趣					
16. 工作富有挑战性和创造性					
17. 成为名人					
18. 随心所欲地布置自己的环境					
19. 无拘无束地生活					
20. 具有一定的社会声望					

选择与思考
1. 选出这一生对你来说最重要的三个选项,并说出这样选择的原因。
2. 假如只能留下一个最重要的选项,那是什么?为什么?
3. 当你面临人生的重大决策时,这些选项是如何影响你的?

参 考 文 献

[1] 鲍金勇. 原来大学可以这样读 [M]. 上海：上海交通大学出版社，2013.

[2] 林奇清. 大学生职业生涯规划与管理：我的生涯，我做主 [M]. 北京：科学出版社，2019.

[3] 徐蔚，刘玉梅，孙慧. 职业生涯规划实践 [M]. 北京：清华大学出版社，2018.

[4] 张海，李军主. 大学生职业生涯规划与就业创业指导融合媒体教程 [M]. 北京：中国林业出版社，2019.

[5] 宗敏，夏翠翠. 大学生职业生涯规划 [M]. 北京：人民邮电出版社，2019.

[6] 钟谷兰，杨开. 大学生职业生涯发展与规划 [M]. 上海：华东师范大学出版社，2015.

[7] 苏文平. 职业生涯规划与就业创业指导 [M]. 北京：中国人民大学出版社，2020.

[8] 刘越，黄桂林. 大学生职业生涯规划 [M]. 上海：华东师范大学出版社，2014.

[9] 姚裕群，曹大友. 职业生涯管理 [M]. 3版. 辽宁：东北财经大学出版，2015.

[10] 黄天中. 生涯规划——体验式学习（中学版）[M]. 北京：北京师范大学出版社，2010.

[11] 姬振旗，职业生涯发展 [M]. 北京：高等教育出版社，2011.

[12] 曲振国. 大学生就业指导与职业生涯规划（修订版）[M]. 北京：清华大学出版社，2015.

[13] 肖铮，姚其煌. 大学生职业生涯与发展规划 [M]. 厦门：厦门大学出版社，2012.

[14] 郑云安，常江. 大学生心理健康教育案例教学 [M]. 北京：高等教育出版社，2015.

[15] 周志远. 刘育明，宋英立. 大学生职业生涯发展规划与就业指导 [M]. 北京：科学出版社，2010.

[16] 顾明远. 教育大辞典 [M]. 上海：上海教育出版社，1998.

[17] 车文博. 心理咨询大百科全书 [M]. 浙江：浙江科学技术出版社，2001.

[18] 陈会昌，庞丽娟，申继亮，等. 中国学前教育百科全书 [M]. 沈阳：沈阳出版社，1995.

[19] 张振刚，雷育胜. 大学生学习与职业生涯规划 [M]. 北京：清华大学出版社，2014.

[20] 王哲，刘敬东. 大学生职业生涯规划与学业指导 [M]. 北京：机械工业出版社，2012.

[21] 李春华，郝艳君. 大学生职业生涯规划 [M]. 辽宁：辽宁大学出版社，2017.

[22] 高山川，孙时进. 社会认知职业理论：研究进展及应用 [J]. 心理科学，2005，28(5)：1263-1265.

[23] Matsui T, Matsui K, Ohnishi R. Mechanisms underlying math self-efficacy learning of college students [J]. Journal of Vocational Behavior, 1990, 37 (2): 225-238.

[24] Maurer T J. Career-relevant learning and devel-opment, worker age, and beliefs about self-efficacy for devel-opment [J]. Journal of Management, 2001, 27 (2): 123-140.

[25] Speight J D, Rosenthal K S. Medcamp's Effect on Junior High School Students' Medical Career Self-Efficacy [J]. Career Development Quarterly, 1995, 43 (2): 285-295.

[26] Sterrett E A. Use of a Job Club to Increase Self-Efficacy: A Case Study of Return to Work [J]. Journal of Em-ployment Counseling, 1998, 35 (2): 69-78.

[27] 方双虎，姜飞月. 生涯自我效能理论及其在职业指导中的应用 [J]. 外国教育与研究. 2010. 37 (244): 88-96

[28] 王雪娇. 大学生生涯信念与生涯决策困难之关系研究 [D]. 黑龙江：哈尔滨工程大学，2009.

[29] 彭永新，郑日昌. 职业生涯信念内涵、作用及其影响因素的研究进展 [J]. 教育研究与实验. 2007, (6): 57-60.

[30] 杨广文，许淳，郭玉莲, 大学生职业发展与就业指导 [M]. 北京：中国人民大学出版社，2019.

[31] 葛玉辉. 职业生涯规划 [M]. 北京：电子工业出版社，2019.

[32] 万金城，赵阳子. 大学生职业生涯规划 [M]. 北京：知识产权出版社，2019.

[33] 黄晓慧. 大学生职业生涯规划与就业指导实践教程：辅导员版 [M]. 北京：北京交通大学出版社. 2017.